오늘 참 괜찮은 나를 만났다

오늘 참 괜찮은 나를 만났다 큰글자책

1판 1쇄 인쇄 2022. 2. 11.
1판 1쇄 발행 2022. 2. 18.

지은이 양창순

발행인 고세규
편집 강영특 | 디자인 박주희
발행처 김영사
등록 1979년 5월 17일 (제406-2003-036호)
주소 경기도 파주시 문발로 197(문발동) 우편번호 10881
전화 마케팅부 031)955-3100, 편집부 031)955-3200, 팩스 031)955-3111

값은 뒤표지에 있습니다.
ISBN 978-89-349-4898-8 04100 | 978-89-349-9070-3(세트)

홈페이지 www.gimmyoung.com   블로그 blog.naver.com/gybook
페이스북 facebook.com/gybooks   이메일 bestbook@gimmyoung.com

좋은 독자가 좋은 책을 만듭니다.
김영사는 독자 여러분의 의견에 항상 귀 기울이고 있습니다.

⋮

좋은 삶,
편안한 관계를 위한
자기 이해의 심리학

오늘 참 괜찮은 나를 만났다

양창순

큰글자책

김영사

:차
:례

[프롤로그]   나는 괜찮은 사람이라는 확신이 필요한 이유 ◦ 7

1장
내가 나에게
사랑을 주어야
한다

나 자신을 있는 그대로 받아들일 수 있기를 ◦ 15
당신도, 나도 참 괜찮은 사람이야 ◦ 18
우린 서로 다른 맛에 산다 ◦ 22
타인의 취향은 타인의 것 ◦ 27
친절과 칭찬, 최고의 종교 ◦ 31
A는 그가 좋은 사람이라는데 왜 B는 그가 나쁘다고 할까 ◦ 34
나이란 숫자가 아닌 느끼는 것 ◦ 38
과잉의 시대에 적절한 거리를 두는 법 ◦ 42
자동적이고도 수동적인 관찰 예능의 시대에 ◦ 46
내가 나에게 사랑을 주어야 한다 ◦ 51

2장
자존감 짓기,
칭찬의 동심원
그리기

칭찬이 열어준 신세계 ◦ 59
내가 좋아하면 남도 좋아한다는 것을 알고 살기 ◦ 62
칭찬하는 건 왜 힘들까? ◦ 66
칭찬은 다름 아닌 상대방을 존중하는 일 ◦ 70
칭찬하기 연습, 칭찬 받아들이기 연습 ◦ 74
스스로 칭찬할 줄 알아야 살아남는다 ◦ 83
인정과 칭찬이 인간관계를 지킨다 ◦ 90
자기 확신이 없는 수동 공격적 인격 ◦ 94
어려운 문제에 부닥치면 지혜의 뇌가 깨어난다 ◦ 99
죽을 때까지 지켜야 할 다섯 가지 자존감 수칙 ◦ 103

3장

**어려운 인간관계,
때로는 단순하고
가볍게**

저 순수하고 강직한 자작나무처럼 ◦ 111

조금은 덜 피곤하게 인간관계를 구축하려면 ◦ 114

거부불안에서 벗어나 스스로를 지키는 법 ◦ 119

'자기존중'과 '자기중심', 그 커다란 차이 ◦ 125

진심으로 귀 기울여주기, 어쩌면 유일한 해법 ◦ 130

거짓말과 참말의 선택, 어느 쪽이 유리할까 ◦ 135

비탈이 지지 않은 땅은 없듯이 ◦ 140

나도 모르게 숨어 있던 '진짜' 감정 다스리기 ◦ 144

인간관계에 필요한 적절한 온도 ◦ 152

무례함에 대처하는 자기만의 방식 찾기 ◦ 156

성공적인 대인관계를 위한 몇 가지 제언 ◦ 161

4장

**오늘도
그 인간 때문에
사표를 내고 싶은
그대에게**

상사와 제대로 한판 붙는 법 ◦ 175

후배들과 소통하고 싶은 부장님에게 ◦ 182

화내지 않고 피드백하는 법 ◦ 187

병적 동일시, 나와 조직에 해를 끼칠 그 위험함 ◦ 192

내 안의 어린아이 발견하기 ◦ 197

월요병에 대처하는 우리의 자세 ◦ 204

왜 부탁을 거절하지 못할까 ◦ 209

그대, 일하는 엄마, 누구보다 당당하게 ◦ 213

일과 생활에서 균형을 유지하려면 ◦ 217

5장

**알아두면 유용한
심리적 호신술**

—

요령부득의
심리적 문제들
알고 대처하기

가짜 철학적 경향이 초래한 위험한 망상 ◦ 223

불신이 불러온 병들은 어떻게 치료할 수 있나 ◦ 229

가면우울이나 화병에서 벗어나려면 ◦ 237

따돌림당한 토끼의 심리학 ◦ 246

내 마음의 그림자에 사는 열등감 치료하는 법 ◦ 251

자살의 심리 — 나는 왜 나를 살해하는가? ◦ 257

죽을 것 같은 공포, 공황장애 극복하기 ◦ 265

우로보로스 뱀을 닮은 불안과 권력욕 ◦ 274

정상인의 가면을 쓴 사이코패스들 ◦ 282

6장

**늘 배워야 할
것이 있기에
인생은
흥미롭다**

은퇴할 나이에 비행기 조종을 배우는 남자 ◦ 291

내 속에 '현명한 피'가 돌게 하려면 ◦ 293

내일의 천자보다 오늘의 재상 ◦ 296

그 역할을 할 수 있는 사람은 오직 나뿐이다 ◦ 302

쉬는 것은 남이 대신 해줄 수 없다 ◦ 307

자기 성찰이 부족한 경우 겪는 문제들 ◦ 311

내가 책읽기에 집착하는 이유 ◦ 318

딜레마와 슬럼프에서 벗어나는 법 ◦ 323

우리의 삶을 경영하는 자세에 대하여 ◦ 328

에필로그   좋은 삶, 편안한 관계를 위하여 ◦ 333

나는 괜찮은 사람이라는 확신이 필요한 이유

언젠가 길을 가다가 귀여운 꼬마 한 명을 만났다. 초등학교 1학년쯤 돼 보였다. 뭐가 그렇게 즐거운지 아이는 연방 싱긋벙긋하면서 걸어오고 있었다. 자세히 보니 시험지를 든 손을 앞으로 쑥 내민 채 걷고 있었다. 그건 누가 봐도 길 가는 사람들을 향해 "나 백 점 맞았어요. 여기 좀 봐주세요!" 하고 소리치는 것과 같았다. 그 모습이 어찌나 귀엽던지 나도 모르게 가던 길을 멈추고 아이에게 말을 건넸다.

"무슨 좋은 일이 있나 보구나? 어디, 받아쓰기 백 점 맞았니?"

내 말에 아이의 표정이 환하게 빛났다.

"네―에!"

아이는 기다렸다는 듯이 그렇게 대답하고는 발걸음을 멈추고 시험지를 내게 보여주었다.

"선생님한테도 칭찬받았겠네."

"네―에!"

"그래, 참 잘했다. 앞으로도 공부 열심히 하고, 잘 가렴."

"고맙습니다아!"

아이는 예의도 바르게 큰 소리로 인사하더니 고개를 꾸벅하고 떠나갔다. 나는 절로 입가에 떠오르는 미소를 어쩌지 못한 채 아이의 뒷모습을 한참 바라보았다. 아이의 조그만 양어깨에는 여전히 자랑스러움이 가득 묻어나고 있었다.

나 말고도 그 모습을 지켜보던 사람들이 몇 더 있었다. 우린 서로를 바라보며 흐뭇한 미소를 교환한 후 각자 가던 길을 갔다. 사랑스럽고 유쾌한 한 순간이었다.

어른이 되면 어떨까? 뜻밖의 칭찬을 받고 이 소년처럼 반응한 사람을 알고 있다. 바로 나다. 언제였던가, 평소 내가 꽤 어려워하는 선배와 전화로 대화를 나눌 일이 있었다. 그런데 전화를 끊기 전에 선배가 하는 말이, 내 목소리가 듣기 좋은 데다 편안하기까지 해서 통화하는 내내 기분이 좋았다는 것이었다. 그러자 나도 모르게 "고맙습니다아—" 하고 예의 저 조그만 소년처럼 목소리 톤이 마구 올라가는 게 아닌가.

부끄러운 마음에 인사도 제대로 못하고 곧바로 전화를 끊었다. 그러고 나서 혼자 큰 소리로 웃고 말았다. 그 꼬마가 떠올라서였다. 결국 칭찬받고 인정받는다는 것은, 아이 어른 할 것 없이 누구에게나 기쁨을 선사한다는 새삼스러운 깨달음을 얻은 순간이기도 했다.

우리가 칭찬과 인정에 그처럼 목마른 이유는 무엇일까? 아마도 우리 뇌 속에 그런 것을 갈망하는 수용체가 있기 때문이 아닐까 하는 것이 내 생각이다. 실제로 요즘 뇌과학 연구에 따르면, 우리 뇌 속에는 즐거움을 담당하는 센터가 있으며, 이 감정에 도파민이라는 뇌세포 전달물질이 연관되어 있다는 것이 밝혀졌다고 한다. 그런데 도파민은 실행력과 연관해 우리가 뭔가 성취를 이루었을 때 분비되는 물질이다. 즉, 뭔가를 달성하고 그에 대해 인정받을 때 우리를 즐겁게 하는 도파민이 나온다는 것이다. 가까운 사람들과 서로 사랑하고 인정받는 관계를 유지할 때도 우리 뇌에서는 스트레스 호르몬의 분비가 억제되고 그 대신 평화에 작용하는 옥시토신이 분비된다는 사실도 알려져 있다. 결론적으로 우리가 거의 필사적이라고 할 만큼 남의 시선을 의식하고, 또 그에 맞추어 자신의 행동을 재배열하는 데는 애초부터 뇌와 관련된 생물학적 이유가 있는 셈이다.

그래서일까. 우린 누군가의 말처럼 적에게조차 인정받기를 원한다. 따라서 서로에게 그와 같은 인정과 사랑의 욕구를 채워줄 수 있다면 우리의 인생에도 때때로 따뜻한 위로와 사랑이 가득 차오르는 순간이 있을 것이다. 하지만 현실은 대체로 그런 아름다운 그림과는 거리가 멀다. 현실에서는 누군가를 이해하고 수용한다는 게 마음처럼 쉽지 않기 때문이다. 내 편에서 먼저 믿음을 깨뜨려 상대방을 실망시킬 때도 있고, 그 반대의 경우도 있게 마련이다. 내가 자신을 실망시킬 때는 더 많다.

그렇다면 어떻게 해야 할까? 우리 속담에 '곳간에서 인심 난다'는 말이 있다. 곳간은 예로부터 농부들이 가을걷이가 끝난 후 곡식을 갈무리해두는 곳이다. 그곳이 가득 차면 마음이 넉넉해 져서 다른 사람에게도 씀씀이가 후해진다. '곳간에서 인심 난다' 는 속담은 그처럼 '내가 가진 것이 많아야 비로소 남들한테도 더 많은 것을 내어줄 수 있다'는 의미를 담고 있다. 우리의 마음 도 마찬가지다. 먼저 나의 내면이라는 곳간이 풍성해야 다른 사 람을 돌아볼 여유도 생긴다. 나는 그 곳간을 채우는 양식이 있다 면, 바로 자신이 괜찮은 사람이라는 확신이라고 생각한다. 물론 그러한 확신을 갖기 위해서는 내면의 중심축이 확고해야 한다.

아침에 강아지들과 산책을 하다 보면 나무 한 그루도 햇살이 비치는 방향에 따라 밝은 쪽과 어두운 쪽이 교차하는 것이 뚜렷 이 보이곤 한다. 그런데도 우린 타인에게서는 밝은 면만 보고 나 에게서는 그림자 지는 쪽만 보려는 경향이 있다. 내면의 중심축 이 한쪽으로 치우쳐 있는 것이다. 그런 세상이 온전할 리 없건 만, 우린 그 속에서 나를 공격하고 상처 입히고 때로는 상대에게 도 그렇게 한다. 그때마다, 만약 우리가 돈을 벌기 위해, 아니면 외국어를 배우려고 기울이는 노력의 10분의 1만이라도 내가 어 떤 사람인지 이해하려고 한다면 어떨까 하는 생각을 한다. 최소 한 내면의 중심축이 치우치는 일은 없지 않을까.

몇 년 전《나는 까칠하게 살기로 했다》라는 책을 냈다. 독자들 의 반응이 뜨거웠다. 너무 남에게 나를 맞추면서까지 인간관계에 애쓰며 살고 싶지는 않다는 마음들이 그만큼 절실하게 표현된 것이리라. 그 책이 인간관계에서의 상처를 줄이는 것을 주제로 했다면《오늘 참 괜찮은 나를 만났다》는 우리의 삶에 꼭 필요한 위로와 칭찬, 이해와 수용에 관한 이야기를 더 많이 담고자 애썼다. 그것이 우리의 내면에 균형과 조화 나아가 평화와 안정을 가져오는 근원적인 힘이라는 생각 때문이다. 그렇게 내면의 중심축을 바로 세울 때, 우린 자신을 향해 그리고 상대방을 향해서도 '괜찮은 사람'이라는 확신을 가질 수 있을 것이다.

덧붙이자면, 이 책은 몇 년 전 출간된《당신 참 괜찮은 사람이야》를 새롭게 고쳐 쓴 개정판이다. 당시 출판사 사정으로 절판될 수밖에 없어 늘 마음이 아팠다. 다행스럽게도 김영사와의 인연으로 완전히 새로운 개정판이 나오게 되었다. 김영사에 감사드린다. 물론, 내가 언제나 첫 번째로 감사 인사를 전하고 싶은 분들은 여전히 내 책을 기억해주고 인정해주고 사랑해주는 독자들이다. 다시 한 번 깊이 감사드린다.

2019년 7월
정신건강의학과 전문의 양창순

1장

내가 나에게
사랑을 주어야
한다

자존심은 내가 사는 집이다.

집이 튼튼하지 못하면 작은 태풍에도 흔들리는 것처럼,

자존심이 낮으면 사소한 일에도 쉽게 좌절할 수밖에 없다.

그러므로 스스로를 귀하게 여기고

귀한 사람으로 대접할 필요가 있다.

나 자신을 있는 그대로 받아들일 수 있기를

살면서 한때 '어린아이와 같은 순전한 마음'을 갖기를 꿈꾸지 않은 사람이 있을까? 만약 지금이라도 내게 그와 같은 복이 허락된다면 그보다 더 기쁜 일도 없을 것이다. 하지만 그와 같은 복을 받기에는 너무 멀리 오고 말았다는 자각은 또 얼마나 뚜렷한가. 흠 없고 순수했던 어린 날을 돌아볼수록 지금의 허물이 마음 아플 뿐이다. 어린아이의 무구함을 가진 사람은 자유롭다. 어른의 가장 큰 표지가 무엇인가? 스스로를 옭아매는 온갖 모양의 족쇄가 아니던가. 어린아이들은 자신의 모습을 있는 그대로 받아들일 줄 안다. 그러나 어른이 되고 나면 더 이상 그렇게 되지 않는다. 욕망으로 인한 온갖 감정의 소용돌이가 족쇄가 되기 때문이다.

정신의학자 카를 융도 "나 자신을 있는 그대로 받아들이는 것이야말로 세상에서 가장 두려운 일"이라고 했다. 그러고 보면 내가 나를 받아들이지 못하면서 세상에서 받아주기를 바라는 것은 어딘지 염치없는 일처럼 생각되기도 한다. 그래서 아이일 때는 뭐든지 자신이 하겠다고 당당하게 나서지만 어른이 되면 남이 대신 해주기를 바라면서 상처를 입기도 한다. 오히려 어른이 될수록 더 의존적으로 된다고나 할까?

나는 개인적으로 "이 세상에 쓰임을 받지 못할 사람은 아무도 없다"는 말을 좋아한다. 내 임상경험으로 볼 때 정말로 그 말을 실감하는 순간이 많기 때문이다. 그때마다 생각한다. 자신을 있는 그대로 받아들이는 것이야말로 그와 같은 쓰임의 첫걸음을 떼는 일일지도 모른다고. 그런 연후에야 세상의 모든 다양한 것들에 마음을 열 수 있을 것이므로.

어린아이들은 작고 사소한 일에도 명랑한 웃음으로 감탄사를 외칠 줄 안다. 그러나 어른이 되면 우린 감탄하는 능력부터 잃어버린다. 매사를 그냥 그렇게, 그저 당연한 것으로 받아들인다. 일단은 뇌의 기능 탓이다. 뇌의 대뇌피질은 새로운 정보를 받아들일 때 활성화된다. 그러다가 그 정보가 익숙해지면 바로 대뇌피질의 아래 부위subcortical area로 옮겨진다. 그것은 곧 어린아이일 때는 하루하루가 새로운 날의 연속이지만 어른들에게는 '그날이 그날'이 되고 마는 이유이기도 하다. 거기에 더해 편견과 선입견, 실패에 대한 두려움, 사랑과 미움이라는 양가감정, 한편으로는 나 자신이 모든 것을 다 알고 있다는 자만심 등이 가득하니 새로운 것이 들어올 공간이 없다. 우리의 뇌 또한 더욱 활성화될 수 있는 기회를 박탈당하는 셈이다.

결국 호기심과 감탄이 없는 인생은 삭막할 수밖에 없다. 그런

메마름 속에서 내 마음이 성장하기를 바라는 것 역시 염치없는 일이다. 그래서 나는 소망한다. 어제의 나무와 오늘의 나무가 다르다는 것을 알아차릴 수 있기를, 그리고 나 자신을 있는 그대로 받아들일 수 있기를, 어제의 실수와 실패로 인해 스스로에게 갖게 된 편견과 선입견에서도 자유롭기를. 그렇게만 된다면 때때로 삶에서 감탄을 되찾을 수 있을지도 모른다. 물론 쉽진 않겠지만, 애써볼 가치는 충분하다.

당신도, 나도 참 괜찮은 사람이야

"난 내가 너무 싫어. 난 나와 원수로 지내고 싶어—!" 한 텔레비전 드라마에서 주인공이 이렇게 외친다. 어떤 시인은 "나의 천적은 바로 나"라는 의미의 시를 쓰기도 했다. 오래전, 처음 이 시구와 맞닥뜨렸을때 마음 깊이 공감했다. 인간은, 남들이 나를 괴롭히지 않으면 무슨 수를 써서라도 끊임없이 스스로를 괴롭히는 존재라는 것, 그 괴롭힘은 대개 불필요한 자책과 자기비하에서 비롯되는 걸 실제 임상에서 자주 경험해왔기 때문이다.

물론 그런 경험은 지금도 계속되고 있다. 그리고 나를 포함해 대부분의 사람들에게 그런 자기비하나 자책의 감정은 때때로 참기 힘든 괴로움의 근원이 되곤 한다. 그런 감정은 마치 롤러코스터와도 같다. 한 번 거기에 올라타면 그냥 마구 달려간다는 점에서. 따라서 먼저 그러한 자기비난에 대해 브레이크를 거는 일이 필요하다.

사실 우린 누군가가 끊임없이 나를 괜찮은 사람이라고 격려해주기를 바란다. 설령 내 입에서는 "난 너무 모자란 사람이야" 하는 말이 나가더라도 상대는 "아니야, 결코 그렇지 않아. 넌 참 괜찮은 사람이야" 하고 말해주기를 내심 바라는 것이다. 하지만 꽃노래도 세 번 이상은 듣기 싫은데, 계속 "난 모자란 사람이야" 하는 말에 장단 맞춰줄 상대를 찾기란 쉽지 않다. "아! 쫌! 그럼 모자란 채로 살든가!" 하는 말을 듣지만 않아도 다행이다.

그러므로 남이 나보고 "넌 괜찮은 사람이야"라고 하기를 기다리지 말고 스스로 "난 참 괜찮은 사람이야"라고 격려해주는 것이 더 빠르다. 그런데 내가 봐도 안 괜찮은 것 같으니, 그것이 문제다. 앞에서도 '천적' 이야기를 했지만, 그 정도로 스스로에 대한 평가가 박할 때가 있는 것이 우리의 모습이다. 물론 그 반대로 남이 보기에는 아닌데 자신이 최고라는 자만심에 빠진 사람들도 있다. 하지만 정신의학적으로 자만심과 열등감은 동의어이기 때문에 그 또한 진심으로 자신을 사랑하는 것은 아니다.

스스로를 책망하는 사람들은 정신분석적으로 수퍼에고super-ego가 강하다는 특징이 있다. '수퍼에고'를 우리말로 번역하면 '양심', '초자아'라고 할 수 있다. 프로이트가 주장한 이론으로, 우리의 정신세계에는 우리를 감독하고 감시하는 또 다른 마음이 존재한다는 것이다. 그것이 적절하면 균형 잡힌 자기성찰이 가능하므로 어느 한쪽으로 치우치지 않는 열린 사람이 될 수 있다. 단, 지나치면 때로는 강박적인 단계로 진입할 가능성이 높다. 그런 사람들을 상담하다 보면 끝없이 자신에게 '너는 무엇무엇을 해야 한다. 그렇지 않으면 너는 쓸모없는 인간이다'라는 생각을 주입하고 있음을 보게 된다. 더욱이 그 '무엇 무엇에 대한 기대치'가 그렇게 높을 수가 없다. 그러니 결국 그처럼 자신이 바라는 이상에 못 미치는 스스로에 대해 불안감을 가질 수밖에 없는 것이다. 이런 사람들의 특징은 한 번의 실수에도 자신을 용서하지 못한다는 점이다. 남들은 괜찮다고 하는데도 자신은 아닌 것이다.

언젠가 모든 진행을 영어로 하는 국제학회에 참석한 적이 있다. 한 발표자에게 외국의 정신과 의사가 질문을 했다. 외국어라는 게 편안한 상황에서도 잘 안 들리는데, 많은 사람들 앞에서 긴장하면 더욱 듣기 힘든 법, 그 발표자 역시 당황한 나머지 제대로 답변을 하지 못했다. 당연히 참석자들 대부분은 그가 놓인 상황을 너무도 잘 이해했다. 나라도 그랬을 테니까 하는 심정으로. 그런데 그다음이 문제였다. 그 발표자가 학회에 참석한 모든 사람들을 일일이 다 찾아다니면서 "사실 내가 못 알아들은 게 아니다. 어떻게 대답해야 할지 망설이고 있는데 사회자가 날 기다려주지 않은 것이다. 나중에 그 질문자를 찾아가서 설명을 해주었더니 내 대답에 그가 감탄하더라"는 요지의 말을 하고 다니는 게 아닌가. 사람들은 모두 그 상황을 이해했는데, 그 자신만 스스로를 받아들이지 못한 것이다.

그 기억이 오래 남는 것을 보면, 나 역시 나 자신을 용서하지 못했을 때 일어날 수 있는 일에 대해서 겁이 나나 보다. 그런데 생각해보면 그런 아이러니도 없다. 싫든 좋든 나와 죽는 날까지 같이 살 수밖에 없는 존재가 바로 나이기 때문이다. 그런 나를 내가 용서하지 못하고 계속해서 '이 바보 같은 것아' 하고 구박한다면 그 삶이 어떨 것인가? 이것이 내가 나를 괜찮은 사람으로 여기는 게 중요한 이유이기도 하다.

그렇다면 어떻게 해야 스스로를 괜찮은 사람으로 여길 수 있을까? 가장 중요한 요소는 자존감 회복이다. 늘 하는 말이지만, 자존심은 내가 사는 집이다. 집이 튼튼하지 못하면 작은 태풍에도 흔들리는 것처럼, 자존심이 낮으면 사소한 일에도 쉽게 좌절할 수밖에 없다. 그러므로 스스로를 귀하게 여기고 귀한 사람으로 대접할 필요가 있다. 누군가를 귀하게 여기면 우린 그 사람이 성장하고 발전하기를 바란다. 마찬가지로 스스로를 괜찮은 사람이라고 지지할 때, 우린 쉽게 게으름이나 좌절에 빠지지 않는다.

살아오면서 가장 듣고 싶은 이야기가 "당신 참 잘했다!"라는 격려와 칭찬의 한마디였다고 하면서 인생 이야기를 들려준 여성이 있었다. 그의 이야기를 들어보니 정말 힘겨운 삶의 연속이었다. 그는 그 세월 동안 자신이 나름 괜찮은 사람이라는 생각이 없었다면 견디지 못했을 것이라고 털어놓았다. 그 이야기를 들으면서 새삼 자신에게 들려주는 "잘했어, 넌 참 괜찮은 사람이야"라는 말의 의미가 더욱 절실하게 와 닿았다. 스스로를 향한 칭찬은 내 마음속의 고래를 춤추게 하는 법이다.

우린 서로 다른 맛에 산다

영화 〈모터사이클 다이어리〉를 보고 나서, 젊은 날의 체 게바라가 부러웠다. 만약 내가 아직 그처럼 젊다면 한 번쯤은 오토바이를 하나 구해 타고 바람처럼 전국을 유랑하고 싶다는 생각이 들 정도였다. 덕분에 그때 이후 가죽 옷에 고글을 쓰고 스카프를 휘날리며 오토바이를 타는 남자는 내게 약간의 선망을 불러일으키곤 했다. 그런데 얼마 지나지 않아 다행스럽게도(!) 그 선망을 한 방에 깨뜨리는 일이 일어났다.

운전을 하고 가다가 이러한 복장으로 오토바이를 타고 가는 사람들의 행렬과 나란히 신호대기에 걸렸다. 처음에는 그들이 대단히 멋있게 보였다. 그런데 다음 순간 문득 그들의 몰개성이 눈에 들어왔다. 그들은 모두 똑같은 차림새를 하고 있었다. 덕분에 가자 개성을 지닌 한 개인으로 인식되는 것이 아니라 그냥 하나의 집단적인 이미지로밖에는 눈에 들어오지 않았다. 그것은 내게 작은 충격이었다.

그 비슷한 경험은 또 있다. 큰아이가 군대에서 찍은 사진을 함께 볼 때였다. 아이는 자기가 어디 있는지 찾아보라고 했다. 나는 당연히 아들의 모습을 금방 찾을 줄 알았다. 어미가 자식을 몰라보는 일은 상상할 수 없었으므로. 그런데 그게 아니었다. 똑같은 군복을 입고 똑같은 자세로 나란히 있는 청년들을 보니 그들 역시 한 개인으로 인식하는 데 어려움이 뒤따랐다. 결국 아들의 모습을 찾는 데 시간이 걸렸다.

그 일 역시 내게는 당혹스러운 경험이었다. 그러면서 인간이 저마다 각자 고유한 얼굴을 가진 것이 얼마나 다행인가 싶었다. 그 고유함이 각자의 개성을 만들어내고 우린 그 개성 덕분에 나만의 정체성을 굳건히 하며 살아갈 수 있기에 더욱.

이야기가 장황해졌지만, 한마디로 표현하자면 우린 각자 다른 맛에 살아간다. 그 다른 맛을 서로 인정하고 거기서부터 조화와 균형을 찾고자 애쓸 때 세상은 살 만한 모양새를 갖추어가는 거고.

우리가 서로의 다양성을 인정하기 위해서는 세상을 각기 다른 시각으로 볼 수밖에 없다는 것을 먼저 인정해야 한다. 나는 그것을 '심리의 상대성 이론'이라고 부른다. 아인슈타인의 상대성 이론에 따르면 절대 질량, 절대 시간이란 없다. 관찰자에 따라 시간과 질량이 달라진다는 것이다.

최근 지방 강의가 많아 KTX를 타야 하는 일이 잦아졌다. 그런데 기차 안에서는 그 기차가 얼마나 빨리 달리는지 느끼지 못하는 경우가 많다. 오히려 역에서 내려 역을 빠져나가는 기차를 보면서 그 속도에 놀라곤 한다. 그 경험은 내가 어디에 어떤 자세로 있는가에 따라 똑같은 일이라도 느끼고 경험하는 것이 얼마나 다를 수 있는지를 새삼 깨닫게 해주었다.

실제로 세상의 모든 것은 보는 사람에 따라 각기 다른 의미를 지닌다. 각자의 경험과 감정에 따라 다르게 작용하는 것이다. 일란성 쌍둥이들도 자기가 경험하는 감정과 생각에 따라서 뇌세포의 연결고리가 다르다. 따라서 우린 같은 일이라도 서로 다른 시각으로 볼 수밖에 없다. 그것을 인정할 때 비로소 우린 세상의 다양성 앞에서 좀 더 쉽게 마음을 열 수 있다.

무엇보다 사람들을 대할 때 편견이나 선입견을 갖지 않게 되니 그보다 좋을 수가 없다. 이 땅에서 일어나는 오해와 갈등의 대부분은 이 편견과 선입견의 결과물이기 때문이다. 거기서 벗어날 때 우리가 경험하는 것은 진정한 자유와 해방이다. 무슨 독립운동하는 것도 아니고 너무 거창하게 말한다고 여길 분들도 있을지 모르겠다. 하지만 내가 가진 편견이라는 그물에 촘촘히 걸리던 수없이 많은 쓸데없는 것들로부터의 해방 역시 일종의 정신적 독립운동이 아닐까. 그리고 그 순간의 자유는, 경험해본 사람만이 알 수 있는 것임에 틀림없다.

더불어 서로의 장점이나 단점에 대해서도 왈가왈부하면서 판단하지 않게 되니 역시 그보다 좋을 수가 없다. 보는 관점에 따라 내 장점이 단점이 될 수도 있고 내 단점이 장점이 될 수도 있는 게 세상 이치다. 그러니 함부로 그것에 대해 판단하고 말해선 곤란하다. 그건 상대방에 대해서도 마찬가지다.

예를 들어, 나는 가능한 한 화면에 얼굴이 비치는 일을 안 하려고 노력한다. 이상하게 화면으로 보는 나는 너무 선이 강해서 친근감하고는 연이 없어 보인다. 흔히 하는 말로 바늘로 찔러도 피 한 방울 안 나게 보이는 것이다. 물론 나는 그런 내 이미지가 불만이다. 나의 가장 큰 단점 중의 하나라고도 생각한다. 만약 내가 좀 더 정감 있게 생긴 타입이라면 적어도 지금보다는 매스컴 쪽에서 성공하고 있을지도 모른다는 생각마저 들 때가 있다.

그런데 나를 잘 아는 친구 하나는 정반대로 그게 나의 가장 큰 장점이니 그런 줄 알고 있으라고 주장한다. 이유는 간단하다. "겉모습이라도 그렇게 단단하게 생겼으니 얼마나 다행이냐"는 것이다. 만약 겉모습마저 속처럼 허당이고 물러 터지게 생겼다가는 이 험한 세상을 제대로 살아갈 수 없으리라는 것이 친구의 관점이다. 더 재미있는 건, 친구의 그 말이 때때로 나한테는 크게 위로가 된다는 점이다. 나의 단점을 장점으로 느끼게 하니 어찌 위로가 되지 않겠는가.

그런데도 나 역시 때때로 상대방의 겉모습만 보고 "넌 이런 사람이야" 하고 단정할 때가 있다는 건 어떻게 설명해야 할까. 물론 곧바로 '내가 지금 무슨 생각을 하는 거야' 싶어서 궤도 수정을 하지만, 인간의 어리석음은 끝이 없는 게 분명하다(내 경우에 그렇다는 거니까 오해 없으시기를……).

아무튼 우린 각자 다른 맛에 살아간다. 그러니 서로 그 다름을 존중해주면서, 덕분에 때때로 자유도 경험하면서 살아갈 수 있기를 바랄 뿐이다. 스피노자는 이런 말을 한 적이 있다.

"나는 살아가면서 사람의 행동을 비웃지도, 한탄하지도, 싫어하지도 않으며 오직 이해하려고만 했다."

언젠가는 나 역시 가끔이라도 스피노자의 말을 실천하며 살아갈 수 있지 않을까. 앞서 기술했듯이 우리의 뇌는 새로운 것에 반응한다. 그러니 익숙한 사람들만 만나면 새로운 것을 느낄 수 있는 기회를 뇌에게서도 박탈하는 셈이다.

타인의 취향은 타인의 것

예쁜 사람은 누가 봐도 예쁘다. 예를 들어, 영화나 텔레비전 스타들은 남녀 불문하고 다 멋지고 훌륭한 외모를 갖추고 있다. 하지만 모든 사람들이 다 그들을 좋아하지는 않는다. 자기만의 취향에 따라 좋아하는 사람들이 정해져 있는 것이다. 예를 들어, 레오나르도 디카프리오 같은 배우는 누가 봐도 잘생기고 멋진 남자다. 하지만 그는 내 취향이 아니다.

그림이나 책을 볼 때도 마찬가지다. 누구는 앙리 마티스에 열광하지만 또 다른 누군가는 마티스가 이상하게도 싫다고 말한다. 책도 그렇다. 스티븐 킹 소설의 광팬이 있는가 하면 어떻게 해서든 그를 폄하해야 속이 풀리는 사람도 있다. 나는 《토지》가 우리나라 최고의 소설이라고 생각하지만 그런 종류의 호흡이 긴 이야기는 딱 질색이라는 사람도 있다.

그렇게 우리는 사람에 대해서, 사물에 대해서, 취미나 기호에 대해서 모두 자기 나름의 취향을 가지고 있다. 그리고 그 취향은 존중되어야 마땅하다. 하지만 세상일이 어디 꼭 정석대로 되던가. 덕분에 우린 자신도 모르는 사이에 남에게 내 취향을 강요하기도 하고 또 강요당하기도 하면서 살아간다. 때로는 남의 눈치 보느라 내가 좋아하는 것을 숨기기도 하고 거짓말을 하는 경우도 있다. 여기에는 허영심도 한몫 거든다.

어느 영화에 등장하는 남편의 이야기가 그런 사례에 속한다. 성공한 사업가인 주인공은 수퍼모델 같은 외모를 가진 여자와 결혼함으로써 그 성공에 더 빛나는 성취를 추가하고 부러움의 대상이 된다. 그 역시 처음 잠깐은 우쭐한 기분을 만끽한다. 하지만 시간이 흐르면서 그의 결혼생활은 몹시도 불행해진다. 알고 보니 그의 취향은 수퍼모델 같은 아내와는 정반대였던 것이다. 애초에 통통하고 키도 작고 귀여운 여자 쪽이 훨씬 더 그의 이상형에 가까웠다. 더 자세한 내용까지는 기억나지 않지만 그가 이윽고 자신의 이상형을 발견하고 진정한 사랑에 빠짐으로써 영화는 해피 엔딩으로 끝났던 것 같다.

취향에 관해서라면 영국의 한 술집에 관한 에피소드도 있다. 아래 위층이 파란색 싸구려 벽지로 도배되어 있던 술집이 있었다. 그런데 샹들리에만은 그 술집에 어울리지 않는 것이 걸려 있었다. 뭐랄까, 왕궁에나 걸릴 법한 굉장히 호사스럽고 귀해 보이는 물건이었다. 그래서 눈 있는 사람들마다 그 부조화에 대해 한마디씩 하곤 했다. 그때마다 술집 주인의 반응은 시큰둥했다. 원래부터 걸려 있어서 그냥 놔두고 있다는 것이었다.

얼마간의 세월이 흘러 술집 주인이 가게를 내놓게 되었다. 새로운 주인은 그 눈에 거슬리는 파란색 벽지부터 뜯어내는 작업을 시작했다. 그리고 얼마 후 자신이 엄청난 행운을 거머쥐었다는 사실을 알게 되었다. 알고 보니 그 파란색 싸구려 벽지 안에 왕궁에서나 쓰이는 오크 재목의 벽들이 감춰져 있었던 것이다. 그것은 그 무렵 더 이상 돈을 주고도 살 수 없는 귀한 것들이었다. 사람들은 비로소 왜 그곳에 그처럼 호화로운 샹들리에가 걸려 있었는지도 알게 되었다.

나중에 그 사실을 전해 들은 술집 주인이 쿨하게 한마디 했다던가. "난 그 구닥다리 나무 목재가 마음에 안 들어서 좀 더 현대식으로 파란색 벽지를 바른 것뿐"이라고. 누가 그에게 뭐라고 할 것인가? 다소 아이러니한 면만 빼면 말이다.

도를 넘는 취향이 부른 아이러니한 이야기는 또 있다.

어느 왕궁에서 왕비가 세상을 떠났다. 아내의 죽음을 슬퍼한 왕은 틈틈이 아내의 묘역을 자신의 취향대로 치장하는 것을 낙으로 삼았다. 시간이 흘러 왕비의 묘는 더없이 아름답게 꾸며졌다. 비로소 마음이 흡족해진 왕의 눈에 딱 하나 거슬리는 것이 있었다. 왕은 신하들에게 그것을 없애버리라고 명령했다. 그것은 왕비의 무덤이었다.

다소 극단적이긴 하지만 아주 없으란 법도 없는 이야기다. 무엇이나 지나치면 문제가 되는 법. 취향 역시 예외가 아닌 것이다. 그리고 타인의 취향은 타인의 것이지 내 것이 아니다.

그런데도 나 역시 단지 나와 맞지 않는다고 해서 상대방의 취향에 대해 편견을 가질 때가 없지 않다. 물론 심약한 내 성격상 그것을 표현하거나 심하게 왜곡한 적은 없다고 믿고 싶다. 하지만 또 누가 알겠는가. 상대방은 나도 모르게 드러난 나의 편협한 태도 때문에 상처를 입었을지도 모를 일이다.

물론 나는 지금도 애써 노력하고 있긴 하다. 행여 상대방이 나와 다른 생각, 다른 취향을 가졌다고 해서 그를 편견과 선입견을 가지고 대하지 않기를, 한 걸음 더 나아가 상대방의 생각과 취향을 온전히 존중할 수 있기를 바란다. 이를 제대로 실천할 수만 있어도 나 자신에게 어느 정도 자긍심을 가져도 좋을 것 같기에.

친절과 칭찬, 최고의 종교

강아지를 키우다 보니 무슨 일이 있어도 하루 두 번은 산책을 나가야 한다. 어느 때는 새벽이나 늦은 밤에 집을 나서야 할 때도 있다. 산책을 거르면 녀석의 만만치 않은 반발에 부딪히게 되는 탓이다. 다행스러운 것은, 덕분에 얻는 것이 아주 많다는 점이다.

첫째, 몸이 건강해진다. 늘 시간에 쫓기는 처지에 하루 두 번의 산책이라니, 전 같으면 그런 호사는 꿈도 꾸기 어려웠다. 그런데 지금은 하루 한두 시간 강아지들과 공원을 돌다 보니 저절로 살도 빠지고 몸도 가뿐해지는 느낌이다.

또 하나 좋은 점은 때때로 새로운 경험을 하게 된다는 것이다. 처음 새벽 산책을 나갔을 때 일이다. 공원에 그토록 많은 새들이 살고 있다는 사실을 그때 처음 알았다. 깜짝 놀랄 정도로 많은 새들이 한꺼번에 지저귀고 있었다. 강아지조차 고개를 갸웃거리며 새들의 소리에 귀를 기울였다. 더 흥미로운 사실도 알게 되었다. 좀 더 이른 새벽에는 아주 조그만 새들이 땅에 내려앉아 먹이를 쪼아 먹곤 했다. 아마도 그 시간에는 공원에 무서워할 만한 존재가 그리 없으니 안심하고 마음대로 행동해도 좋다고 판단한 것 같다.

그로부터 한 시간쯤 늦은 시간에 가보면 사람들이 많아지고 그 작은 새들은 흔적도 없이 사라지고 없다. 그 대신 훨씬 몸집이 큰 새들이 공원을 돌아다니고 있다. 녀석들은 사람이 무섭지 않은 게 분명하다. 실제로 사람들이 가까이 가도 피하지 않는 경우가 더 많다. 아무튼 그렇게 새들도 나름대로 생존수칙을 만들어 생활하고 있다는 것을 알게 된 것은 신선한 경험이었다. 녀석들이 대견하고 신통하다는 생각이 들자 예쁘고 사랑스럽게까지 여겨졌다. 역시 전에는 한 번도 경험해보지 않은 느낌이었다.

그동안은 '새'라고 하면 그저 히치콕의 〈새〉나 아니면 도시의 비둘기들을 떠올리는 것이 고작이었다. 당연히 예쁘거나 사랑스러운 것과는 연이 없을 수밖에. 그런데 공원의 새들에게 마음을 열자 녀석들은 전혀 새로운 존재로 다가왔다. 지금은 새들의 지저귐에도 오래 귀를 기울이게 되었다. 그 소리의 다양함도 나를 매혹시킨다. 녀석들이 한꺼번에 소리를 낼 때는 지저귐이 다 똑같은 것 같다. 하지만 가만히 귀를 기울이면 각기 다른 소리를 낸다는 것을 알 수 있다. 공원에서 서로 인사를 나누는 이웃들이 많아진 것 역시 새로운 경험이다. 산책길에서 자주 마주치는 강아지들과 그 주인들과는 어느덧 소소하게 대화를 트고 지낼 만큼 가까워졌다. 딸아이가 강아지를 보고 "네가 나보다 동네에

친한 사람들이 훨씬 많구나" 하고 감탄을 할 정도다.

그렇게 다양하고 새로운 경험을 하면서, 새삼 마음을 여는 것의 중요성에 대해 깨닫곤 한다. 저건 내 생각과 달라 싫고 저 사람은 내 취향이 아니라서 싫다고 골라내다 보면 결국 아무것도 남지 않게 된다. 하지만 그렇게 하기엔 세상은 우리가 생각하는 것보다 훨씬 더 넓고, 사람들은 훨씬 더 다양한 층위를 이루며 살아간다. 그런데 '이건 틀렸어. 저 사람은 나와 맞지 않아. 그러니 알 필요가 없어' 하고 마음의 문을 닫고 살아간다면 그만큼 세상과 사람에 대한 시각이 좁아질 수밖에 없다.

미국의 소설가 헨리 제임스에게는 조카가 여러 명 있었다. 그중 한 사람이 삶의 방식에 대해 깊이 고민하다가 삼촌에게 편지를 보냈다. 어떻게 사는 것이 제대로 사는 것인지에 대해 유명 작가인 삼촌에게 답을 구한 것이다. 그러자 헨리 제임스는 다음과 같은 답장을 보냈다고 한다.

"인생에는 중요한 것이 세 가지 있다. 첫째, 친절할 것. 둘째, 친절할 것. 셋째, 친절할 것."

아마도 헨리 제임스는 세상의 모든 다양성 앞에서 마음의 문을 활짝 열라는 뜻으로 그토록 친절을 강조한 것이 아니었을까 싶다. 그리고 법정 스님이 최고의 종교는 '친절과 칭찬'이라고 말씀하신 것은, 그만큼 어렵다는 이야기일 터이다.

A는 그가 좋은 사람이라는데
왜 B는 그가 나쁘다고 할까

어떤 한 사람에 대한 평가가 극과 극으로 다를 때가 있다. 그런 모습을 보고 있으면 재미있기도 하고, 한편으론 인간관계의 상대성을 극명하게 보는 것 같아 실소가 나오기도 한다.

예를 들어 사진작가 A씨는 평소 법 없이도 살 사람, 너무 호인이어서 가끔은 직업적인 카리스마가 부족한 사람으로 분류되고 있었다. 연예인들이나 사회적으로 유명한 사람들을 대상으로 사진을 찍으려면 끼도 넘치고 파워도 있고 카리스마도 팍팍 뿜어나와줘야 하는데 그게 없다는 거다. 그는 그나마 일을 하고 있지 않을 땐 더욱 얌전하고 예의 바르고 말수도 적은 타입이었다. 오버가 심하거나 수선스러운 사람들 사이에 끼어 있으면 아예 눈에 띄지도 않았다.

그런데 그를 가리켜 무례하고 불쾌한 사람이란 평가가 나왔다. 그를 아는 사람들은 다 같이 자기 귀를 의심하지 않을 수 없었다. 사연인즉 이러했다. 어느 작은 사보 제작사에서 그에게 겨울 풍경을 근사하게 담은 사진 몇 장을 부탁했다. 그리고 사진을 받으러 직원을 보냈다. 그런데 그만 이 직원이 앞뒤 분간 못하고 잘난 체하기 좋아하는 타입인 것이 화근이었다. 수줍고 샌님 같은 사진작가 앞에서 있는 대로 폼을 잡고 시건방을 떨었던 것이다. 그러니 그가 화를 내고 무례하게 굴 수밖에.

안타깝게도 그 직원은 상대방의 겉모습만 보고 평가하는 어리석음을 저질렀다. 적어도 그가 자기 분야에서 커리어와 명성을 쌓아가는 데는 그만한 이유가 있다는 사실을 간과했다면, 그건 분명 그 직원의 잘못이다. 그런데도 재미있는 건, 그 직원이 아는 사람들에게 이 사진작가는 필경 예의도 없고 불쾌하기 짝이 없는 사람으로 소문이 날 거란 사실이다. 우리가 A란 사람에 대해 아주 극단적으로 엇갈린 평가를 듣게 된다면 바로 그런 과정을 거쳤기 때문이라고 생각하면 무리가 없다.

이 세상 대부분의 인간관계는 상호적이다. 내가 상대방에게 호감을 느끼고 좋아하면 그도 날 좋아하고 호감을 느끼게 마련이다. 100퍼센트 그런 건 아니지만, 90퍼센트쯤은 그렇다고 봐야 한다. 부메랑도 100퍼센트 돌아오는 법은 없다지 않은가. 보통의 인간관계에서 이 부메랑 법칙은 그다지 틀리는 일이 없다. 그런데도 우린 수많은 인간관계에서 서로에게 상처를 입히며 좌절과 분노를 키워갈 때가 많다. 내가 상대방에게 주는 것보다 더 많은 것을 상대방이 내게 주기를 기대하기 때문이다.

그리고 대부분 상대가 내 부탁을 들어주면 그는 좋은 사람이고 아닌 경우에는 나쁜 사람이 되고 만다. 언젠가, 남자들이 속

좁다고 평하는 사람을 두고 뒷담화하는 걸 듣게 된 일이 있었다. 모두들 그가 표리부동하다고 입을 모으는데 유독 한 사람만 그가 좋은 사람이라고 주장했다. 그런데 그 이유는, 단지 그가 자기 부탁을 언제나 들어주기 때문이라는 것이었다. 그들의 이야기를 들으면서 인간관계에서 '좋은 사람'이라는 말을 듣는 것이 얼마나 의미 없는 일인지를 새삼 느꼈다.

이제 더 이상 그런 계산을 하지 않아도 좋을 것 같은 부부 사이에도 비슷한 문제는 자주 일어난다. 수많은 부부들이 끊임없이 앙앙불락怏怏不樂하는 모습을 보면 거의 대부분 상대방에 대한 기대치가 문제이다.

그 기대치가 조금만 어긋나면 어떻게 되나? "우리가 결혼하면 난 네가 최소한의 것은 해줄 줄 알았다. 그런데 이게 뭐냐? 나 혼자서만 뼈 빠지게 애쓰고 말다니, 분하고 억울해서 더는 못 산다"면서 서로 상대방이 먼저 배신을 때렸다고 아우성을 치게 되는 것이다.

이때도 남편 말을 들어보면 아내는 천하에 몹쓸 사람인 경우가 많다. 반대로 아내 말을 들어보면 그 남편은 급전직하 '인간도 아니게' 마련이다. 여기에 시댁이나 친정 식구들까지 가세하면 전쟁이 커지는 건 시간문제다.

그러면서 역시 앞서 예를 든 사진작가의 경우와 똑같은 재미있는 현상이 벌어진다. 모두들 법 없이도 살 거라고 하는 남편이 그 아내와 친정 식구들한테는 우유부단하고 비열한 인간으로 낙인찍히는가 하면, 살림솜씨 똑 부러지는 똑똑한 여자란 평판이 자자한 아내는 그 남편과 시댁 식구한테만은 인정머리라곤 손톱만큼도 없는 못된 여자로 평가가 엇갈리는 것이다.

누구하고든 인간관계를 잘 맺어가는 사람들을 보면 비결은 하나밖에 없다. 상대방의 모습을 있는 그대로 인정하고 받아들이고 한 걸음 더 나아가 존중하는 마음을 갖는 것이다. 그런 사람이라면 어떤 경우에 놓이든, 상대방이 누구든 상관없이 따뜻한 인간관계를 맺어가게 마련이다. 내가 보기에 괜찮지 않은 사람도 누군가에는 괜찮은 사람으로 보인다는 사실을, 그는 경험으로 알고 있는 것이다.

나이란 숫자가 아닌 느끼는 것

아직 십 대이던 때 나는 남몰래 스물다섯 살이 되기를 손꼽아 기다렸다. 그 나이가 되면 내가 진짜 '숙녀'가 되어 있을 거라고 생각했기 때문이다. 그때 내가 생각한 숙녀의 이미지는 어떤 일에나 차분히 대응할 줄 아는 고상함과 반듯함을 갖춘 우아하고 세련된 여자였다. 물론 진짜 그 나이가 됐을 때 나는 우아하기는 커녕 시험에 치이며 정신을 못 차리는 어리바리한 의과대학생일 뿐이었다.

다만 지금도 의아함은 남아 있다. 대체 그 당시 내가 무슨 근거로 '스물다섯 살=숙녀'의 이미지를 갖게 됐는지에 대해. 아마도 십 대 여자애가 보기에 스물다섯 살의 나이가 그만큼 커 보였기 때문이리라.

그 후로는 나이를 가늠하며 살기가 어려운 생활의 연속이었다. 그러다가 마흔 살이 눈앞에 다가왔다. 다들 힘들게 넘긴다는 서른 살의 고비에도 애초에 나는 나이를 생각할 겨를이 없었다. 박사와 전문의 시험을 통과한 게 겨우 그즈음이었던 것이다. 그러나 마흔 살은 달랐다. 마르케스는 "나이란 숫자가 아니라 느끼는 것"이라고 했다지만 나한테 40은 충격의 숫자였다.

더 지독한 건, 그 나이가 되었건만 나는 아직도 스스로를 젊게, 매우 젊게 여기고 있다는 사실이었다. 물론 지금은 죽는 날까지 그런 착각을 하도록 만들어졌기에 인간은 단지 늙어간다는 이유로 생존을 포기하지는 않는다는 사실을 안다. 하지만 그때는 아직 거기까지는 생각이 미치지 못했다. 다만 마흔 살이란 내 나이와 스스로 생각하는 내 이미지 사이에 존재하는 괴리에 어리둥절할 뿐이었다.

공자는 그 나이를 가리켜 '불혹不惑'이라고 했다는데 나는 그것도 믿을 수 없었다. 내 주위에는 여전히 나를 미혹하는 것들이 사방에 널려 있었다. '그래서 그는 추앙받는 성인일 테지' 하면서도 찜찜한 데가 아주 없는 것은 아니었다. 더구나 나는 직업이 정신과 의사가 아닌가. 남들이 중년기에 접어들면서 내면의 갈등과 좌절을 느낀다면 그 문제를 도와주어야 할 사람이 오히려 좌충우돌하고 있다면 형편이 말이 아니게 되는 셈이었다.

그래도 나이가 주는 중압감에서 벗어나기 어려웠다. 뭔가 돌이키기에는 많은 것들이 이미 늦어버린 것만 같은 상실감, 나는 아직 시작도 하지 않았는데 어쩌다 보니 마지막 라인에 서 있는 것 같은 막막함의 파도가 내 마음을 점령했다. 나는 좌절했고 우울했다.

그래서 나는 다시 프로이트와 융을 비롯해 여러 권의 책을 읽기 시작했다. 그때 나에게 위안을 준 사람은 융이었다. 그도 나와 비슷한 심정으로 좌절하고 또 거기서 벗어나려고 몹시 애썼다는 것을 알았기 때문이다.

프랑스의 여성 작가 아니 에르노 역시 어느 책에선가 다음과 같이 쓰고 있다.

"중년기의 여자란 사춘기 때와 얼마나 비슷한가? 똑같은 기다림, 똑같은 욕망, 그러나 여름으로 가는 대신 겨울로 가고 있다."

'여름 대신 겨울로'라는 말에 담긴 상실과 쓸쓸함이 아프게 와닿는다. 하지만 그것으로 끝이 아닌 것은 얼마나 다행인가. 중년기에는 그 나름의 생의 과제가 있기 때문이다.

언젠가 방송에서 꽃미남 연예인들을 쫓아다니는 아줌마 팬클럽에 관한 내용을 다룬 적이 있다. 자식 같은 아이들이 좋다고 쫓아다니니 주책이라고 생각할 수도 있다. 하지만 그 속내를 들여다보니 그들은 '살기 위해' 그런 활동을 시작한 것이었다. 결혼 후 대부분의 시간을 가정을 위해 희생하고 살아온 주부들은 나이가 들어가면서 갱년기 우울증 등 심리적 고비를 여러 차례 겪게 마련이다. 팬클럽 활동을 하는 사람들 중에도 자신감과 의욕을 잃고 자살까지 결심한 사람도 있었다고 한다. 그러다 팬클럽 활동을 하면서 그들은 일상에서 에너지를 얻고 가정에도 더 충실하게 되고 자기계발에도 힘쓰게 되었다고 한다.

스타들을 향한 그들의 열광은 가슴 뭉클한 데가 있었다. 난 그들이 스타들에게 열광하는 것과 동시에 비로소 자기 자신을 돌아보게 되었다고 생각한다. 그리고 더 이상 남들의 시선에 마음 쓰지 않음으로써 자신만의 가치관대로 살아갈 힘을 얻게 되었던 것은 아닌지.

우린 자주 나이에도 편견과 선입견을 갖는다. 정신의학과 주역을 접목하기 위해 두 번째 박사 과정을 밟고 있을 때였다. 30대 초반의 젊은 대학원생이 나보고 컴퓨터를 할 줄 아느냐고 물었다. 아마도 내 나이에는 그러기가 쉽지 않으리라고 여겼던 모양이다. 내 입장에서는 몹시도 당혹스럽고 터무니없는 질문인지라 한마디 하려다가 문득 입을 다물었다. 나 역시 그의 나이였을 때 선배들에 대해 비슷한 편견을 가지고 있었던 사실이 떠올랐던 것이다.

요즘 같은 백세시대에 60이 넘어 새로운 생활을 시작하는 사람들의 예는 넘칠 정도로 많다. 생물학적 나이로 누군가를 규명하는 것에서도 자유로워질 필요가 있다. 인생은 늘 새로운 날들의 연속이라고 생각한다면, 다양하고 활기찬 삶을 살기 원한다면, 그런 잣대 역시 불필요하다.

과잉의 시대에 적절한 거리를 두는 법

언제부턴가 우리는 '과잉의 시대'에 살고 있다. 요즘 유행하는 말로 하자면 '투 머치Too much'한 것이 '너무 많다'고나 할까. 네트워크 플랫폼에서는 정보가 넘쳐나고 SNS에서는 수많은 사람들이 서로의 관계망 속에서 얽혀 있다. 하지만 그 속을 좀 더 들여다보면 대개는 불필요하고 피곤한 관계를 힘들게 이어가는 경우가 더 많다.

그런데도 대부분의 사람들이 사회적 관계에 집착하는 데는 여러 이유가 있다. 그중 하나는 사회적으로 자신이 뒤처지고 게으르게 살고 있을지도 모른다는 죄책감에 시달리고 싶지 않기 때문이다. SNS에서 보이는 모습이 상대의 전부가 아님을 모르지 않으면서도 나만 빼고 모두 잘만 살아가고 있는 것 같은 소외감을 느낄 때 그런 박탈감은 커져만 간다. 그러다 보니 나도 모르게 그 대열에 합류하려고 쓸데없이 힘을 빼는 경우도 많다.

그런 상황에서 벗어나려면 불편함을 느끼는 관계는 과감하게 정리하거나 적어도 일정한 거리를 유지하고자 노력할 필요가 있다. 너무 많은 인간관계 속에 파묻혀 있다 보면 정작 자신이 원하는 순간에, 바라는 만큼의 관계를 유지하지 못하는 일이 일어나기 때문이다. 그러므로 때와 장소에 따라서 옷차림이 달라야 하듯이, 인간관계에서도 그에 어울리는 적절한 거리 두기가 필요한 것이다. 또한 사회적 관계망에 지나친 의미를 부여하고 몰두해 있을수록 나를 위해 투자할 시간은 줄어들게 마련이다. 차라리 그 시간에 자신의 발전을 도모하는 편이 훨씬 낫다. 남과 지내는 시간만큼 나와 지내는 시간도 필요한 것이다.

실제로 요즘 들어 그 모든 '과잉'에서 벗어나 혼자만의 세계를 구축하고 그 속에서 편안함을 느끼는 사람들의 숫자도 늘고 있다. 그들은 너무 많은 인간관계 속에 파묻혀 있다 보면 정작 자신이 원하는 순간에, 바라는 만큼의 관계를 유지하지 못하는 일이 일어난다는 것을 경험으로 알고 있는 사람들이다. 그러느니 똑똑한 거리 두기를 통해 혼자 있으면 편안하고 여럿이 함께여도 즐거운 인간관계를 해나가려고 노력하는 것이다.

어떤 의미에서 혼자 있으면 편안하고 여럿이 함께여도 즐거운 관계는 인간관계의 가장 이상적인 모델이라고도 할 수 있다. 다만 그런 관계를 만들어가기 위해서는 먼저 전제되어야 할 것이 있다.

첫 번째, 피곤하고 쉬고 싶을 때 자신에게 과감하게 휴식을 허용할 수 있어야 한다. 우리가 호흡할 때 들숨과 날숨이 똑같이 필요한 것처럼 일과 휴식 사이에서 적절한 균형을 갖는 것이 필요하다. 이때 혼자 있는 시간은 밖에서 소모한 에너지를 보충하는 시간이라는 관점을 가져야 한다. 사람들과 같이 있으면 우리는 어떤 방식으로든 에너지를 소모한다. 상대의 말을 듣는 것, 내가 이야기하는 것, 적절하게 분위기를 타는 것, 다 에너지가 소모되는 일이다. 그렇게 소모된 에너지를 보충하는 것이 바로 혼자 있는 시간이다. 누구의 눈치도 보지 않고 나만의 편안한 한때를 보내면서 바깥세상에서 소모한 에너지를 보충하는 시간이다. 혼자 있는 시간이면 불필요한 후회와 자책으로 힘들어하는 경우가 적지 않은데 이 역시 피해야 할 일 중 하나다. 불필요하게 우리의 에너지를 낭비하게 만드는 일이기 때문이다.

언젠가 혼자 있으면 세상으로부터 자기만 동떨어져 있는 것 같아 견디지 못하고 누군가를 불러내야 한다는 사람이 찾아왔다. 문제는, 그러면서 그러는 자신에 대해 자괴감이 든다는 것이다. 그에게 이래도 힘들고 저래도 힘들 바에는 한 번쯤 혼자 있으면서 자신의 에너지를 비축하려고 노력하는 연습을 해보자고 권유했다. 그는 처음에는 힘들었으나 반복훈련을 하면서 이윽고 혼자 있음의 편안함을 느낄 수 있게 되었다고 했다.

두 번째, 사람들과 함께 어울리는 시간에는 상대에게 집중하는 것이 좋다. 쉬운 예로, 내 이야기를 하기보다는 상대의 이야기에 귀를 기울이는 것이다. 그런데 생각보다 많은 사람들이 그렇게 하는 것을 어려워한다. 대개는 상대의 말이 끝나면 내 이야기를 어떻게 할까에 골몰하기 때문이다. 언젠가 한 모임에서 열 명의 사람들이 각기 동시에 자기 말만 하면서 상대의 말은 안 듣는 광경을 보고 놀란 적이 있다. 따라서 사람들과 같이 있을 때 즐거운 시간을 보내려면 될 수 있는 대로 상대에게 집중하고 상대의 이야기를 들어주는 것이 좋다. 침묵이 견디기 힘들다고 해서 군이 이 말 저 말 할 필요도 없다. 그러다 보면 의도치 않게 말실수도 하게 되기 때문이다. 그러므로 때로는 침묵도 필요하다는 생각으로 편안하게 견디면 나보다 더 급한 사람이 화제를 꺼내게 되어 있다.

세 번째는 사람들이 나를 찾게 만드는 것이다. 그러기 위해서는 먼저 나 자신이 편안해야 한다. 만나서 긴장되고 불편한 사람을 좋아할 사람은 없기 때문이다. 남에 대한 비판이나 평가도 접어두는 것이 좋다. 만날 때마다 꼭 지적하고 모든 것을 고쳐주려고 하고 상대방 말에 일일이 신경을 곤두세우는 상대를 견딜 수 있는 사람은 없다. 그렇다고 상대가 날 어떻게 생각할까 싶어 상대의 기분에 맞추려고 지나치게 애쓸 필요도 없다.

누군가 도道는 무엇인가 물었다. 그에 대해 어떤 이가 '100퍼센트 현재 이 시점에 집중하는 것'이라고 한 답에 깊이 공감한 적이 있다. 인간관계도 마찬가지다. 혼자 있을 때는 그것을 편안하게 즐기고 사람들과 어울릴 때는 또 기꺼이 그것을 즐기면 된다. 그런 의미에서, 현재 이 시점은 언제나 옳다.

자동적이고 수동적인 관찰 예능의 시대에

한때 "나는 격렬하게 아무것도 하고 싶지 않다!"라는 광고 카피가 유행한 적이 있다. 나는 이 한마디가 관찰 예능에 몰두하는 우리의 심리를 가장 잘 대변하는 것 중 하나라고 생각한다. 나는 격렬하게 아무것도 하고 싶지 않지만 내 안에 호기심과 판타지까지 없는 것은 아니다. 물론 판타지라고 해서 거창한 것은 아니다.

그저 할 수만 있다면 어디 시골에 가서 아무 생각 없이 하루세 끼 밥이나 지어 먹으면서 몇 달쯤 보내고 싶은 정도? 조금 더 욕심을 낸다면 유럽 어디쯤 시골에 작은 게스트하우스나 하나 차려보는 것도 나쁘지 않을 것이다. 그 대신 관광객이 너무 몰리는 곳은 곤란하다. 돈을 벌자는 것이 아니라 소일거리 삼아 지낼 작정이므로. 아니면 멋진 휴양지의 고급 호텔에 일주일쯤 머물며 먹고 자고 먹고 자는 것 말고는 아무것도 안 하는 것도 괜찮을 것이다. 여기서 딱 한 가지 문제는 나에게는 그럴 여력이 없다는 것일 테다. 그래서 우린 비록 화면 속에서지만 남들이 나의 판타지를 대신 실현해주는 것을 보면서 일종의 위안을 얻는다.

한 친구의 딸이 독립한 지 얼마 안 됐을 때의 일이다. 처음에 내 친구는 엄마로서 딸이 뭘 먹고 지내는지, 혼자 식탁에 앉는 일이 쓸쓸하지나 않을지 이런저런 걱정이 많았다. 그런데 딸에게서는 의외로 명쾌한 답이 돌아왔다.

"아, 엄마, 나 너무 괜찮아! 그리고 밥은 언제나 〈맛있는 녀석들〉이랑 함께 먹거든!"

그 이야기를 하며 친구는 쓰게 웃었다. 그러자 옆에 있던 다른 친구가 말했다.

"그거 그렇게 웃을 일이니? 사실은 나도 혼자 밥 먹을 땐 꼭 그 프로그램 보거든. 딱 좋아!"

이러니 우리의 〈맛있는 녀석들〉이나 일본의 〈고독한 미식가〉가 인기가 없을 수 없다. 사실, 먹고 싶은 음식을 마음껏 먹는 것만큼 우리의 판타지를 채워주는 것이 있을까? 나를 포함해 오늘을 살아가는 대부분의 사람들은 언제나 다이어트 중이다. 먹고 싶은 것을 마음껏 먹는다는 행위는 감히 꿈도 꾸기 어렵다. 그러니 텔레비전은 말할 것도 없고 유튜브를 포함해 모든 소셜 미디어에 가장 많이 등장하는 것 중 하나가 '먹방'인 것은 당연한 일 아닐까.

우린 남들이 사는 모습도 궁금하다. 흔히 하는 말로 301호나 302호나 사람 사는 것 다 똑같다고들 한다. 하지만 그래도 우린 남들은 어떻게 집 안을 꾸미고 사는지, 아이들은 어떻게 키우는지 궁금하고 또 궁금하다. 여기에는 자기 비교도 한몫한다. 자기보다 잘사는 사람에게는 선망과 질투심도 느끼고 힘들게 사는 사람에게는 동정심과 위로를 보내면서 내가 그보다 나은 점을 찾는 식으로. 처음에는 텔레비전의 관찰 예능이 그 호기심을 채워주는 역할을 했다. 그리고 비슷한 프로그램은 여전히 생겨나고 없어지고 또 생겨난다. 하지만 아무리 그래도 유튜브에 대적할 수는 없다. 요즘은 유튜브에 온갖 종류의 사람들이 온갖 종류의 브이로그를 올리는 세상이기 때문이다. 아무것도 안 하고 멍만 때리는 일상에서부터 10분에 천만 원 쓰기까지, 그 내용도 천차만별, 각양각색이다.

물론 남의 삶을 훔쳐보고 싶은 마음은 누구에게나 있다. 관음증을 뜻하는 영어 'peeping tom'은 톰이라는 남자가, 자신들의 세금을 낮춰주기 위해 영주의 아내가 알몸으로 말을 타고 지나가는 것을 엿본 사례에서 연유하였다. 즉, 관음증조차도 인간의 청개구리 심리, 해서는 안 되는 것을 더 하고 싶어지는 심리와 연관되는 것이다. 과거 예의를 중요시하는 사회에서는 남의 사생활을 엿보는 것을 금기시했다. 하지만 인간에게는 늘 하지 말라는 것은 더 하고 싶은 욕구가 있는 법, 그런 심리를 영화로 표현한 최초의 작품 중 하나가 히치콕 감독의 〈이창Rear Window〉이다. 무료함을 견디다 못해 건너편 집들을 살피기 시작한 주인공이 뜻밖에도 살인사건을 목격하고 좌충우돌하는 이야기는 요즘 봐도 대단히 스릴 넘치고 재미있다. 그리고 이 이야기의 주제에서 요즘 시대와의 접점을 찾는다면 그중 하나가 '무료함'에 있지 않나 싶다.

우린 내 삶이 바쁘면 남에 대해 신경을 쓸 마음의 여유를 갖지 못한다. 우리 속담에도 있는 것처럼 내 코가 석 자인데 어찌 남의 코에 점이 있나 아닌가를 보랴. 그러다가 무료해지면 슬슬 남이 궁금해진다. 시간을 보내기에 남 이야기하는 것만큼 자극적인 것도 없고 남이 어떻게 사는지 보는 것처럼 재미있는 것도 없다. 그것은 우리가 영화나 드라마를 포함해 이 세상의 모든 이야기에 그처럼 열중하는 이유 중 하나다. 하지만 남의 일상까지 시시콜콜 들여다보려면 일단은 내가 무료해야 한다. 그런데 문제는 아무리 무료해도 내 편에서는 '격렬하게' 아무것도 하고 싶지 않다는 것이다. 내가 밥하는 것, 내가 일하는 것, 내가 놀러 가는 것은 다 귀찮다. 하지만 남이 요리하는 것, 남이 일하는 것, 남이 놀러 가는 것은 그냥 보고 있기만 하면 된다. 거기다 대리 만족까지 할 수 있으니 더 무엇을 바랄까.

우리 뇌의 기능 중에서 감각기능은 자동적이면서 수동적이다. 우린 꼭 무언가를 보려고 하지 않아도 볼 수 있고, 들으려고 하지 않아도 들을 수 있고, 냄새 맡지 않으려고 해도 냄새 맡을 수 있다. 다시 말해, 감각은 내가 뭔가를 보려고 하지 않고 느끼려고 하지 않아도 그냥 보이고 들리고 느껴진다. 이 자동적이면서 수동적인 기능이 관찰 예능 시대와 맞아떨어진 것은 아닐는지 하는 생각이 들기도 한다.

그리고 남의 사생활을 보면서 우린 마음껏 비판할 수 있다. 말 중에서 가장 쉬운 것이 남의 말 하는 것이고 행동 중에서 가장 쉬운 것이 남 비판하는 것이지만 이 역시 사회적으로 마냥 용인되는 것은 아니다. 그런데 우린 남들에게 자신의 사생활을 끊임없이 노출하는 사람들을 상대로는 별다른 죄책감 없이 험담과 비난을 쏟아낼 수 있다. 아마도 이 또한 관찰 예능이 유행하는 이유 중의 하나가 아닐까 싶다.

다만 요즘 들어 때로는 그 모든 현상에 피로감이 느껴지는 것은 나만의 느낌은 아닐 것이다. 뭐든지 적절한 것이 중요한데 요즘은 그 모든 것이 적정선을 넘는 느낌을 받곤 한다. 그렇다고 해서 관찰 예능 시대가 쉽게 사라질 것 같진 않지만.

내가 나에게 사랑을 주어야 한다

내 큰아이는 자동차와 연관된 분야를 전공했다. 그 아이는 어렸을 때부터(대부분의 남자아이들이 그렇듯이) 차에 대한 사랑이 보통이 아니었다. 언제나 자기는 집은 없어도 되니 차만 있었으면 좋겠다는 식이었다. 그렇게 노래하다 보니 그 분야로 전공을 선택하게 된 것이다. 그런데 그 애가 어느 날 흥미로운 이야기를 들려주었다. 차를 험하게 쓰고 사랑하지 않는 사람일수록 교통사고도 더 크게 내는 경향이 있다는 것이었다. 물론 다 그런 건 아니겠지만 '애정이 없고 거칠게 대한 결과'라는 말에는 어느 정도 일리가 있다는 생각이 들었다.

그 이야기를 듣고 난 다음부터 나 역시 아침에 차를 타면 고맙다고 쓰다듬어준다. 그런데 요즘 탄 세월이 오래되다 보니 주위에서 차를 바꾸라는 이야기들을 한다. 어느 때는 그럴까 싶어 새 차 구경을 하고 와서는 괜스레 차한테 미안한 생각이 든다. 구경하러 가면서 그 친구를 데리고 가는 것도 미안하다. 한편으로는 내가 마음 변한 걸 알고 이 친구가 고장이라도 나면 어떻게 하나, 하는 걱정도 든다. 그런 경험 흔히 하게 되지 않나. 관심 없어지면 그 물건이 감쪽같이 사라져서 꼭 필요한 순간에도 영 나타나지 않는. 그럴 때마다 물건에도 흔히 말하는 '기'가 있어 내가 자기를 싫어하는 것을 아는 게 아닌가 하는 쓸데없는 생각을 해본다.

그러다가 문득 물건 하나도 자기를 더 사랑하는 사람에게 가고 싶어 하는데, 하물며 삶에서 나라는 존재에 대한 깊은 사랑과 수용 없이 우리가 이 긴 세월을 어찌 살아갈까 하는 데 생각이 미쳤다. 물론 '나를 사랑하는 것Love Myself'의 중요성에 대해 모르는 사람은 없다. 요즘엔 방탄소년단의 앨범 타이틀이자 캐치프레이즈가 된 덕분에 더 자주 듣게 되는 말이기도 하다.

문제는, 나도 날 사랑하고 싶지만 그러기에는 때때로 내 인생에 안 풀리는 일이 너무 많다는 생각이 든다는 점이다. 모든 것이 다 잘 풀려서 정말 자기를 사랑하는 것 같은 사람들을 볼 때도 없지는 않다. 하지만 그런 경우는 매우 드물고 우리는 전자에 속하는 경우가 더 많다. 설령 내가 금수저를 물고 태어났어도 그것을 함부로 굴리면 어느 순간 사라지게 되어 있는 것이 인생이기 때문이다.

그래서 니체는 '아모르 파티amor fati'를 말했는지도 모른다. 니체가 운명을 사랑하라고 한 것은, 내 삶에 주어지는 모든 것들을 받아들이되 수동적으로 머무르는 것이 아니라 긍정적이고 적극적으로 나아가라는 것이 아닌가 한다. 내가 받은 것이 무엇이든지 간에 소중하게 여기는 마음, 잘 지키겠다는 마음, 갈고 닦겠다는 마음이 바로 아모르 파티가 아닐까 싶은 것이다.

아주 오래전에 난을 선물 받았다. 서양 난은 꽃이 한 번 피고 나면 다시 피기 어렵다고 한다. 그런데 그 난이 해마다 풍성한 꽃을 보여주었다. 그것을 보고 사람들마다 길조라며 놀라워했다. 그러니 새해가 되면 이 친구가 또 꽃을 피워줄까 기대 반 걱정 반으로 기다리게 되었다. 그러다가 꽃을 피우면 그 행복감이란 이루 말할 수 없었다. 몇 년이 지나면서 걱정이 되기 시작했다. 이제 난도 나이가 들어가니 또 꽃이 필까 싶어서였다. 그런데 어느 해는 정말 꽃이 피지 않았다. 기대했던 마음이 실망으로 번지면서 그래도 내년에는 피겠지, 잘 피우려면 병든 잎을 잘라내야지 하다가 그만 잎을 거의 다 잘라내고 말았다. 그걸 보고 꽃가게 주인이, 꽃이 피려면 병든 잎이라도 있어야 하는데 그렇게 온통 잘라내면 어떻게 하냐면서 이 친구는 가망이 없다고 하는 게 아닌가. 이게 다 내 무지의 결과인 것 같아 마음이 아팠다.

그런데 놀랍게도 이번에는 꽃이 필 거라고는 기대도 하지 않았던 또 다른 난이 올해 들어 꽃을 피우기 시작했다. 단지 살아 있는 잎사귀가 안쓰러워서 버리지 못하고 몇 년 동안 한구석에 놓아두었던 녀석이었다. 그런 난이 어느 날 갑자기 찬란한 보랏빛 꽃을 피우기 시작한 것이다. 매일 출근해서 그 모습을 보면서 느끼는 기쁨이란 말할 수 없이 크다. 나는 요즘도 매일 출근하면 밤새 내 사무실을 지켜준 꽃들과 화분들에게 고맙다는 인사를 건네곤 한다. 그러면서 새삼 무엇이나 지나치게 잘하려고 노심초사해서도 안 되지만 이 세상에 쉽게 포기하고 말 것은 아무것도 없다는 생각을 하곤 한다.

그것은 나 자신에게도 해당하는 이야기다. 나를 있는 그대로 받아들이되 제대로 사랑할 수 있어야 한다는 의미에서, 특히 요즘과 같은 소셜 미디어 시대에는 더욱 그렇게 나라는 존재가 중심을 꽉 잡고 있어야 한다는 것이 내 생각이다. SNS 세상을 들여다보고 있으면 남들은 다 완벽한 인생을 사는 것처럼 보이는 경우가 많기 때문이다. 그러다 보니 나만 그렇지 못한 것 같아 더 무력감을 느끼게 되는 것이 사람 마음이다. 그런 경우 자신의 그런 부정적 생각을 감추기 위해 더욱 다른 사람들이 나를 어떻게 보는지에 신경 쓰고 남과 비교하고 그러면서 더 자기를 괴롭히는 악순환에 빠지게 되기도 한다.

그런 일이 내게 생겨나지 않게 하려면, 내 마음을 현명하게 다스리고 내 의사를 명확하게 말하고 지나친 감정이나 욕심은 어느 정도 절제할 수 있어야 한다. 그러나 무엇보다 중요한 것은 자신에 대한 깊은 사랑과 수용이다. 상담 중에 "왜 세상은, 왜 주위 사람들은 내가 얼마나 힘든지 이해해주지 못하는가" 하고 원망하는 이야기를 자주 듣는다. 그때마다 나는 세상을 원망하기에 앞서 우리가 스스로를 먼저 이해하고 받아들일 수 있어야 한다는 이야기를 들려주곤 한다. 그렇게 할 때, 비로소 내가 가진 여러 가지 문제의 해결이 시작되기 때문이다. 그리고 그 한 걸음을 시작으로 우린 또 그만큼 더 성장해나갈 수 있는 것이다.

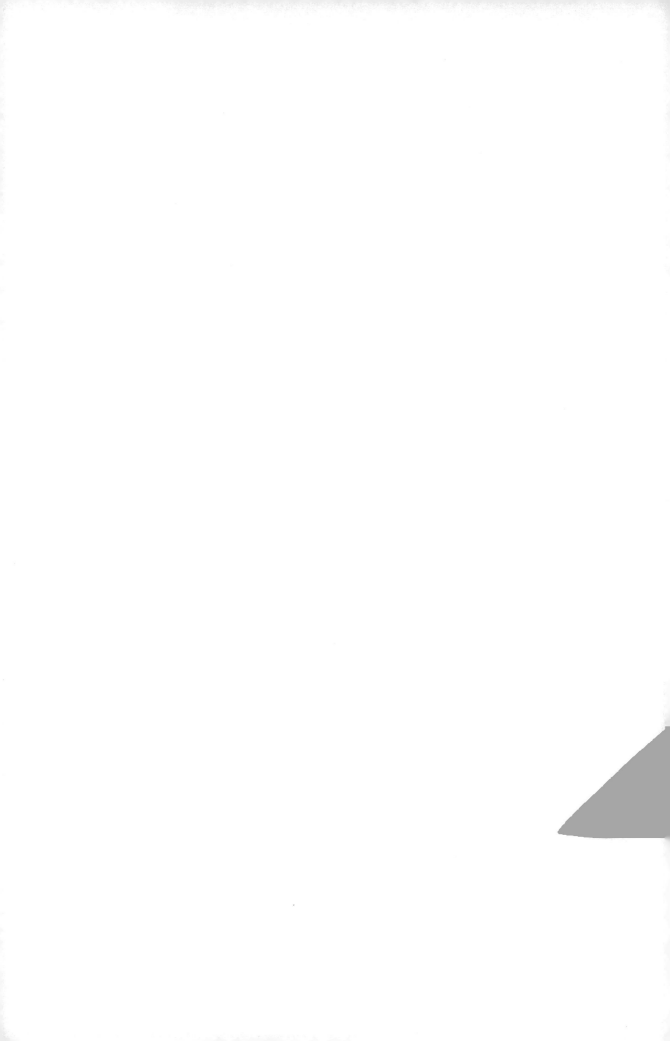

2장

자존감 짓기,
칭찬의 동심원
그리기

내가 나를 칭찬하지 못하면 남에게도 칭찬할 마음이 생기지 않는다.

먼저 내가 나 자신에게서 좋은 점을 찾아내려고 노력하고

아주 작은 것에도 칭찬하는 습관을 키워나가니

놀라운 효과가 나타났다. 그와 같은 신세계를

좀 더 많은 사람들이 나눌 수 있기를 바라며 이 글을 써내려갔다.

칭찬이 열어준 신세계

할리우드에서 만들어내는 코미디 영화의 소재로 많이 쓰이는 것이 있다. 주인공이 갑자기 벼락부자가 되어 온갖 소동을 일으키는 이야기다. 부랑자가 우연히 백만장자의 수첩을 주운 것이 계기가 돼 부자로 산다거나, 부자 노인들이 보잘것없는 흑인 청년을 두고 백만장자로 만들 수 있나 없나 내기를 한다거나, 아니면 죽기 전까지는 알지도 못했던 친척이 눈이 튀어나올 만큼 거액의 유산을 남겨준다거나 등등……. 그런데 재미있게도, 이러한 영화들 대부분 끝에 가서는 꼭 주인공을 다시 거지로 만들거나 아니면 돈이란 건 정말 속절없다는 교훈 아닌 교훈으로 마무리된다. 그래도 영화를 보고 있노라면 나도 어디서 저런 행운이 안 찾아오나, 만약 나한테 저런 거액의 돈이 생긴다면 어떻게 해야 할까, 적어도 저 주인공처럼 바보같이 굴지는 않을 텐데, 하면서 남가일몽을 꾸게 되는 것이 사람 마음이다.

돈은 정말 우리로 하여금 별별 생각을 다 하게 만든다. 그래서 대부분의 종교에서는 믿음을 지키려거든 소유를 멀리하라고 강조하는지도 모른다. 하지만 전도서를 쓴 솔로몬은 '지혜만큼 돈이 인간의 피난처'라는 말을 남겼으니, 가장 지혜로운 사람답다는 생각이 든다. 그런 영화를 보면서 처음에는 나한테는 그럴 만큼 어마어마한 재물이 없으니 멀리하고 말 것도 없다고 생각하다가 꼭 그렇지만은 않다는 것을 깨달았다. 내 속에는 멀리하는 것을 넘어서서 그냥 내다버려야 할 것들이 너무나 많다는 사실을 깨달은 것이다.

턱없는 욕망과 교만, 비교와 경쟁심, 완고하기 짝이 없는 나쁜 습관 등등. 그뿐인가. 칭찬에는 인색하면서 비난에는 나도 모르게 앞장서려는 마음도 내다버려야 할 것 중의 하나다. 하지만 설령 그 모든 것들을 다 내다버릴 결심을 했다고 해도 내 의지가 굳건해서 행동으로 옮기지 않으면 아무런 소용이 없다. 아마 나 말고도 그런 분들은 많을 것이다. 그래서 내가 생각해낸 방법이 있다. 먼저 내가 나 자신에게서 좋은 점을 찾아내려고 노력하고 아주 작은 것에도 칭찬하는 습관을 키워나가는 것이다. 그와 같은 경험을 임상에서도 적용해나가자 역시 놀라운 효과가 나타났다. 예를 들어 한 기업의 임원이 상담을 끝내면서 다음과 같이 인상적인 말을 남기기도 했다.

"난 그동안 칭찬은 여자를 유혹하는 선수들이나 작업 멘트로 하는 건 줄 알았습니다. 그래서 누가 내게 칭찬을 해주면 시간을 낭비하는 바보짓이라고 생각했지요. 그런데 상담을 하면서 내 자신이 얼마나 그동안 칭찬에 굶주려왔는지를 알게 되었어요.

내가 나를 칭찬하지 못하니, 남에게도 칭찬할 마음이 생기지 않았다는 것도요. 그런데 칭찬만으로도 인간관계가 얼마나 달라지는지 경험하니, 이건 정말 신세계더군요."

그와 같은 신세계를 좀 더 많은 사람들과 나눌 수 있기를, 그리하여 우리 모두의 앞에 좀 더 행복한 시간들이 펼쳐지기를 소망해본다.

내가 좋아하면 남도 좋아한다는 것을 알고 살기

나는 우리 속담에 관심이 많다. 언젠가 속담과 심리를 엮어서 책을 쓰고 싶다는 생각을 하고 있을 정도다. 상담을 할 때면 각기 상황에 맞는 속담을 하나씩 정해서 이야기를 풀어나가기도 한다. 사람들의 반응도 좋다. 어렵게 느껴지던 문제들이 쉽고 재미있게 이해된다는 것이다. 새삼 우리 선조들의 현명함에 감탄하지 않을 수 없다.

예를 들어, '일 년 시집살이 못하는 사람 없고 벼 한 섬 못 베는 사람 없다'는 속담을 심리로 풀어보자. 이 속담은 시집살이나 농사짓는 일이 고되지만 잠깐 동안은 할 만하므로 조금 힘든 일을 했다고 생색내지도 말고 남들이 하는 일을 우습게 여기지도 말라는 뜻을 담고 있다.

어느 시어머니에게 두 며느리가 있었다. 시어머니는 큰며느리와 살고 있었는데 어느 날 작은며느리가 찾아왔다. 그런데 이 며느리가 보니 동서는 외출하고 없고 시어머니 혼자 찬밥을 들고 계신 게 아닌가. 평소 경박하고 촐싹대길 좋아하는 그녀인지라 가만히 있기가 어려웠다. "아니, 어머니, 어떻게 혼자서 찬밥을 드시고 계세요. 제가 당장 더운밥 해드릴게요. 어쩌면 형님은 어머니께 그럴 수가 있담" 하며 수선을 피웠다.

그 말을 듣고 있던 시어머니가 잠자코 방에 들어가더니 주섬주섬 옷가방을 챙기기 시작했다. 며느리가 "어머니, 어디 가세요?" 하고 묻자 시어머니가 대답했다. "매번 따뜻한 밥 해주는 너희 집에 가서 살려고 그런다."

어쩌다 한 번 얼굴 삐죽 내미는 게 고작인 작은며느리가 큰며느리 헐뜯는 걸 보고 괘씸한 생각이 든 시어머니가 쐐기를 박았던 것이다.

그런데 얄궂은 게 사람 마음이라, 우리 모두 자칫 이 작은며느리처럼 굴 때가 적지 않다. 남이 하는 일은 다 우습게 보이고 내가 하는 일은 다 힘들고 생색내고 싶어 하는 심리가 우리 속에 조금씩 다 들어 있는 것이다.

그런 마음이 병적으로 커지면 문제가 생긴다. 자기는 아무렇지도 않게 잘못을 저지르면서 남한테만 잘하라고 요구하는 이상한 사람이 되는 것이다. 그런 사람들의 가장 큰 특징은, 자기 합리화에 무척 강하다는 점이다. 그들은 자신이 실수하면 어쩔 수 없는 거고 또 나름대로 합당한 이유가 있어서 그런 거라고 생각한다. 하지만 남이 실수하면 절대 그렇게 넘어가지 않는다. 작은 실수도 큰일 난 것처럼 호들갑을 떨거나, 아니면 무식해서 실수를 할 수밖에 없다는 식으로 나온다. 그런 사람이 곁에 있으면 결국 주변 사람들만 화나고 피곤하게 되어 있다.

그런 심리는 정신의학적으로 나르시시즘과 연관되어 있다. 나르시시즘은 인간 심리의 핵심이라고 할 수 있다. 한마디로 말하면, 나는 가장 소중한 사람이므로 세상과 사람들도 그렇게 나를 여겨주기를 바라는 심리다. 하지만 그런 마음이 지나칠 때는 우리가 흔히 생각하는 것처럼 자기도취, 자기만족과 연관된다. 한편으로는 이 세상에서 내가 가장 옳고, 나만 선택된 사람이고, 내가 하는 일은 남들이 다 이해해줘야 하고, 남들은 내가 원하는 걸 다 만족시켜줘야 할 의무가 있는 것처럼 생각하는 자기합리화까지도 포함하고 있다.

내 인생에 비극이란 있을 수 없다고 생각하다가 뭔가 잘못되면 '내가 뭘 잘못했다고 이런 대접을 받아야 하느냐'고 하느님을 원망하거나, 이 세상에서 내가 가장 불쌍하다고 여기는 자기연민의 감정, 심지어 불행조차도 내가 가진 것이 최악이라고 여기는 것도 다 나르시시즘에서 연유한다. 즉, 내가 괜찮은 사람으로 인정받고 싶어서 그렇게 노력하는 것이 나르시시즘의 순기능이라면 자기만이 옳다고 생각하는 것은 나르시시즘의 역기능이라고 할 수 있다.

하지만 내가 불쌍하면 남도 불쌍하고, 내가 옳으면 남도 옳고, 내가 실수하면 남도 실수할 수 있고, 남에게 슬픔이 찾아오면 나한테도 똑같은 슬픔이 찾아올 수 있는 것이 인생이다. 그러니 남들이 잘못한 일을 두고 크게 나무라지도 말아야 하고 내가 잘한 일이 있다고 해도 크게 생색 내지 말아야 한다. 공자님이 자신의 사상 중에서 '서恕'가 가장 중요하고 그것을 한마디로 말하면 '내가 좋아하는 것은 남도 좋아하고 내가 싫어하는 것은 남도 싫어한다는 것을 아는 것이다'라고 한 것과도 연관된다. 성경에도 '네가 받고 싶은 대로 주라'고 되어 있는 것처럼.

내가 잘나간다고 그렇지 못한 사람들을 폄하해서도 곤란하다. 물론 우리 모두 인간인지라 그렇게 사는 게 쉽지만은 않다. 그래서 부부 사이에도 난 당신한테 이런저런 걸 다 해줬는데 당신은 겨우 그 정도를 갖고 생색을 내느냐고 싸우게 되는 것이다.

좀 더 심각한 건, 다른 사람이 정말 공들여 해놓은 일을 무 자르듯 단칼에 폄하하는 경우다. 상대방이 상처 입는 것은 전혀 생각하지도 않은 채. 그런 사람들에겐 똑같은 조건을 주고 그 일을 해내라고 시켜보는 게 가장 좋은 방법인 것 같다. 십중팔구 제대로 못 해낼 게 분명하기 때문이다. 그런 다음엔 바로 이렇게 말해주면 어떨까.

"일 년 시집살이 못하는 사람 없고, 벼 한 섬 못 베는 사람 없다우. 그러니 웬만하면 자중하며 살아가심이 어떨지."

칭찬하는 건 왜 힘들까?

인턴 시절의 일이다. 우리만 보면 늘 인상 쓰고 화부터 내는 교수님이 있었다. 그분 밑에서 일하는 동안 칭찬하는 말을 들은 사람이 한 명도 없을 정도였다. 물론 우리는 그것이 불만이었다. 그러던 어느 날 한 동료가 대놓고 불만을 토로했다. 우리가 뭘 그렇게 잘못했기에 매번 야단을 맞아야 하는지 모르겠다고 한 것이다. 그러자 그분이 말했다. "내가 만날 주임교수한테 야단 맞는데 너희들 칭찬할 마음의 여유가 있겠니?"

그 당시 나는 그분의 솔직한 답변에 꽤 강렬한 인상을 받았다. 설령 그런 사정이 있더라도 어린 친구들을 앞에 놓고 사실대로 말하기가 어려웠을 텐데, 툭 터놓고 말한다는 느낌을 받았던 것이다. 그 후로 나는 대화 중에 칭찬에 관한 주제가 나오면 그때의 기억을 떠올리곤 한다.

우리가 누군가를 비난하고 화를 내기는 쉬운데 칭찬하기는 어려운 데는 나름대로 그럴 만한 이유가 있다.

첫 번째는 칭찬에는 능동적 노력이 필요하기 때문이다. 실제로 화내고 야단치는 건 바로 하게 되는데 이상하게 칭찬이나 격려는 그게 쉽지 않다고 하는 사람들이 많다. 쑥스럽기도 하고, 자기 역할이 아닌 것 같기도 하고, 그 훈련도 안 되어 있다는 것이다. 다른 말로 하면 낯설고 어색하고 쑥스러운 감정들을 다 극복해야만 나오는 이차적인 반응이 칭찬이라는 이야기다.

칭찬과 배려의 중요성을 모르는 사람은 없다. 하지만 실천하기는 참으로 어렵다. 사람들이 가장 섭섭해하는 것도 자기가 한 일에 대해 칭찬 받지 못할 때이니 그런 아이러니도 없다.

두 번째는 역시 칭찬하는 것이 익숙하지 않기 때문이다. 칭찬을 받아본 경험이 별로 없으니 어떻게 칭찬해야 할지도 모르겠다는 것이다. 더구나 우리 문화는 칭찬을 잘하는 사람에 대해 일종의 편견을 갖고 있는 경우가 많다. 예를 들어, 칭찬을 잘하면 "저 친구, 아부가 장난이 아니네" 아니면 "저 친구, 아주 선수로구만" 하는 말을 들을 때가 있다. 그러니 웬만해선 드러내놓고 칭찬의 말을 하기가 어려울 수밖에.

하다못해 아내한테 칭찬을 해도 곱게 받아주지 않는다고 하소연하는 남편들도 적지 않다. 대개 "자기, 나한테 뭐 죄지은 거 있지?"라는 식의 반응이 돌아온다. 그만큼 자칫 오해를 불러올 소지가 크므로 웬만해선 칭찬하는 말을 꺼내지 않는 것이 상책이라고도 한다. 그런 경우 상대방도 진정 어린 칭찬의 말을 들어본 적이 없어 그런 반응을 보이는 것이므로 피장파장인 셈이다.

세 번째는 칭찬하고 싶은 사람이 별로 없기 때문이다. 생각해

보면 주변에는 온통 나를 힘들게 하는 사람들뿐인데 어떻게 칭찬을 하겠느냐는 것이다.

가벼운 예로, 우리 아이들은 내가 강아지한테는 매일 칭찬의 말을 듬뿍 쏟아놓으면서 자기들한테는 그러는 적이 별로 없다고 서운해한다. 그때마다 내 입에서는 "너희들은 불평불만이 너무 많아. 이것저것 해달라는 것도 너무 많고. 그러니 안 예쁜 거야. 하지만 강아지는 안 그러잖아" 하는 대답이 나오곤 한다. 아마도 우리가 주변에 칭찬할 사람이 별로 없는 것도 그 비슷한 이유 때문이 아닐까 싶다.

어떤 회사 대표는 직원들을 칭찬하면 월급 올려달라고 할까 봐 섣불리 칭찬하는 말을 하기 어렵다고 토로했다. 하지만 그는 한 번쯤 상황을 뒤집어 생각해볼 필요가 있다. 칭찬을 받은 직원은 힘이 나서 더욱 열심히 일할 테고 그러면 생산성이 올라갈 테니 회사의 경영 상태 역시 좋아질 것이 분명하다. 그럼 그때 가서 직원 월급을 올려주면 서로에게 윈윈이 되지 않겠는가.

칭찬을 잘 하지 못하는 네 번째 이유는, 마음에 여유가 없기 때문이다. 특히 모든 것이 성과 위주로 평가되는 조직에서는 업무를 제대로 달성하기도 바쁜데 누가 누구를 칭찬할 여유가 있겠냐고 한다. 일리가 있는 말이다. 마음에 긴장과 불안, 피해의식과 분노가 쌓여 있는데 상대방을 칭찬할 여유가 있을 리 없다. 따라서 누군가를 칭찬할 수 있으려면 먼저 마음의 여유부터 회복하는 일이 선행되어야 하는 셈이다.

우리가 그처럼 칭찬하는 것을 어려워함에도 불구하고 사람들이 가장 듣고 싶어 하는 것 역시 칭찬이라는 아이러니는 어떻게 설명되어야 할까. 아마도 그만큼 힘들기 때문에 더 듣고 싶고, 또 듣고 나면 힘이 나는 것인지도 모른다.

언젠가 중소기업에서 더욱 크게 성장한 회사의 임원과 상담할 기회가 있었다. 그 임원 말로, 자기가 가장 듣고 싶은 것이 CEO의 칭찬이라고 했다. 회사가 작을 때는 CEO와 면담도 자주 하고 칭찬도 자주 듣곤 했는데 지금은 그럴 기회가 거의 없다는 것이었다. 그의 이야기를 들으며 나이와 지위에 상관없이 사람들이 가장 원하는 것이 칭찬이라는 사실에 다시금 놀랐다.

실제로 칭찬이라는 매개체로 사람들과의 관계에서 긍정적 감정을 느낄 때 우리 뇌에서 스트레스 호르몬의 분비가 억제되고 평화에 작용하는 옥시토신이 분비된다는 게 밝혀졌다. 기분이 좋으면 감기에도 안 걸리는 이유 역시 우리 뇌에서 긍정적 감정에 작용하는 세로토닌 반응체와 연관돼 있다는 연구 결과도 있다.

그런 의미에서 우리에게 가장 힘을 주는 말은 딱 두 문장이다. "당신 참 소중한 사람이야" 혹은 "당신 참 괜찮은 사람이야"가 그 하나고, "당신 참 열심히 일했어"가 나머지 하나다. 이 두 마디만큼 인간의 핵심 심리인 나르시시즘을 충족시켜주는 것은 없다는 게 내 생각이다.

칭찬은 다름 아닌 상대방을 존중하는 일

강아지를 데리고 산책을 하다 보면 재미있는 일들이 많다. 예를 들어, 래브라도처럼 덩치가 커다란 녀석이 조그만 강아지한 테 겁을 먹고 어쩔 줄 몰라 하는 모습을 볼 때가 더러 있는데, 그 때마다 그 귀여운 부조화에 웃음이 터지곤 한다. 만날 때마다 꼭 다가와 알은척을 하는 녀석이 있는가 하면, 매번 거만한 표정으로 그냥 지나치는 녀석도 있다.

우리 집 아이들은 알은척을 하는 정도를 훨씬 넘어선다. 공원의 모든 강아지들뿐 아니라, 함께 산책 나온 모든 사람들한테 다 달려가 한 번씩 인사를 건네지 않고는 그냥 물러서지 않는다. 그러다 보니 거의 모든 사람들이 한마디씩 건네게 마련이다. 물론 대부분 칭찬의 말들이다. "예쁘다", "너무 귀엽다", "어쩜 털이 그렇게 하얗게 빛나니?", "눈이 정말 너무 사랑스럽구나" 등등.

그때마다 녀석들은 있는 대로 기쁨을 표현한다. 집으로 돌아올 때도 한껏 기분이 좋아 발걸음이 통통 튄다. 보고 있으면 나 역시 기분 좋은 미소가 피어난다. 그런데 어쩌다 시간이 맞지 않아 다른 강아지와 사람들을 만나지 못할 때가 있다. 그런 날은 집에 도착할 때까지 혹시나 하는 얼굴로 사방을 두리번거리곤 한다. 발걸음 또한 무겁고 느리기 짝이 없다. 게다가 그 시무룩함이라니, 어느 때는 나마저 차마 발걸음이 안 떨어질 정도다.

그때마다 '저렇게 조그만 녀석들도 누군가의 칭찬이 저토록 목마른데, 하물며 사람에 이르러서야 말해 무엇 하랴' 하는 생각이 저절로 떠오르곤 한다. 그래서 집에 돌아와 가족들에게 칭찬의 말을 한마디라도 건네느냐 하면, 또 그렇게 되지는 않는다. 나도 모르게 잔소리할 거리들이 먼저 눈에 띄는 것이다. 아마도 그 때문에 칭찬의 힘이 더 큰 것인지도 모른다. 쉽게 하기 어렵기에 어쩌다 칭찬을 하고 나면 하는 사람도 듣는 사람도 기분이 좋아지는 것이다.

그런데도 '칭찬'이란 단어만 들어도 싫다는 사람들이 적지 않다. 특히 조직이나 기업의 임원들 중에 그런 반응을 보이는 사람들이 있다. 그들은 어쩌다 칭찬의 중요성에 관한 쪽으로 이야기가 흘러가면 "도무지 칭찬을 할 게 있어야 칭찬을 하지요?" 하고 시니컬한 반응을 보인다. 아예 '칭찬'이라는 단어 자체가 싫다는 사람도 있다. 부모들로부터도 비슷한 반응이 나올 때가 있다. 아무리 자기 아이들이지만 칭찬할 거리가 별로 없다는 것이다. 칭찬하면 아이들 버릇이 나빠진다는 부모들도 더러 만난다.

그때마다 나는 칭찬을 존중의 개념으로 받아들이면 어떻겠는가 하는 제안을 한다.

사람들에게 언제 가장 행복한가 물어보면, 대부분 내놓는 대답이 비슷하다. 즉, 자기가 뭔가를 달성했다는 성취감이 들 때 가장 행복하다는 것이다. 그리고 그 성취에 대해 누군가로부터 칭찬을 들으면 기쁨이 배가한다고 그들은 말한다. 내 경우에도 가장 좋은 칭찬은 내가 한 일에 대해서 잘했다는 이야기를 듣는 것이다. 예를 들어, 나는 직업상 기업이나 조직에 강의를 하러 갈 때가 많다. 그때 '강의가 아주 좋았다, 자기 자신에 대해 다시 생각하게 되었다'는 피드백은 내게 최고의 칭찬이다. 책에 대해서도 마찬가지다. 내 책의 어느 부분을 읽고 그대로 실천했더니 주위 사람들과의 관계가 달라졌다는 피드백보다 더 큰 칭찬은 없다. 집에서는 내가 한 음식이 맛있다고 해줄 때 가장 기분이 좋다. 물론 어쩌다 있는 일이긴 하지만. 아, 그리고 강아지들이 예쁘다는 칭찬에는 나 역시 곧장 마음이 녹아내리곤 한다.

나는 이처럼 우리가 칭찬에 약한 이유는 그런 칭찬을 통해 일차적으로 자신이 존중받는다는 느낌을 강하게 가질 수 있기 때문이라고 생각한다. 칭찬을 하기 위해서는 먼저 상대방에 대해 관심이 있어야 하고, 그와 같은 관심은 상대에 대한 존중의 마음이 있어야만 비로소 가능해지는 것이기 때문이다. 그러므로 칭찬을 다른 말로 하면, 상대에 대한 존중이라고 할 수 있는 것이다. 조직이나 기업의 임원들에게도 그렇게 설명을 하고, 내가 말하는 칭찬은 존중의 개념이라고 하면 그때는 받아들인다.

그들 중에는 "그래, 이제 칭찬의 중요성은 알겠다. 하지만 아무래도 쑥스러워서 그것을 실천하기는 어려울 것 같다"고 털어놓는 사람들이 있다. 우리 주위에 칭찬에 대해서 그런 식의 사고방식을 가진 사람들은 의외로 많다. 하지만 뭐든 시작이 반이라는 말은 칭찬에도 적용된다. 칭찬도 습관이다. 칭찬하려고 하면 상대에 대해 관심을 갖게 되고 그러면 보이기 시작한다. 내 경우, 99퍼센트의 기능이 망가진 환자가 있어도 남은 1퍼센트를 붙들고 치료를 시작하라고 선생님께 배웠는데 그게 참 많은 힘이 되어주었다. 칭찬하려는 눈으로 보면 그 1퍼센트가 없는 사람은 없다.

따라서 처음에는 쑥스러워도 계속 연습하는 과정을 거칠 필요가 있다. 그렇게 해서 어느 순간 서로 편안하고 자연스럽게 칭찬을 주고받는 때가 오는 것이다. 인간관계의 시작과 끝은 나의 의사를 간결명료하게 표현하는 것이기도 하다. 그리고 칭찬은 그러한 표현 중에서도 가장 최상급에 속하는 것이다. 그것만으로도 내 것으로 만들 이유가 충분하지 않을까 싶다.

칭찬하기 연습, 칭찬 받아들이기 연습

박상하 씨(가명, 36세)는 살면서 누군가를 칭찬하는 일은 거의 없는 사람이었다. 자신에 대한 칭찬도 잘 받아들이지 못했다. 어쩌다 칭찬의 말을 들으면 얼굴부터 빨개지면서 어디론가 숨고만 싶었다. 대체 나한테 왜 이러는 거야 싶어서 상대방이 원망스러울 지경이었다.

그때마다 그가 주로 쓰는 방법은 못 들은 척하면서 재빨리 화제를 돌리는 것이었다. 그러면 대개는 상대방도 머쓱해져서 더 이상 이야기를 이어나가지 않았다. 그러면 안 된다는 것 정도는 그도 잘 알았다. 하지만 몸이 먼저 뻣뻣해지면서 반응을 보이는 데는 도리가 없었다. 상황이 그렇다 보니 남들을 칭찬하는 일도 그에겐 힘겨운 노릇일 수밖에 없었다.

칭찬에 지나치게 인색한 모습은 팀장으로서의 그의 리더십에도 문제가 되었다. 그는 업무 지시를 내리거나 보고를 받을 때도 곧장 핵심으로 들어갔다. 카리스마가 있긴 하나 따뜻하고 인간적인 면모라곤 없는 모습이었다. 그런 업무 스타일은 팀원들과 개인적인 공감을 나누거나 하는 데는 아무런 도움이 되지 못했다.

　여자들과의 관계도 마찬가지였다. 아직 싱글인 그는 키도 크고 외모도 잘생긴 데다 스타일도 좋아서 여자들 사이에서 인기가 많았다. 소개팅 주선도 심심치 않게 들어왔다. 하지만 대개는 그 편에서 먼저 거절 의사를 밝히곤 했다. 덕분에 너무 튕기는 거 아니냐는 핀잔도 들어야 했다. 잘난 남자는 이래서 재수 없다는 심한 말을 들은 적도 있었다. 상대방은 농담인 척했지만 그 속에 뼈가 들어 있다는 건 그도 알았다. 정말 거절하기 어려운 자리에는 가끔 나갈 때도 있었다.

　처음에 그를 본 여자들의 반응은 다 호감 일색이었다. 그 편에서 여자가 마음에 드는 경우도 있어서 애프터로 이어지기도 했다. 하지만 대개는 몇 번 만나보고는 여자 쪽에서 먼저 돌아섰다. 아무래도 그가 자기한테 관심이 없는 것 같은데 계속 만나자니 자존심 상한다는 게 주된 이유였다. 그럴 수밖에 없었다. 남들 다 한다는 그 흔한 '작업 멘트'가 도무지 그의 입에서 나와주지 않았던 것이다.

　상대에게 호감이 있어도 정작 칭찬하는 말이 잘 안 나왔다. 없는 말을 지어내는 것도 아닌데 그랬다. 머릿속에서는 몇 번이고 시도할 수 있었다. 하지만 막상 입 밖으로 나와주진 않았다. 그는 여자가 자신을 칭찬하는 것 역시 어색해서 몸이 굳곤 했다.

　여자들 중에는 그런 그의 모습이 귀엽다며 더 관심을 보이는 경우도 있었다. 그로서는 가장 피하고 싶은 상황이 전개되는 셈이었다. 결국 마음과는 달리 그는 더 이상 만남을 이어가지 못했다.

병적인 수준이란 건 그도 알았다. 그런 자신에게 화도 났다. 하지만 안 되는 일은 안 되는 거였다. 그는 다만 남들이 자신의 그런 모습을 알아차리지 못하기만을 바랐다. 그리고 자신이 그 정도는 커버를 해왔다고 생각했다. 하지만 그 생각이 착각이었음이 드러나는 순간이 왔다.

어느 날 회식 자리에서였다. 술잔이 여러 차례 오가고 분위기가 한창 들떠 있을 때였다. 입사 1년차도 안 된 여성 팀원이 그에게 오더니 빈 맥주잔을 내밀었다. 이미 취기가 오른 모습이었다. 그는 잠자코 맥주를 따라주었다. 상대방은 그것을 단숨에 들이켜더니 작심했다는 듯이 말했다.

"팀장님, 어릴 때 사랑받지 못하고 자랐죠? 전혀! 그렇죠? 내 말이 맞죠? 안 그럼 그렇게 까칠할 리가 없어!"

순간, 회식 자리는 얼음처럼 굳어버렸다. 누군가가 '땡!'을 외쳐야 할 상황이었다. 할 수 있다면 그가 해야 했다. 하지만 그는 입이 딱 굳고 말았다. 마침 다른 팀원이 재빨리 나섰다.

"지영 씨, 팀장님 좋아하고 있었구나? 암튼 용감하네, 이런 식으로 마음을 표현하다니. 어때요, 여러분, 일단은 용감한 여성을 위해 건배합시다!"

다들 우하하 웃으며 상황은 수습되었다. 그러나 상하 씨는 그 날 밤 잠들지 못할 만큼 충격을 받았다. 그 여성 팀원의 말이 맞았던 것이다.

어린 시절 그는 냉정한 부모 밑에서 성장했다. 오죽하면 단 한 번의 칭찬도 받은 기억이 없었다. 부모는 명문대 캠퍼스 커플로 유명했다고 한다. 두 분은 여전히(!) 사이가 좋았다. 하지만 자식들에게는 지나칠 정도로 엄격했다. 그들이 요구하는 것은 무조건 일등이었다. 자기들 같은 부모를 둔 자식이라면 응당 그래야 한다는 식이었다.

결코 어떤 분야에서도 일등을 해본 적이 없는 상하 씨는 부모에게 똑똑하지 못한 자식이었다. 칭찬할 거리가 있을 리 만무했다. 부모는 그들 나름대로 자식을 사랑했을 것이다. 그러나 상하 씨는 성장 과정 내내 사랑받는다는 느낌을 가져본 적이 없었다. 언제나 야단만 치는 부모 밑에서 자라면서 늘 실수하지 않기만을 바랐으니 남을 칭찬할 마음의 여유 역시 생겨나기 어려웠다.

그러나 그는 자기연민에 빠지는 타입은 아니었다. 그는 자신이 현실을 순순히 받아들이고 나름대로 열심히 살아왔다고 생각했다. 사람들에게도 그렇게 비치기만을 바랐다. 하지만 회식 사건으로 그는 결국 자신에게 문제가 있다는 사실을 자각하지 않으면 안 되었다.

"좋게 말해 '차가운 도시 남자'라고 제 자신을 포장할 수도 있겠지요. 그렇지만 결국 인간미라곤 없는 재수 없는 사람이란 게 진실이 아닐까요."

그는 상담 과정에서 허탈한 표정으로 말했다. 그렇다고 부모님을 원망할 생각은 없다고 했다. 다만 사람들과 따뜻하고 정감 있는 이야기도 나누고 더러는 마음껏 칭찬도 하고 칭찬도 받으면서 살고 싶다고 했다.

그의 이야기에는 마음 아픈 데가 있었다. 성장 과정에서 부모의 역할이 얼마나 중요한지 다시 한 번 생각해보게 되었다. 그의 사례에서 보듯, 부모가 지나치게 엄격하고 냉정한 경우, 자식들 역시 차갑고 무감동한 사람으로 성장할 가능성이 높다. 물론 모든 것이 다 환경 탓, 부모 탓만은 아니다. 하지만 가족은 내가 태어나서 처음으로 만나는 사람들이므로 그들에게 받는 영향을 간과할 수 없다.

흔히 하는 말에 고기도 먹어본 사람이 먹을 줄 안다고, 칭찬도 사랑도 받아본 사람이 더 잘할 수 있는 것이다. 그렇다고 방법이 없는 것은 아니다. 처음에 할 일은 일단 마음을 먹어보는 것이다. 이제부터 나도 따뜻하게 칭찬을 주고받는 사람이 되자고 먼저 결심이 서야 한다는 뜻이다. 그런 다음에는 한 단계씩 과정을 밟아나가야 한다.

첫 단계는 원인을 찾는 것이다. 박상하 씨의 경우처럼 성장과정에서 칭찬을 경험해본 적이 없다거나 성격적으로 그런 행동에 거부감을 느낀다거나 애초에 냉정한 기질을 타고났다거나 하는 원인이 있을 것이기 때문이다. 원인을 찾았으면 거기에 맞추어 행동을 수정하고 적절한 훈련을 해나가야 한다.

박상하 씨의 경우에는 상담을 통해 어린 시절 부모와의 관계가 원인이었음을 알게 되었다. 그리고 그것이 자신의 잘못이 아니라는 것도 알게 되었다. 그동안 그는 자신이 정말 '냉정하고 재수 없는 인간'일지도 모른다고 생각해왔던 것이다. 그게 아니란 것을 알게 되자 그는 차츰 자신감을 회복해가기 시작했다. 자신의 정체성에도 더 이상 의문을 제기하지 않게 되었다.

왜 정신의학에서는 한 개인이 가진 문제의 원인을 부모와의 관계에서 찾는가, 하고 질문할 사람들이 있을는지 모르겠다. 그런 과정 때문에 정신과 상담을 받기 싫다고 하는 사람들도 있다. 부모를 비난하는 것 같아 죄책감이 느껴진다는 것이다. 물론 실상은 다르다. 어린 시절의 경험일수록 우리 뇌에 더 강력하게 입력된다. 따라서 상담을 통해 무엇이 내 마음에 입력되어 있는지 알아가는 것뿐이지 부모 탓으로 돌리는 것이 아니다.

박상하 씨에게는 그다음 과정으로 자신의 장점을 생각나는 대로 적어보게 했다. 그리고 옆에다가는 그런 장점을 가진 스스로를 칭찬하는 말을 짧게라도 적어보게 했다. 물론 그는 처음에는 매우 어색해했다. 나는 그에게 "내가 원하는 만큼 나를 인정해주는 사람은 없다. 그러니 스스로를 인정하고 격려할 필요가 있다. 가끔은 내가 나에게 '너 참 잘했어'라고 말할 수 있어야 한다"는 요지의 말을 들려주었다.

이윽고 그는 조금씩 자신을 칭찬하는 법을 터득해갔다. 그러자 상대방의 칭찬을 받아들이기가 좀 더 쉬워졌다. 어느 순간부터는 더 이상 먼저 몸이 반응하지도 않았다. 얼굴이 빨개지지도, 몸이 뻣뻣해지지도 않게 된 것이다.

그에게는 다음 단계의 과제가 주어졌다. 상대방이 칭찬의 말을 하면 명쾌한 태도로 "감사하다"는 말을 먼저 하게 한 것이다. 그것은 칭찬에서 아주 중요한 문제다. 내가 누군가를 칭찬했는데 상대방이 유쾌하게 그 칭찬을 받아들이고 감사를 표하면 기분이 좋게 마련이다. 반대로 상대방이 어물거리며 딴소리를 하거나 고맙다는 말도 없이 무감동하게 나오면 그처럼 민망한 노릇도 없다. 그런 경우 대개는 '이제 내가 두 번 다시 널 칭찬하나 봐라' 하는 마음이 저절로 들 수밖에 없다.

박상하 씨에게 그다음으로 주어진 숙제는 상대방에게 먼저 칭찬의 말을 건네는 것이었다. 예를 들어, 누군가가 평소보다 눈에 띄는 넥타이를 하고 왔으면 지나가는 말처럼 "어, 넥타이 멋지네" 하고 말을 건네보는 식이었다.

그는 처음에는 입이 잘 안 떨어졌다고 했다. 하지만 있는 힘껏 용기를 짜내 칭찬의 말을 건네었다. 그러자 상대방은 깜짝 놀라는 눈치였다고. 그러더니 곧 얼굴이 활짝 펴지면서 고맙다고 하는데, 상하 씨 역시 그렇게 기분이 좋을 수가 없었다.

그에게 필요하다면 테크닉도 익힐 것을 주문했다. 그런 이야기를 하면 인간관계에서 테크닉이라니, 너무 살벌한 거 아니냐고 하는 사람들이 있다. 그러나 이 세상 모든 일에 다 테크닉이 있는데 인간관계라고 해서 없어야 한다는 것도 이상하지 않은가. 특히 칭찬을 제대로 주고받는 일에는 더 테크닉이 필요하다. 자칫 잘못해서 어설픈 멘트라도 날리게 되면 서로가 영 우스운 모양이 되기 쉽다.

테크닉이라고 해서 무슨 매뉴얼이 있는 것은 아니다. 단지 적절한 타이밍을 놓치지 않고 알맞은 칭찬을 해줄 수 있으면 그것으로 충분하다. 다른 사람에게 관심을 가지면 그에게 어떤 변화가 있는지 알아차릴 수 있다. 그중에서 긍정적인 변화에 주목해 칭찬하면 되는 것이다. 단, 칭찬도 다른 사람에게 내 의사를 표현할 때처럼 간결명료한 것이 좋다. 쑥스러워서 중언부언하다 보면 서로가 더 어색해진다. 그리고 가장 좋은 칭찬은, 상대가 한 일에 대해 자긍심을 느낄 수 있는 칭찬이다. 요즘 외모나 옷차림에 대한 칭찬은 때로 오해를 살 수 있으니 그 점도 조심할 필요가 있겠다.

언젠가 자기 회사의 문화는 직설적으로 말하는 것이고 그래서 자기는 칭찬 같은 것은 안 한다는 CEO를 만난 적이 있다. 그런데 이야기를 더 이어가니 그 자리에 오기까지 자신을 버티게 해준 힘은 주위 사람들의 격려와 인정이었다는 이야기가 나왔다. 그런데도 상대에 대해서는 그것을 아낀다면 그 이유를 생각해볼 필요가 있다.

서로 칭찬을 주고받는 것은 인간관계에 윤활유 역할을 한다. 단, 자신의 정체성을 잃지 않고(즉, 아부가 아니고) 변덕도 부리지 말고(내 마음 가는 대로 하는 게 아니고) 진심을 담아 마음을 전할 수 있어야 한다는 전제조건이 있어야 하지만. 그것을 기억하고 제대로 활용한다면 칭찬은 인간관계에서 최소 비용으로 최대 효과를 내는 가장 값진 선물이 될 것이다.

스스로 칭찬할 줄 알아야 살아남는다

좋은 글을 쓰려면 자기 글의 애독자가 되어야 한다는 말이 있다. 자신이 써놓고도 만족을 느낄 만큼 좋은 글을 쓰기란 쉬운 일이 아니다. 아마도 그래서 '진짜 글'을 쓰는 훌륭한 작가들일수록 퇴고를 거듭하는 것이리라.

미국의 소설가 하진은 중국 태생이면서 뒤늦게 미국에 유학해 영어로 소설을 쓰는 작가다. 그는 아무리 짧은 소설도 스무 번 이상 고쳐 쓴 후에야 세상에 내놓는다고 한다. 모국어가 아닌 언어로 글을 쓰는 것이 힘든 이유도 있겠지만 그만큼 치열하게 작품을 다듬기 때문이라고 보아야 할 것이다. 덕분에 손꼽히는 유명 작가의 대열에 들어설 수 있었을 테고. 모르긴 해도 대부분의 작가들 역시 그와 비슷한 길을 걸을 것이다.

내 경우에는 전업 작가도 아니고 문학작품을 쓰는 것도 아니므로 퇴고를 거듭하는 일은 없다. 간신히 원고 마감 시간을 넘기지 않는 것만으로 위안을 삼을 때가 더 많다. 그렇긴 해도 자기 글의 애독자가 되어야 한다는 말의 의미가 무엇인지 정도는 이해한다. 스스로 생각해도 썩 마음에 드는 좋은 글을 쓰기 위해서는 그만큼 노력을 해야 한다는 뜻일 것이다. 그런 후에야 비로소 자기가 써놓고도 "읽기에 좋았더라" 하는 경지가 될 것이므로.

어디 글 쓰는 일만 그러할까. 우리의 삶도 마찬가지다. 스스로도 흡족하게 여겨지는 인생을 사는 사람이 과연 얼마나 되겠는가. 서정주 시인은 '나를 키운 건 8할이 바람'이라고 선언했지만 보통 사람들에게는 어떨까? 나를 포함해 대부분의 사람들에겐 아마도 '인생의 8할은 후회'라고 하는 표현이 맞지 않을까 싶다. 더구나 글은 계속해서 고쳐 쓰고 또 고쳐 쓸 수 있지만 삶은 그럴 수 없다. 한 번 지나가면 그뿐, 수정이 불가능한 것이다. 그러니 어찌 스스로 만족하는 삶이 그리 쉽겠는가. 중국 고전인《회남자》에 나오는 '50년을 살면 49년이 후회다 行年五十 而知四十九年非' 라는 대목을 읽고, '아, 나만 그런 것이 아니구나' 하고 안심이 되었던 적이 있다. 그러니 과거에 대한 감정은 거의 다 후회이다.

그래서일까. 온통 자기비하와 후회 모드로만 살아가는 사람들이 더러 있다. 상담 중에 '이번 생은 망쳤다'고 하는 사람들이 꽤 많다. 하지만 80 대 20 법칙에 의거해 80퍼센트는 잘 못해도 20퍼센트 정도는 나도 칭찬할 만한 데가 있다고 여기는 것이 보통의 삶이라고 해야 할 것이다.(물론 지나치게 나르시시즘이 비대해서 자만심에 빠진 사람들의 이야기도 있지만 여기서 그들은 논외로 하겠다. 그들은 자기 삶에서 후회할 일은 하나도 없다고 생각하니까.)

아무튼 늘 자기비하와 후회 모드에 시달리는 사람들에게는

80 대 20 법칙이 적용되지 않는다. 100퍼센트 자신은 못났고 조건은 불리하고 인생은 결코 내 편이 아니라고 단정하며 살아가는 것이다. 그런 형편이니 당연히 자기 삶에서 칭찬받아 마땅한 데를 찾아낼 리가 없다. 한마디로 어떤 경우에도 '자기 자신을 칭찬하지 못하는 사람'이 되고 마는 것이다. 그런 사람들은 일종의 '자기칭찬결핍증후군'에 빠진 타입이라고 할 수 있다.

중소기업의 임원인 한창기 씨(가명, 40세)가 바로 그런 타입이었다. 그는 위로 두 명의 형이 세운 회사에서 일하고 있었다. 물론 그는 열심히 일했다. 하지만 늘 자신은 큰일을 감당할 만한 그릇이 못 된다는 생각에 시달렸다. 어릴 때부터 수재 소리를 들은 큰형과 둘째형은 공부도 잘하고 모범생이어서 주변의 기대와 인정을 받으며 성장했다. 막냇동생도 수재 소리를 들었다. 네 형제 중 셋째인 그만 공부는 아예 뒷전이고 친구들과 어울려 다니며 불량학생 노릇을 하느라 바빴다.

부모의 한숨 소리가 컸지만 그래도 다른 잘난 아들들이 있으니 나 같은 거야 무슨 상관이랴 싶었다. 어쩌면 단순히 공부 못하는 자식 노릇보다는 차라리 크게 말썽이라도 피워 주변의 관심을 끌고 싶었던 것인지도 몰랐다. 하지만 그건 나중에 어른이 되고 철이 든 다음에야 어렴풋이 머릿속에 떠오른 생각이었다. 당시에는 그저 집안에서 '본데없는 말썽꾼'이란 소리를 듣는 것이 고작이었다.

다른 형제들과는 달리 평범한 대학을 졸업하고 취직을 못하고 있을 때 두 형은 이미 자기들끼리 작은 사업을 시작해 꽤 탄탄한 기업으로 키워놓았다. 그가 작은 회사를 몇 곳 전전하다가 마침내 1년 넘게 실직 상태로 있자 형들이 그를 자기들 회사로 불러들였다.

한창기 씨는 스스로 생각해도 최선을 다했다. 하지만 처음부터 형들과는 게임이 되지 않았다. 형들의 회사가 아니면 그가 임원이 되었을지도 의문이었다. 덕분에 그는 형들에게 무임승차를 했다는 생각에서 벗어나지 못했다. 직원들도 그런 자기를 뒤에서 비웃는 것만 같아서 괴로웠다. 그런 생활이 이어지자 일을 하는 중간에도 불쑥불쑥 우울하고 불안한 감정에 사로잡히는 시간이 많아졌다.

결국 그는 견디다 못해 상담을 받아보기로 결심했다. 그와 비슷하게 우울증에 시달리던 친구가 먼저 상담을 시작하고 그에게도 상담을 권유한 것이 계기가 되었다. 아마 그러지 않았으면 그로서는 엄두를 내기 어려웠을 터였다. 그저 내 인생은 처음부터 꼬일 대로 꼬여 있었던 거라고 여기고 자신을 비하하며 평생을 지냈을지도 몰랐다. 상담을 시작하고 나서 그는 태어나서 처음으로 자기 자신에 대해서 정확하게 알게 되었다. 정밀한 심리검사를 통해 자신의 기질과 성격 그리고 잠재능력 등을 두루 알 수 있게 된 것이다.

알고 보니 그는 명석한 두뇌와 좋은 성품을 이미 그 바탕에 지니고 있었다. 잠재력도 상당했다. 그런데도 성장하는 동안 형제들에게 밀려 혼자 불량학생 노릇을 한 것 때문에 자신은 머리도 나쁘고 행실도 좋지 않고 당연히 잠재력 같은 것도 없는 사람이라고 단정을 지은 채 살아오고 있었던 것이다.

그는 지금까지 단 한 번도 자신이 칭찬받을 만한 데가 있는 사람이라고 생각해본 적이 없었다. 그런데 난생처음 꼭 그런 것만은 아닐지도 모른다고 생각하니 작지만 희망이 생겼다. 스스로를 긍정적인 시각으로 바라보는 훈련도 열심히 해나갔다. 긍정적인 시각으로 본다는 것은 다른 것이 아니다. 그동안 내가 몰랐던 나의 장점은 무엇인지 찾는 노력이 쌓이다 보면 어느 순간 긍정적 시각으로 자신을 바라보게 되는 것이다.

그러자 주변에서 그를 바라보는 시선도 달라졌다. 그동안 그는 자신이 무의식적으로 주변 사람들에게 스스로를 무능력한 사람이라고 광고하고 다녔다는 사실도 알게 되었다. 스스로 그렇게 느끼고 있었으니 당연한 결과이기도 했다. 누군가의 말처럼 "세상은 우리의 스스로에 대한 판단을 그대로 받아들이는 경향이 있기" 때문에 더욱 그러했다. 그런 의미에서 자신에 대해 누군가에게 말해야 한다면 가능한 한 좋게 표현하는 것이 중요하다는 사실도 알게 되었다. 자만하지 않기 위해 자기를 비하할 필요는 절대 없기 때문이다. 나는 그에게 그러한 칭찬결핍증후

군도 일종의 정신적 자가면역 질환이라고 설명해주었다. 자가면역 질환이라는 것이 무엇인가. 자기 몸을 면역세포가 적으로 알고 공격하는 병 아닌가. 그런 것처럼 스스로를 적으로 생각해서 자기를 괴롭히는 것, 스스로 '난 이 세상에서 가장 못났어'라고 괴롭히는 것도 그러하다는 것을 설명해주니 이해가 된다고 했다.

이윽고 그는 변화하기 시작했다. 자기 자신에 대해 제대로 알고 그런 자신을 받아들이고 좀 더 발전하고자 노력한 덕분이었다. 그는 자신이 그동안 오로지 타인의 칭찬에 목말라 했다는 사실도 알게 되었다. 스스로를 칭찬할 수 없으니 남들로부터 칭찬받기를 더 간절히 원했던 것이다.

스스로에 대해 자신감이 없으면 남들의 칭찬에 기대서라도 자신감을 갖고 싶어진다. 그것은 자신에 대해 칭찬결핍증후군에 빠진 사람의 전형적인 증상이기도 하다. 하지만 그런 기대 심리 역시 우리를 자주 실의에 빠뜨린다. 앞서도 언급했듯이 남을 칭찬하는 일 역시 쉽지 않기 때문이다. 그것도 나름대로 훈련 과정을 거쳐야 할 정도로 우리에게 낯선 일인 것이다. 덕분에 우린 대부분 남들로부터 우리가 기대하는 만큼의 칭찬을 받지 못할 때가 훨씬 더 많다. 불행한 느낌에 시달리며 살아가는 것이다. 어쩌면 그래서 인정과 칭찬을 받으면 더 기쁘고 행복한 느낌을 갖는 건지도 모른다.

그것은 뇌과학으로도 설명이 가능하다. 우리 뇌에서 모든 즐거움의 센터가 도파민을 전달물질로 사용하는 것은 잘 알려진 사실이다. 그런데 칭찬을 받으면 우리의 뇌에서 도파민이 매우 활성화된다. 반대로 도파민 수치가 내려가면 기쁨을 느끼지 못하는 상태가 된다. 동기부여도 없고 내적 보상도 없는 상태가 지속되는 것이다. 사람들이 약물중독이나 충동적인 행동에 빠지는 이유도 그런 것들을 통해 대신 보상을 받으려고 하기 때문이다.

뇌과학자들 중에는 '자신을 칭찬하지 못하는 사람'도 이 범주에 넣는 경우가 있다. 자신을 칭찬하지 못하는 사람들 역시 삶에서 동기부여가 힘들고 내적 보상도 받기 어렵기 때문이라는 것이다. 따라서 우리 모두 가끔은 스스로를 칭찬해가며 살아갈 절대적인 필요가 있는 셈이다.

오프라 윈프리는 "나 자신에게 찬성표를 던질 수 있어야 한다"고 주장했다. 그것 역시 자신을 칭찬할 수 있을 때 비로소 가능한 행동이 아닐까 싶다.

인정과 칭찬이 인간관계를 지킨다

김현우 씨(가명, 42세)는 안방에서 신문을 보다가 딸아이가 "꺅!" 하고 내지르는 비명 소리에 깜짝 놀랐다. 뒤이어 "어머어머, 어쩜 좋아!" 하는 아내의 비명이 이어졌다. 무슨 일인가 싶어 나와 보니 모녀가 거실에서 TV를 보며 호들갑을 떨고 있었다.

언제나처럼 "시끄러워!" 하고 소리를 지르려던 그의 시선이 화면에 가서 멎었다. 한 젊은 연예인 커플이 결혼 발표 기자회견을 하고 있었다. 그런데 그가 보기에는 남자가 여자에게 하는 모습이 가관이었다. 남자는 여자가 미치도록 사랑스러워 어쩔 줄 모르겠다는 걸 말과 행동으로 넘치도록 표현하고 있었다. 참으로 낯간지러운 장면이었다.

모녀는 여전히 "으으윽", "꺄아악" 하며 난리도 아니었다. 그러더니 아내가 딸의 손목을 낚아채며 외쳤다.

"얘, 남잔 정말 저래야 해! 너 무슨 일이 있어도 저런 남잘 데려와야 한다. 니 아빠 같은 남잔 절대 안 돼!"

'아니, 저 여자가?' 하는 순간, 딸애가 마주 소리를 질렀다.

"엄마, 엄마, 그걸 말이라고 해? 난 절대 아빠 같은 남잔 안 만날 거야!"

아내는 그렇다 치고 이제 겨우 중학교 1학년 딸한테 강편치를 맞은 이 아버지, 슬그머니 돌아서는데 갑자기 발이 헛놓이더라고.

"이제껏 아내나 아이들한테 자상하게 감정 표현을 못했다는 건 저도 인정합니다. 친절하지도 못했고 칭찬에도 인색했지요. 하지만 우리 세대가 그렇지 않나요? 일일이 끌어안고 '사랑한다', '너 없인 못 산다', '너 참 잘한다', 그런 걸 입 밖에 내도록 교육받진 못했잖아요. 저도 가끔은 퇴근할 때 아내나 애들한테 '보고 싶었다', '잘 지냈느냐' 등등의 말을 건네고 싶을 때가 있습니다. 하지만 어색해서 입이 안 떨어지는 걸 어떡합니까? 그러다 보니 집 안에 들어서면 고작 '텔레비전 소리 시끄럽다', '방이 왜 이렇게 어지럽냐' 하고 소리나 지르게 되니, 참……."

그는 탄식하듯 이야기를 이어갔다.

"아내나 아이들은 사실, 저한테 고마운 존재들입니다. 아내의 뛰어난 살림 솜씨도 그렇고, 아이들도 똑똑해서 공부도 잘하거든요. 주변에 보면 배우자를 잘못 만나거나 아이들이 속을 썩여서 힘든 친구들도 더러 있는데, 그들과 비교하면 전 운이 아주 좋다고 해야겠지요. 그런데도 '고맙다', '잘한다' 하는 말을 해본 적이 없으니 저도 어지간한 남편이고 아버지인 셈입니다."

아마도 감정 표현에 서툰 많은 남자들이 그의 말에 공감하지 않을까 싶다. 대부분의 남자들은 감정을 억압하고 내색하지 않는 것이야말로 남자다운 행동이라고 귀에 못이 박이도록 들으며 성장한다. 덕분에 자잘하게 칭찬을 하는 등의 감정 표현에 서툰 건 물론이고 감정의 힘 자체를 과소평가하거나 아예 무시하는 경우가 적지 않다. 감정적으로 가장 가까운 가족들조차 그렇게 대하다 보니 김현우 씨 같은 케이스도 생겨나는 것이다.

하지만 결코 과소평가해선 안 되는 것이 감정의 힘이다. 감정은 우리의 행동을 결정짓는 핵심요소이다. 감정은 마음의 감각이라고 할 수 있다. 감각 세포가 자극을 받으면 외부에 반응하듯이, 마음의 감각인 감정에 자극이 주어지면 그것은 우리의 신체뿐만 아니라 생각과 행동에 영향을 미친다. 그리고 이 감정을 어떻게 조절하느냐에 따라 우리의 행동이 결정되는 것이다. 따라서 나를 알고 상대방을 움직이게 하려면 이 감정의 힘에 대해 알고 그것을 조절할 수 있어야 한다.

우리의 감정 조절에 영향을 미치는 것 중 하나가 자존감이다. 자존감이란, 한마디로 말하면 스스로 생각하는 자기 이미지 내지는 자기 정체성이라고 할 수 있다. 신체로 말한다면 뼈대에 해당한다. 뼈에 충격을 받으면 직립이 불가능하듯이 자존감에 상처를 받으면 정신적 직립이 불가능하다.

그처럼 중요한 자존감이 제대로 기능을 발휘하려면 주변의 가까운 사람들로부터 인정받는 것이 무엇보다 중요하다. 그러기 위해서는 작은 일에도 기꺼이 칭찬을 주고받을 수 있는 노력이 필요하다. 물론 가족이나 친구처럼 가까운 사이일수록 때로는 불안하고 충동적인 모습을 보일 수도 있다. 하지만 평소 서로 공감과 이해를 나누고 작은 일에도 기꺼이 칭찬을 주고받아왔다면 일회적인 감정 조절에 실패했다고 해서 좌절하는 일은 일어나지 않는다. 그러기엔 서로에 대한 신뢰가 더 크기 때문이다.

그런 신의는 물론 거저 얻어지지 않는다. 일부러 시간을 내고 마음을 써야 한다. 앞에서도 언급했듯이 능동적인 노력이 필요한 것이다. 그렇게 하다 보면 상대방에 대한 존중과 이해의 마음도 생겨나게 마련이다. 서로가 자존감을 높이는 데 그보다 더 나은 방법이 있을까. 영향력은 사소한 관심에서 시작된다. 가족들에게 좋은 영향력만을 끼치고 싶으면 작은 일부터 관심을 갖고 한 번이라도 더 상대방을 이해하고자 노력해보자. 사람은 누구나 상대방에게 충분히 이해받고 있다고 느끼면 자신도 모르게 충성 모드로 돌아서게 되어 있다.

특히 가족의 정신건강을 위해, 야단칠 때는 말을 아끼고 칭찬할 때는 바로 그 순간에 하는 것이 좋다. 그런데도 우린 반대로 행동할 때가 훨씬 더 많다. 그래 봤자 커지는 것은 갈등뿐이다. 특히 날카로운 비판은 잠깐의 후련함과 긴 상처를 남긴다. 반대로 진정한 칭찬과 격려는 언제나 우리를 위로와 사랑으로 이끈다.

만약 한 가정에서 그런 모습을 보일 수 있는 아버지라면 어떤 인간관계, 어떤 조직에서도 환영받지 않을까.

자기 확신이 없는 수동 공격적 인격

보는 이들도 덩달아 기분이 좋아질 정도로 늘 산뜻하고 유쾌한 사람들이 있는가 하면, 같은 일을 해도 어떻게 하면 불평거리를 찾을까 고민하는 것처럼 보이는 사람들이 있다.

첫 번째 유형은 긍지와 자존감이 살아 있는 사람들로서, 이른바 '건강한 성격'의 소유자들이라고 할 수 있다. 덕분에 그들은 매사에 확신을 가지고 자기 앞날을 개척해나간다. 자기 일에서나 대인관계에서도 늘 밝고 긍정적이므로 누구에게나 호감을 준다. 심지어 불필요한 적개심이나 쓸데없는 죄책감으로 일생의 어두운 면만을 골라 보는 사람들에게조차 그들은 때때로 더없이 밝은 빛을 던지는 소중한 존재가 되곤 한다.

반면에 두 번째 유형은 매사에 공연히 심술이 잔뜩 나서 좌충우돌하는 사람들이라고 보면 틀림이 없다. 덕분에 그들은 하루 중 대부분의 시간을 우울하고 재미없게 보낸다. 뭐, 자기 혼자 그러고 마는 것은 굳이 상관할 일이 아닐지도 모른다. 문제는 주변에 그런 사람이 있으면 나머지 사람들 역시 적지 않은 괴로움을 감수해야 한다는 것이다.

기존 질서에서 벗어나 약간씩 비틀려 있는 사람들은 때로 매력적이다. 살아가노라면 어느 정도의 반골 기질도 필요하다. 정직한(?) 반골 기질의 소유자는 아부 근성이 없다. 진실 앞에서 단순하다. 앞뒤 재지 않고 정의 편에 서는 것은 그들에게 너무 당연하다. 그것이 그들의 매력이다. 강산에의 노래 〈삐딱하게〉가 어울리는 분들이다.

하지만 지나치게 비틀려 있는 사람들은 다르다. 그들의 삐딱한 시선은 진실과는 그다지 상관이 없다. 단지 그 자신의 적대감을 불러일으키느냐 아니냐가 중요할 뿐이다. 이런 타입은 매사에 지치지도 않고 불평거리들을 찾아내는 비상한 재주를 지니고 있다.

그들은 단지 자기 마음에 들지 않는다는 이유로 남들이 다 산으로 가자고 할 때 혼자 중얼중얼 불평을 늘어놓으며 바다로 가자고 한다. 옥의 티를 찾아내는 것도 어쩌다 한 번이어야 들어줄 만한 법이다. 매사에 습관적으로 콩이야 팥이야 하는 데는 상대방도 그만 두 손 들 수밖에 없다. 그 대신 그는 '함께 있으면 신경질이 나는 사람', '길게 상대하고 있어서는 곤란한 사람'으로 분류되는 것을 감수하지 않으면 안 된다. 그러다 보니 주류에 끼지 못하는 것 같은 피해의식이 커지게 되고 그런 감정은 더욱 그를 불평꾼으로 만드는 악순환으로 이어지기도 한다.

정신의학에서는 그런 타입을 '수동 공격적 인격'이라고 한다.

일반적으로 공격적 타입은 완전주의자가 많다. 그들은 무슨 일이든 자기 생각대로 완벽하게 진행되지 않으면 화를 참지 못한다. 나름대로 타당한 이유가 있다고 여기기 때문에 쉽게 상대방을 비난하고, 윽박지르는 일도 서슴지 않는다.

그에 비해 수동 공격적 타입은 작은 일에도 쉽게 분노하고 공격적이 되지만 그런 자신에게 확신을 갖는 데는 어려움을 느낀다. 따라서 직접적으로 적대감을 표현하는 대신 끊임없이 불평거리를 찾아내는 것으로 공격성을 대신하는 것이다.

그런 타입과 어울려 지내려면 인내심이 필요하다. 습관적인 불평꾼들은 자기의 부정적인 감정을 투사할 상대를 찾아내는 데도 재주가 비상하다. 그 그물에 걸려드는 것은 당연히 가까운 사람들이다. 그의 동료나 배우자는 그가 무슨 일에서나 결함을 찾아내고 불평하는 동안 진저리나는 것을 참고 있어야 한다.

그런 경우, 당하는 사람은 입이 없어서 아무 말도 하지 않는 것은 아니다. 당연히 "너만 억울한 일 당하는 것 아니다. 예수님도 십자가에 못 박혀 돌아가셨다. 그러니 너 혼자 세상 모든 불행을 다 짊어지고 사는 것처럼 징징거리지 마라. 그건 네가 못나고 어리석다는 반증일 뿐이다" 하는 말들이 속에 가득하다. 하지만 그런 말을 했다가는 아무래도 뒷감당이 더 힘들어질 것이므로 꾹 참는 것뿐이다.

그처럼 충동적이고 자기만 아는 이기적인 타입을 끝까지 참

아줄 사람은 많지 않다. 결국 가까운 사람은 그를 떠날 궁리를 할 테고 그냥 알고 지내는 사람들 역시 그의 연락을 안 받고 기피하는 데서 해결법을 찾기에 이를 수밖에 없다. 하지만 그들은 남들이 왜 그러는지 알지 못하니 또 하나의 불평거리만 찾아낸 셈이 되지만.

살면서 그런 최악의 상황을 겪지 않으려면 지금부터라도 변화하려고 노력해야 한다. 그들이 배워야 할 교훈은 여러 가지가 있다. 그중 가장 쉬운 방법은 역시 생각을 바꾸어보는 것이 아닐까 싶다. 단 한 번이라도 "남들이 나를 참아주는데 내가 그들을 참지 못할 이유는 없다"는 사실을 깨닫고 비생산적인 삐딱한 시선을 거두어들이는 것이다.

또한 자기연민이 강할수록 남에게 바라는 것이 많은 법이다. 과연 자신이 늘어놓는 불평이 동조받을 만한 것들이었는지 차분히 생각해보는 시간이 필요하다. 그런 노력들이 없다면 언젠가 그의 주위에는 가까운 사람이 한 사람도 남아 있지 않을 테고, 그때 가서는 불평을 하고 싶어도 할 수 없게 될지 모른다.

나는 그런 사람들에게 자기가 하루 종일 하는 말을 적어보거나 녹음해보라고 한다. 그리고 수시로 자기 얼굴 표정을 거울로 보라고 한다. 어떤 사람은 상담하는 내내 얼굴을 찡그려서 그것을 녹화해서 보여주기도 한다. 방송 쪽의 직업을 찾는 사람들에게 가장 많이 하는 교육 방법이 바로 자기가 말하는 것, 행동하는 것을 녹화해서 보여주는 것이다. 그처럼 자기의 24시간을 한 번 자기가 볼 필요가 있다. 보는 것처럼, 직접 듣는 것처럼 강력한 방법은 없기 때문이다.

언젠가 강의를 하러 가기 위해 새벽 비행기를 타야 했다. 줄을 서서 들어가려고 하는데 뒤에 선 사람이 처음부터 끝까지 욕설을 섞어가며 온갖 불평을 늘어놓았다. 나로서는 신선하고 좋았던 새벽 공기를 왜 이렇게 망쳐야 하나 싶었다. 그 모습을 녹화해서 당사자에게 보여주고 싶을 지경이었다.

이러한 사례에서도 보듯이, 사소한 태도나 얼굴 표정, 사용하는 언어로 인해 사람들이 자신을 기피하게 만드는 사람들이 의외로 많다. 그런 사람들일수록 잘못을 고치려고 하기보다는 인간관계에도 비법이 있을 것 아니냐며 지름길을 알고 싶어 한다. 비법이란 게 있다면, 잘못된 자신의 태도를 바로잡는 것뿐이라고 해답을 주면 몹시 실망한다. 하지만 작은 것이 큰 변화를 가져오는 법이다. 사람들은 작은 것에 기쁨을 느끼고 작은 것에 상처를 받는다. 그러니 작은 것부터 고쳐나가야 한다는 것을 깨닫는 것이 필요하다. 그게 바로 나비효과가 아니겠는가.

어려운 문제에 부닥치면 지혜의 뇌가 깨어난다

대부분의 사람들은 어느 정도 부정적인 것을 먼저 인지하는 경향이 있다. 인간관계에서도 마찬가지다. 우리는 대체로 상대방의 장점보다는 단점을 먼저 보게 마련이다. 그것을 정신의학자 융의 집단무의식 이론과 연관해 설명해보면 이렇다.

융은 인류가 이 세상에 생겨난 이래 경험한 모든 것들이 우리의 집단무의식에 자리 잡고 있다고 주장했다. 이것은 프로이트가 주장한, 한 개인이 태어나서 경험한 모든 것들이 우리의 무의식에 자리 잡고 있다는 이론을 좀 더 발전시킨 것이라고 할 수 있다. 즉, 그러한 개인적 경험 외에 인류가 경험한 모든 것들이 우리 뇌에 저장되어 어떤 방식으로든 영향을 미친다는 것이다(데자뷰 현상도 여기에 해당된다는 주장이 있다).

인류가 이 세상에 생겨났을 때 그가 처음 경험한 감정은 불안과 두려움이었을 것이다. 어디가 안전한지, 누가 자기편인지, 어떤 것이 먹어도 되는 식물인지, 독초인지, 어느 동물이 나를 공격할 것인지 등등, 그를 공포에 사로잡히게 만드는 것은 한두 가지가 아니었을 테니까. 그 속에서 살아남기 위해서는 긴장하고 불안해하며 문제점들을 먼저 살필 수밖에 없었으리란 것 역시 너무도 자명하다. 그리고 그러한 부정적 성향이 인류의 집단 무의식에 자리 잡다 보니 결과적으로 오늘날에도 우린 좀 더 부정적인 쪽으로 기울 수밖에 없는 것이다. 따라서 먼저 그러한 사실을 받아들이는 편이 어떨까 싶기도 하다. 인류가 애초에 그렇게 생겼다면 '나의 부정적인 성향'에 조금은 마음이 편해질 수도 있으므로.

다만 지나치게 부정적인 생각에 빠져드는 것은 피해야 한다. 그럴수록 불안과 우울, 분노 등의 감정이 더 커질 수밖에 없기 때문이다. 그러면 일차적으로 우리 뇌에서 지혜와 연관된 전두엽의 기능이 떨어지게 되고, 당연히 매사를 제대로 판단하기가 어려워진다. 즉, 불안, 두려움, 공포 등 불필요한 부정적 정서로 인해 우리 뇌가 판단력을 상실하게 되는 것이다. 더욱이 불안하면 당장 스트레스 호르몬이 분비되면서 온몸이 긴장되고 위장 기능이 저하되거나 항진되고 심장이 빨리 뛰는 등의 신체적 불편감이 나타나게 마련이다. 당연히 더욱더 판단하기 어려워질 수밖에 없다.

그렇다면 이 문제투성이의 세상에서 우린 어떻게 하면 좀 더 긍정적인 시각과 합리적인 판단력을 가질 수 있을까? 긍정적으로 생각한다는 것은 무조건 낙관적이거나 낙천적으로 생각한다는 것과는 다르다. 그보다는 부정적인 정서를 다스리는 것이 더 중요하다. 즉, 문제가 있다는 사실에 낙담하지 말고 문제가 무엇이고, 그것을 어떻게 풀 것인지에 초점을 맞추고 집중해야 한다.

우린 늘 문제와 더불어 살아간다. 이것은 마치 우리가 숨쉬는 공기 속에 100퍼센트 산소만 있는 것이 아니라 이산화탄소, 질소, 먼지 등이 섞여 있는 것과 마찬가지다. 우리의 몸 역시 실제로 병균과 함께 살아가지 않던가. 우리 몸 중에서 면역세포가 가장 많이 분포해 있는 곳이 장이다. 그런데 장 청소를 잘못하면 오히려 면역세포마저 다 파괴되어 우리 몸의 면역 기능이 떨어지는 일이 생겨나기도 한다. 그런 것처럼 평소 아무런 문제가 없다면 우린 갑작스러운 위기가 닥쳤을 때 그것을 어떻게 돌파해나가야 할지 제대로 알 수 없을 것이다. 이는 적절한 스트레스가 주어질 때 우리의 잠재능력이 오히려 발휘된다는 이론과도 맞닿아 있다. 요즘 뇌과학에서 지혜에 연관된 부위가 있다는 것이 밝혀졌다. 바로 우뇌의 전두엽인데, 흥미롭게도 이 부위는 익숙한 문제, 쉬운 문제를 풀 때는 활성화되지 않는다고 한다. 오히려 어려운 문제를 해결해나갈 때 활성화된다는 것이다. 삶의 어려움을 경험한 사람들 중에 지혜로운 사람이 많은 이유가 밝혀진 셈이다.

우리의 인생에서 일어나는 문제들 역시 때로는 그런 시각으로 보면 어떨까? 그러면 위기가 닥쳤다고 해서 낙담하기보다는 문제 자체를 인정하고 거기서부터 해법을 찾아나가고자 노력할 수 있을 것이기 때문이다. 즉, 지혜에 연관된 뇌 부위를 자극시키는 것이라고 볼 수 있다는 말이다.

우리 몸이 계속 팽창하거나 수축하기만 하면 오히려 문제이고 수축과 이완, 팽창과 수축을 잘해야만 건강한 것도 같은 이치다. 우리의 심장이나 위장이 계속 팽창하기만 하면 어떻게 되겠는가? 그러니 우리의 삶은 팽창과 수축의 반복임을 이해하고, 팽창할 때 수축을 대비하고 수축할 때 팽창을 대비하는 마음을 갖는 것이야말로 매사를 긍정적으로 생각하는 방법의 하나가 아닐까 싶다.

죽을 때까지 지켜야 할 다섯 가지 자존감 수칙

상담을 하면서 사람들에게 꿈이 무엇이냐고 물으면 대답은 대개 정해져 있다. 평범하게 살고 싶다, 혹은 행복하게 살고 싶다가 그것이다. 평범하게 살기도 어렵고 행복하게 살기도 어렵다는 것을 알기에 우린 더욱 그런 소망을 갖는지도 모른다.

그 소망을 이루기 어려운 이유는 우리 스스로 자존감을 잃지 않고 중심을 잡고 살기가 어려운 탓이다. 그러기에는 너나없이 불안과 우울, 두려움, 걱정에 사로잡혀 살아가는 것이 우리 삶이다. 그리고 그 밑바닥에는 성공이나 칭찬에 대한 강한 욕구와 갈망이 자리 잡고 있다. 내가 만나는 사람들 모두에게 좋은 인상을 주어야만 해, 나는 꼭 이 일을 성공시켜야만 해, 실수나 실패를 해서는 안 돼, 나는 꼭 칭찬을 받아야만 해, 남에게 비판받는 것은 견딜 수 없어 등등. 그 모든 것들이 모여서 나의 자존감을 자꾸만 바닥으로 곤두박질하게 만든다.

예를 들어, 무슨 일이 본인이 계획한 스케줄대로 이루어지지 않으면 곧바로 자책 모드에 빠지는 사람들이 있다. 대개는 열 개의 목표 중에서 못해도 여덟아홉 개는 이루는 사람들이 꼭 그런

다. 일종의 완벽주의다. 조금이라도 거기서 벗어나면 '아아, 난 왜 하는 일마다 이 모양일까?' 하면서 스스로를 비판한다. 그런가 하면 매사에 자기 멋대로 행동하면서 남들이 뭐라고 하면 아무렇지도 않은 얼굴로 '내가 뭘 어쨌는데?' 하고 나오는 사람들도 있다. 당하는 쪽에서는 지금 상대가 일부러 그러는 건가 싶어서 더 화가 나기도 하지만, 알고 보면 당사자는 대개 자신이 주위 사람들을 얼마나 괴롭히는지 모르고 있는 경우가 더 많다.

스스로를 힘들게 하는 것이나 주위 사람들을 힘들게 하는 것이나 대체로 자존감과 관계가 있다. 특히 무신경하게 행동하는 사람들의 내면을 들여다보면 열등감이 심한 경우가 많다. 그것을 보이지 않으려고 좌충우돌하다 보니 멋대로 구는 사람이 되고 마는 것이다.

그런 문제들을 해결하기 위해서는 먼저 자존감을 키워가는 것이 필요하다. 자존감의 핵심은 나를 끊임없이 수용하는 것이다. 나의 장점과 단점은 물론이고 때로는 실수나 잘못까지 인정함으로써 있는 그대로의 나를 수용할 수 있을 때, 비로소 균형 잡힌 자존감을 가질 수 있다.

상담하면서 만난 수많은 사람들이 가장 원하는 것은 바로, 세상의 모든 사람들이 자기를 있는 그대로 받아들여주는 것이었다. 그런데 왜 남에게 원하는 것을 스스로에게는 하지 못하는가. 남이 내게 주기를 바라는 것을 먼저 내가 하는 것이 자존감을 세워나가는 가장 기본이다. 나아가 자신의 인생은 궁극적으로 자신의 선택들로 구성된 것임을 받아들이고 그에 대한 책임을 지고자 노력해야 한다. 그런 다음에는 자신의 발전을 위해 노력하면 되는 것이다. 그것이 자기와의 관계나 남과의 관계에서도 신뢰를 준다. 그러기 위해서는 다음의 몇 가지 방법을 실천해 볼 필요가 있다.

첫째, 스스로 생각하기에 어떤 일을 잘했으면 그런 자신을 칭찬해주는 것이 필요하다. 그런 칭찬이 쌓여서 내 마음의 자산이 된다. 그런 자산이 많을수록 자존감도 높아져서 특히 위기의 순간에 이겨내는 힘이 다르게 된다.

둘째로, 남의 탓, 환경 탓도 하지 않는 것이 좋다. 예를 들어, '우리 부모는 내게 그렇게 대해서는 안 되었는데 그렇게 했어. 나는 절대로 그것을 참을 수 없어'라고 생각하면 남는 것은 분노뿐이다. 그런 분노에 사로잡혀 귀중한 시간을 써버리는 것보다 더 큰 낭비가 있을까. 직장에서도 상사 탓, 회사 탓만 하다 보면 어느 순간 빠져나갈 데가 없는 올가미에 걸린 느낌만이 들 뿐이다.

세 번째로는 스스로 자신의 감정을 상하게 만드는 데 천재가 아닌지 돌아볼 필요가 있다. 어떤 것에 비참함을 한 번 느끼고 나면 아주 쉽게 자기를 비참하게 만들 수 있는 존재가 인간이다. 그런 의미에서 우리의 감정적 불행의 대부분은 스스로 만드는 것이라고 할 수 있다. 외부에서 일어난 일이 하나라면 거기에 눈덩이처럼 더해지는 우리의 감정과 생각들이 우리를 불행하게 만드는 것이다. 그러한 생각 중에 대부분은 '왜 내가 해야지? 난 이 일을 할 자신이 없어. 사람들이 나를 어떻게 생각할까 두려워' 같은 피해의식과 불안감에서 파생되는 것이 많다.

넷째, 날씨처럼 인간관계도 이런 날도 있고 저런 날도 있다고 생각하는 것이 필요하다. 평소에 좋은 사람도 그 사람의 기분에 따라 달라질 수 있다는 사실을 받아들이는 것이다. 예를 들어, 내가 인사를 했는데 상대가 안 받아준 경우에는, 나를 못 봤구나, 자기 고민이 있구나 하고 넘어가면 된다. 그렇지 않고 상대의 반응 하나하나에 상처를 받으면 나의 에너지만 낭비하는 결과를 가져올 뿐이다. 상대의 행동은 대부분 그 자신의 문제이지 나와 연관되는 것은 거의 없다. 그런데 상대의 행동을 다 나와 연관해 생각하는 것이 지나치면 그것은 관계망상이 되기 쉽다.

마지막으로, 어떤 상황에서도 희망을 잃지 않고 스스로를 소중하게 여기는 노력이 필요하다. 내가 나를 소중하게 생각하지 않으면서 남이 나를 소중하게 여기기를 바랄 수는 없기 때문이다. 작가 폴 오스터는 그것을 이런 말로 표현했다. "일단 자신에 대해 반감을 품게 되면 다른 사람 모두가 자기에게 반감을 품는다고 믿는 건 그리 어려운 일이 아니다." 정말로 맞는 말이다.

지금까지 자존감을 높이는 다섯 가지 방법에 대해 알아보았다. 물론 무엇 하나 실천하기 쉬운 것은 없다. 하지만 딱 반걸음이라도 앞으로 나가려고 노력할 때, 희망은 내 편이 되어준다. 그것을 기억하고 노력하다 보면 어느 순간 어떤 상황에서도 의연함을 잃지 않는 진짜 내가 되어 있을 것이다. 그리고 그것은 내 삶을 통해서 죽는 날까지 노력해야 하는 과제이다.

3장

어려운 인간관계,
때로는 단순하고
가볍게

무례한 사람을 대할 때는, 내가 문제가 아니고

무례한 행동을 하는 상대가 문제라는 점을 명확히 아는 게 중요하다.

막상 무례한 일을 당하고 나면, 그 경험 자체보다도

내가 상대에게 그렇게 우습게 보였나 하는

자기모멸감이 더 커서 힘들기 때문이다.

저 순수하고 강직한 자작나무처럼

자작나무에 온통 마음을 빼앗긴 분이 있다. 그에게는 세상의 모든 나무 중에서 자작나무가 가장 아름다워 보인다고 한다. 덕분에 그는 자신의 별장에 마음에 드는 자작나무를 구해 심는 것을 낙으로 삼고 있을 정도다.

어느 날 그에게 고민이 생겼다. 가장 아름다운 자작나무일수록 뿌리를 내리지 못하고 먼저 죽는 것을 발견했기 때문이다. 번민에 가까운 날들이 이어진 끝에, 이윽고 그는 이유를 알아냈다. 아름다운 자작나무일수록 기름진 땅에서 마음껏 햇빛을 받으며 자기 뜻대로 자란 나무였다. 그런데 그 나무를 옮겨서 촘촘히 심어놓았으니 제대로 생장할 수가 없었던 것이다.

그는 아름다운 것일수록 더 아름답게 자라도록 해주었어야 하는데 자신이 그만 큰 실수를 하고 말았다고 했다. 적어도 햇빛을 듬뿍 받는 자리를 고른 다음, 나무가 새로 옮겨온 땅에서 자신의 뿌리를 내릴 수 있을 만큼 적당한 공간의 여유를 주되, 지나치게 간섭하지 말고 자유롭게 뻗어나가도록 했어야 한다는 것이다.

그의 이야기를 들으며, 나는 우리의 인간관계 역시 자작나무의 사례와 다르지 않다는 생각을 했다. 너무 촘촘하지도 그렇다고 너무 간격이 벌어지지도 말아야 하는 것은 물론이고 새로운 환경에서라면 적응할 시간을 서로에게 주어야 하는 것이 인간관계의 기본이다. 우리 속담에 "나무도 옮겨 심으면 3년 뿌리를 앓는다"고 하지 않던가. 게다가 인간관계는 일정한 여백과 여유가 있을 때 훨씬 편안한 법이다.

　우리 주변에는 상대방이 원하지도 않는데 앞뒤 구분 없이 사생활까지 마구 알려고 드는 사람들이 많다. 그런 이들에게는 "당신 일이나 그렇게 하시오"가 정답이다. 깊게 파고들어 좋은 것은 학문과 일뿐이다. 우리가 인간관계에서 지나치게 진지하거나 여백이 없거나 파고들다 보면 기대치 역시 그에 따라 올라가게 된다. 내가 너에게 이만큼 했으니 너도 나한테 똑같이 해야 한다는 계산이 앞서는 것이다. 그리고 상대방이 그 계산대로 움직여주지 않을 때는 덮쳐오는 분노의 쓰나미로 고생할 각오를 해야 한다. 그런데 대개의 경우 상대방은 결코 이편의 그런 계산을 알 리 없으니 더욱 문제일 수밖에. 결국 자작나무의 사례에서 보듯이 "아름다운 것일수록 더 아름답게" 지켜가려면 그에 알맞은 노력이 필요한 것이다.

　프리모 레비의 책《지금이 아니면 언제?》에 보면 자작나무에 관해 다음과 같은 멋진 이야기가 나온다.

"자작나무는 기름덩어리라 추위에도 거뜬하고 빨치산들로서는 횃불로도 유용하고 땔감으로도 안성맞춤이고 껍질은 벗겨서 편지도 쓰고(옛날 성경이나 코란 등처럼) 나무에 구멍을 뚫으면 수액이 나오는데 맛도 기막히고 무병장수하지. 나무가 죽으면 버섯이 자라는데 이것이 또 암치료제가 된다. 최고의 술인 보드카도 마지막 제조공정에서 자작나무 숯으로 걸러낸다. 그러나 무엇보다 매혹적인 건 실용성에 앞서 자작나무가 갖는 순도 높은 미학이다. 혹한의 눈보라에도 아랑곳없이 하늘을 향해 아득하게 솟구친 그 수직의 염결성이 나를 숨 막히게 한다. 내가 죽으면 인디언들이 이름 붙인 '서 있는 키 큰 형제들' 아래에 묻히고 싶다."

쓰임새라는 면에서 버릴 것 하나 없는 자작나무의 효용성을 인간인 내가 닮아갈 수는 없으리라. 아마 죽었다 다시 깨어난다 해도 그런 일은 일어나지 않을 것이다. 그러나 '하늘을 향해 아득하게 솟구친 그 수직의 염결성'이 갖는 '순도 높은 미학'만큼은 너무도 부럽다는 생각이 들지 않는가. 그 백분의 일만큼이라도 내 것으로 할 수 있다면 인간관계에서는 물론이고 내 인생을 통틀어 가장 멋진 순간이 되지 않을까 싶다. 그리고 나와 더불어 내가 만나는 사람들도, 지금 내 곁에 있는 사람들도 그러한 자작나무라고 생각한다면 우린 좀 더 나를 존중하고 상대를 존중할 수 있지 않을까.

조금은 덜 피곤하게 인간관계를 구축하려면

A씨는 한 직장에 오래 다니지 못하는 문제로 고민이 많았다. 이유는 대개 인간관계 때문이었다. 그의 주장에 따르면, 어느 회사에 가도 '정말 이상한 사이코 같은 인간'이 꼭 한 명씩은 있었다.

오늘은 간이라도 빼줄 것처럼 굴다가 다음 날에는 안면을 싹 바꾸고 험담을 하고 다니는 동료가 있는가 하면, 뭐든 자기 마음대로 안 되면 히스테리를 일으키는 상사도 있었다. 자격지심으로 가득 차서 상대방 말이라면 무조건 빈정거리고 보는 타입이 있는가 하면, 비굴함이 지나쳐서 하루에도 열두 번씩 간에 붙었다 쓸개에 붙었다 하는 인간도 있었다.

그런 인간들을 보고 있으려면 한마디로 '열이 뻗쳐서' 도저히 같은 공간에 있고 싶지 않다는 것이 그의 주장이었다. 그러다 보니 자기가 먼저 직장을 '때려치울' 수밖에 없다는 것이었다.

그런 그에게 어느 날 놀라운 일이 벌어졌다. 새로운 회사에 다니게 됐는데 이번에는 '어느 회사에나 꼭 있는 그 이상한 인간'이 없었던 것이다. 그는 마침내 가슴을 쓸어내릴 수 있었다. 즐겁고 활기찬 마음으로 회사 생활을 하고 있던 어느 날, 그는 동료와 이런저런 문제로 이야기를 나누게 되었다. 이윽고 그가 이 회사에는 '사이코' 같은 인간이 없어서 정말 다행이라는 이야기를 꺼내자 동료의 표정이 점점 이상하게 변해갔다. 그러더니 뭔가 결심을 한 표정이 되었다. 이어서 매우 딱딱한 어조로 그에게 이렇게 말하는 것이었다.

"우린 모두 그게 너라고 생각하고 있었거든."

인간관계의 어려움을 이야기할 때 흔히 등장하는 우스개다. 이 이야기에 대해서는 대개 반응이 하나로 모인다. "확 와닿는다." 그러면서 이어지는 이야기 역시 대부분 비슷하다. 사회생활에서 인간관계가 가장 힘들고 복잡하다는 것이다.

실제로 인간관계는 복잡하다. 누구라도 한 번만 주의 깊게 자신의 마음을 들여다보면 금방 그 사실을 알 수 있다. 우리의 마음속에는 수많은 생각과 감정 그리고 기억들이 오고 간다. 흔히 인간의 마음을 우주에 비유하는데, 정말 맞는 말이다. 그렇게 복잡한 내 우주와 상대방의 우주가 만났는데 복잡하고 힘들지 않다면 오히려 그편이 더 이상할 것이다.

인간관계에서 인정받고 사랑받고자 하는 욕구가 클수록 우리는 그렇게 되지 못하면 어쩌나 하는 생각 때문에 두려움 또한 크게 느낀다. 어떤 사람들은 그 두려움 때문에 아예 사람을 회피하는 '철벽녀'나 '철벽남'이 되기도 하고, 끊임없이 상대방을 즐겁게 하려고 노력하거나 상대방의 비위를 맞추거나 자기를 희생하거나 상대방의 일에 지나치게 관여해서 자기 존재를 부각시키려고 노력하는 사람들도 많다. 물론 드물게 그런 문제에서 초연한 사람도 있다.

B씨는 사회적으로나 경제적으로 매우 여유가 있는 사람이었다. 하지만 그런 위치에 맞지 않게 옷차림이나 자동차 등 남들에게 내보이는 자신의 외관에 대해 전혀 신경을 쓰지 않았다. 얼핏 인색하면 그럴 수도 있다고 여기겠으나 그는 다른 씀씀이에 대해서는 매우 관대했다. 알고 보니 그는 자신만의 가치관이 확고한 사람이었다. 그의 말인즉 다음과 같았다.

"나를 아는 사람들은 내 겉모습에 상관없이 내가 누구인지 알 것이다. 나를 모르는 사람들이 내 겉모습을 보고 왈가왈부할 수 있다고 생각한다. 하지만 그런다 한들 나도 그들을 모르고 그들도 나를 모르는데 그들의 평가에 내가 마음 쓸 일은 없다고 본다."

그는 정신적으로 매우 건강한 사람이라고 할 수 있다. 하지만 누구나 그런 확고한 신념을 가지고 세상을 살아가는 것은 아니다. 대부분의 사람들은 상대방에게 인정받고자 하는 욕구에서 자유로울 수 없다. 그래서 오늘도 애를 태우며 어떻게 하면 좋은 평판을 받으며 살아갈 수 있을까 고민하는 것이다.

그 정도가 지나치면 노이로제가 되고 만다. 그런 경우에는 자기 주위에 있는 사람들뿐만 아니라 길거리에 스쳐가는 불특정

다수의 사람들에게까지도 좋은 평판을 듣고 싶어 한다. 그러나 여기서 핵심은 남이라는 존재도 자신의 욕심이 만들어낸 신기루라는 사실이다. 사람들은 생각만큼 타인에게 관심이 크지 않은 것이다.

모임에서 사람들은 자기가 한 말만 기억하지 남의 이야기는 제대로 기억하지 않는 경우가 많다. 아예 남의 말에 귀를 기울이지 않는 사람도 많다. 자기가 할 말 생각하느라고. 그건 노래방에서 자기가 부를 노래 고르느라 남이 부르는 노래는 듣지 않는 거나 마찬가지다. 그러므로 인간관계에서 성공하기 위해서는 먼저 인간에 대한 불필요한 두려움, 거부불안을 버려야 한다. 그리고 조금은 가벼운 마음으로 먼저 다가가는 것도 한 방법이다. 거부불안은 누구에게나 있기 때문에 먼저 다가오는 사람을 좋아하게 되어 있다.

언젠가 사람들과 이별해야 할 때는 어떻게 하는 것이 가장 좋겠느냐고 물어온 사람이 있었다. 우리 속담에 '침 뱉고 돌아선 우물물 다시 찾게 되어 있다'는 말이 있다. 그리고 그것이 우리의 인생사이기도 하다. 그러므로 사이가 나빠져서 헤어진다고 해도 칼로 무 자르듯이 할 필요는 없다. 언제나 여백과 여운을 남기는 것이 좋다. 남녀 관계는 빼고. 단, 남녀 관계에서도 상대에게만 책임을 돌려서는 안 된다. 단지 상대방과 내가 케미가 안 맞을 뿐이라고 여길 필요가 있다.

그리고 아무리 노력해도 서로 맞지 않는 사람이 있다는 것 또한 받아들여야 한다. 누구도 완벽하게 모든 걸 잘할 수 없듯이, 인간관계도 마찬가지다. 그러므로 뭔가 서로 맞지 않는 사람이 있으면 그것은 그 사람과의 문제로 국한하는 것이 좋다. 단지 나와 그가 안 맞는 것이다. 음식도 궁합이 있는데 하물며 인간관계에 어찌 궁합이 없겠는가. 그것을 과잉 일반화해서 스스로 인간관계에 능하지 못하다고 폄하할 필요는 없는 것이다. 그저 상대방과 결이 맞지 않는 것뿐이라고 생각하면 인간관계가 덜 피곤하다. 그렇게 여유를 가지고 조금은 단순하게 살아가는 것도 인간관계를 잘하는 비결의 하나가 아닌가 싶다.

거부불안에서 벗어나 스스로를 지키는 법

마더 테레사는 말했다. 남이 나를 원하지 않는 느낌이 세상에서 가장 불행한 것이라고. 그런 불행을 피하고자 사람들은 너나없이 안간힘을 다한다. 우리가 남에게 인정받고 사랑받기 위해 고군분투하는 것도 다 그런 이유 때문이다.

독일 철학자 악셀 호네트는 그와 같은 인정욕구를 고찰한 책에 '인정투쟁'이란 제목을 붙이고 있을 정도다. 헤겔도 모든 사회적 갈등, 사회적 범죄의 원인은 인정투쟁이라고 했다. 그만큼 우리가 가진 인정욕구가 치열하다는 의미일 것이다. 실제로 그런 상태가 지나쳐 거부불안에 따른 신경증으로 고생하는 사람들도 적지 않다.

그들은 남들이 자기를 싫어하는 것을 병적으로 참지 못한다. 그들에게는 남의 평가가 이 세상에서 가장 중요하다. 덕분에 자신의 시간, 돈, 심지어 직업까지 희생하면서 남의 평가에 의존해서 살아간다. 정신의학에서는 그들을 '외적 자아'가 두드러지는 타입으로 분류한다. 자기 행동의 옳고 그름을 평가하는 자아 기능이 외부에 있다는 의미에서다. 그들의 가장 큰 특징 중 하나는 잠자리에 누워서 하루 일과를 비디오처럼 재생한다는 것이다. 특히 그날 만난 사람들에 대해 강박적으로 필름을 돌려보곤 한다. 그 순간 그들의 생각은 오로지 사람들이 날 어떻게 생각했을까, 내가 그 사람들에게 어떻게 보였을까 하는 것에 집중되어 있다. 그리고 만에 하나 거부당한 것 같은 느낌이 들면 견디지 못하고 좌절과 우울 속으로 곤두박질치는 것이다.

오래전에 나온 할리우드 B급 영화 중에 〈빅 히트〉라는 작품이 있다. 거부불안으로 인한 신경증으로 고생하는 킬러가 주인공인 영화다. 그의 신경증은 애처롭다 못해 희극적이기까지 하다. 그는 일만 있으면 어디든 달려가 초전박살 내기를 주저하지 않는 전문적인 킬러다. 친구가 맡긴 똘마니의 토막 난 시신에서 냄새가 나자 여자친구 집에 가져가 태연히 물로 씻을 정도로 자기 일에 초연함(?)마저 갖추고 있는 위인이다. 그런 그에게도 한 가지 치명적인 약점이 있었으니, 바로 남들이 자기를 싫어하는 것만은 죽어도 못 견딘다는 점이다.

자신이 죽이는 인간들이야 어차피 범죄세계에서조차 살아남지 못할 만큼 형편없는 자들이니 굳이 죄책감을 느낄 필요가 없다. 하지만 주변 사람들로부터 거부당하는 것만큼은 너무나 참기 힘들다. 그래서 그는 주변의 모든 이들에게 사정없이 끌려 다니면서도 희생자 역할을 그만두지 못한다. 그를 배신하는 것도 모자라 죽이려고 덤비는 동료들에게조차 최선을 다한다. 이유는 한 가지, 그들이 자기를 싫어할까 봐서다. 그때마다 그가 보여주는 '깨알 같은' 순진성에 관객은 웃음을 터뜨리지 않을 수 없다.

여자친구와 약혼녀가 요구한 돈을 만들기 위해 그는 일본인 부자의 딸을 납치하는 데 가담한다. 그는 이번에도 인질로 잡혀 온 여자가 자기를 싫어할까 봐 노심초사하며 아주 잘 대해준다. 그 모습을 보다 못한, 순진함과는 거리가 한참 먼 인질이 한마디 한다. "넌 아무래도 치료가 필요할 것 같아." 물론 그는 인질의 빈정거림을 이해하지 못한다. 그의 생각은 오직 남들에게 거부당하면 어쩌나 하는 불안감에 집중되어 있기 때문이다. 그의 모습은 인간의 인정욕구가 과연 투쟁에 가깝다는 것을 실감나게 묘사하고 있다.

그 정도는 아닐지라도, 우리는 누구나 남들에게 거부당하는 것을 잘 견디지 못한다. 오죽하면 적에게조차 인정받고자 하는 것이 사람 마음이란 말이 있을까. 특히 우리나라 사람들이 남의 평가에 민감한 것은 잘 알려진 사실이다. 이는 실용성보다는 겉치레를 중요하게 여겼던 유교 문화와도 무관하지 않은 것 같다. 우리가 아이들을 어릴 때부터 어떻게 키우는지를 보면 그것을 잘 알 수 있다. 우리는 아이들을 야단칠 때 그 행동이 왜 잘못됐는지를 말해주기보다 "남들이 보면 뭐라고 하겠니?" 혹은 "남들 보기 창피해서 못 살겠다" 하는 말부터 앞세우는 경우가 훨씬 더 많다. 은연중에 남의 평가에 민감할 수밖에 없도록 아이들을 키우고 있는 것이다. 꼭 그래서는 아니겠으나 우리가 남의 평가에 민감한 것만은 부인할 수 없는 사실이 아닌가 한다.

이에 대해서는 나 자신도 자유롭지 못하다. 언젠가 내 아이들과 이야기를 나누다가 서로 기억하는 부분이 다르다는 것을 알았다. 난 아이들에게 잘해준 것만 기억하고 있었는데 아이들은 반대로 내가 자기들에게 혹독하게 대한 부분만 기억하고 있었다. 그리고 그 혹독함(뭐, 좋게 표현하면 엄격함)은 대개 남들이 나를 어떻게 볼 것인지에 대한 걱정이라는 것을 뒤늦게 깨달았다. 아이들 친구 엄마들이나 주위 사람들이 '그래, 정신과 의사 엄마는 어떻게 애들을 잘 키우는지 보자' 하고 지켜보는 듯한 시선에서 내가 자유롭지 못했으며, 그 시선조차 내가 만든 것임을 뒤늦게 깨달은 것이다. "엄마, 중 2 때 저녁 6시에 집에 있는 아이는 나밖에 없었어요!"라는 큰아이의 절규에 나는 뒤늦게 사과해야 했다. 그리고 내 아이는 학교 끝나고 바로 집으로 돌아오는 성실한 아이로 남에게 보이기를 바라는 나 자신의 인정욕구에 대해 크게 반성했다.

매슬로는 건강한 자아를 가지고 그것을 실현하는 사람들은 자기의 본성을 있는 그대로 받아들인다고 주장했다. 사람은 누구나 약점과 장점을 동시에 가지고 있다. 그러므로 굳이 약점을 수치스러워할 필요도 장점을 자랑스러워할 필요도 없다. 스스로를 왜곡할 필요도 없으며 변조할 필요는 더더욱 없다. 그저 물이 흐르듯 본성을 거스르지 않고 자연스럽게 살아가면 된다. 하지만 거부불안으로 인한 신경증을 지닌 사람들에게 그런 자연스러운 삶을 주문할 수는 없다. 그들은 자신의 약점이나 실패에 지나치게 민감해 자주 수치감을 경험하기 때문이다.

그들은 남들도 자신의 그런 수치스럽고 못난 모습만을 보고 자기를 싫어하고 거부할 것이라는 생각에서 벗어나지 못한다. 상황이 그렇다 보니 앞서 예를 든 킬러처럼 어떻게 해서든 상대방에게 잘 보이려고 안간힘을 쓸 수밖에 없다. 그들은 남의 부탁을 절대 거절하지 못한다. 그랬다가 혹시라도 상대방에게 거부당하면 죽을 만큼 불행해지기 때문이다.

그러나 여기서 한 가지 반드시 짚고 넘어가야 할 것이 있다. 남들은 내가 생각하는 것처럼 그렇게 내게 관심을 갖고 있지 않다는 사실이다. 먼저 나 자신을 한번 돌아보자. 과연 나는 남들한테 그만큼 큰 관심이 있는가? 아니다. 나 역시 내 문제에 집중하느라 남들 일에 세세하게 관심을 가질 여력이 없다. 물론 우리는 때때로 남의 이야기에 열을 올린다. 하지만 그건 정말로 그들에게 관심이 있어서가 아니다. 대개는 관심을 갖는 척하고 그들을 비난하거나 이야깃거리로 삼을 때가 더 많다. 그렇게 하면 자신의 불안이나 두려움, 분노 등의 감정을 잠시라도 잊을 수 있기 때문이다.

그러므로 만일 스스로에게 혹시라도 거부불안에 시달리는 면이 있다면 이제라도 "나는 나"라는 자세로 당당하게 맞설 것을 권한다. 자기확신을 가질 때, 비로소 우리는 남들의 시선에서 자유로워질 수 있기 때문이다. 남이 나를 주시하고 있다는 스스로 만들어낸 환상과 남이 나를 싫어하는 건 도저히 못 참겠다는 자세에서 벗어나야만 나를 지킬 수 있다.

'자기존중'과 '자기중심', 그 커다란 차이

한참 동안 목소리와 성격 연구에 빠진 적이 있었다. 우린 대부분의 경우 목소리를 듣는 것만으로도 그 사람의 성격을 어느 정도 짐작할 수 있다. 따라서 그것을 통계학적으로 분석해서 증명할 수만 있다면 얼마나 좋을까 싶었다. 하지만 아직까지 우리가 사람들의 목소리를 들으면서 느끼는 그 맛을 분석해내는 것은 어렵다는 이야기를 듣고 연구를 접을 수밖에 없었다.

그런데, 빅데이터가 지배하는 세상이 오면 목소리를 세밀하게 분석할 필요 없이 통째로 녹음하기만 해도 이 목소리는 이런 성격이라고 바로 답이 나오는 날이 올 것이라는 지인의 말을 듣고는, 그 말도 일리가 있다는 생각이 들었다. 그 이야기를 친구에게 했더니 "왜 목소리가 크고 갈라지고 시끄러운 사람일수록 더 말이 많은지 이해하지 못하겠다"고 해서 다들 웃은 적이 있다. 남의 눈에는 보이는 나의 모습이 정작 나에게는 보이지 않는 경우가 많다는 생각이 들어서였다.

그와 연관해 요즘 계속 내 머릿속을 맴도는 생각이 있다. 우린 누구도 결코 자기 자신을 제대로 알 수 없다는 생각이 그것이다.

그렇다면 스스로도 모른 채 저질러지는 잘못들은 어디까지 허용되고 이해되어야 하는 걸까 하는 의문이 이어지기도 한다.

임상에서 만나는 사람들로부터 그런 의문에 얽힌 이런저런 이야기들을 들을 때마다 인간관계의 어려움에 대해서도 새삼 다시 생각해보곤 한다. 그중에서도 많은 사람들이 빼놓지 않는 이야기가 있다. 비상식적인 행동을 아무렇지도 않게 하면서 '나는 잘하고 있다'는 착각에 빠져 있는 상대방을 만날 때 가장 난감하다는 것이다.

그런 경우, 대개는 그 터무니없음에 웃고 말지만 때로는 어디까지 참아주어야 하는가 싶어 피곤한 게 사실이다. 그러면서 새삼 왜 저 옛날 옛적 아폴론 신전 입구 기둥에 '너 자신을 알라'라고 쓰여 있었는지, 그리고 그 말이 어째서 오늘날까지도 끈질기게 회자되고 있는지 이유를 알 것 같기도 하다.

꼭 터무니없고 비상식적인 경우만 문제가 되는 것도 아니다. 일상에서 일어나는 사소한 일들에서도 그런 사례는 자주 생겨난다. 예를 들어, 자기는 그런 행동을 하는 것이 큰 잘못이라고 여기지 않으면서 무슨 일이나 마음대로 하려는 사람들이 있다. 그들에게 물어보면 자신의 정당성을 굳게 믿고 있는 경우가 많다. 그럴 때마다 이편에서는 상대방에 대한 기대치가 무너지면서 좌절하게 되지만 정작 상대방은 그 이유를 이해하지 못해 결국 관계가 악화되기도 한다.

결혼 10년 차인 커플이 있었다. 그쯤이면 대개 결혼생활이란 게 심드렁하게 마련이고, 그들이라고 예외는 아니었다. 특히 남편 입장에서는 직장에서 자기 자리를 지키는 것만으로도 하루하루가 힘에 겨웠다. 나이로 보나 경력으로 보나 그는 자신이 꼼짝없는 '샌드위치 신세'라고 여겼다. 부하 직원들 단속하고 상사들 눈치 보느라 하루도 마음 편할 날이 없었던 것이다. 그런 상황에서 아내마저 이따금 그를 '돌게 만들었다'(이건 그의 표현이다).

이번에 그의 '꼭지'를 돌게 만든 건 큰 사건도 아니었다. 그의 생일인 데다 마침 아이를 봐줄 사람도 있어서 그는 아내와 둘이 외식을 하기로 했다. 아내는 지금껏 외식할 때 그래왔듯이 호텔 뷔페 식당에 가고 싶어 했다. 그는 원래 뷔페식 식당을 별로 좋아하지 않았다. 그래도 그동안은 아내가 가자고 하면 군말 없이 가주었다. 하지만 그날만은 갑자기 더는 참을 수 없다는 생각이 확 솟구쳤다. 그래서 아내더러 "오늘은 내 생일이니까 내가 식당을 고르겠다"고 선언했다.

아내는 깜짝 놀라는 눈치였으나 "뭐, 그러지" 하고 따라나섰다. 문제는 그다음에 일어났다. 차를 타고 식당까지 가는 동안 아내가 딸아이에게 전화해 "엄만 정말 뷔페에 가고 싶지만 아빠 생일이니까 아빠를 생각해서 꾹 참고 다른 데로 가고 있는데, 아마 나처럼 아빠를 위해 희생하는 사람은 없을 것"이라고 말한 것이다.

그 말을 듣고 있던 남편은 잠자코 차를 돌려 집으로 왔다. 꼭지가 돌긴 했지만 더 이상 화도 내지 않았다. 그러기엔 좌절감이 너무 컸기 때문이다.

반면 아내는 딸아이로도 모자라 친구며 친정 식구들에게까지 전화를 해댔다. 그러면서 자기가 남편 생일이어서 그처럼 희생을 했건만 오히려 남편이 변덕을 부려서 저녁을 망치다니 이해할 수 없다, 이런 남자랑 계속 살아야 하는 건지 모르겠다고 법석을 피웠다.

"아내는 우리가 처음 만난 대학 시절처럼 아직 철이 없는 편이긴 합니다. 지금도 아내 생일이나 결혼기념일 같은 때는 꼭 이벤트 비슷한 거라도 해야 하죠. 뭐, 거기까진 괜찮습니다. 하지만 무슨 일이든 꼭 자기 맘대로 해야 직성이 풀리는 성격은 참기 힘들 때가 많습니다. 문제는, 그러면서도 자기는 내조를 굉장히 잘하는 좋은 아내라는 굳건한 믿음을 갖고 있다는 겁니다. 대체 어떻게 해야 할지 모르겠습니다."

그는 아내와 함께 커플 상담을 받고 싶어 했다. 그의 아내는 남편의 설득에 병원에 오긴 했다. 하지만 자기는 모든 걸 남편한테 맞추며 잘 해오고 있는데 새삼 상담 같은 것은 필요하지 않다고 주장했다.

"우리가 누구인지 알아낼 최상의 방법은 타인의 시각으로 우리 자신을 바라보는 것"이라는 말이 있다. 그녀에게도 그런 점을 설명해주면서 한 번쯤은 남편의 시각으로 결혼생활을 바라볼 필요가 있다는 요지의 말을 해주었다. 물론 그녀는 끝끝내 자신은 잘하고 있다는 말만 되풀이했다. 결국 그 남편만이 더 이상 좌절감을 견디기 힘들 때면 혼자 상담을 받으러 오곤 했다. 혹시 오해가 있을까 봐 덧붙이건대, 이 사연을 통해 아내를 폄하하려는 의도는 없다. 아내 역시 당연히 남편에 대해 할 말이 있을 테고 또 거기엔 나름의 정당성도 있기 때문이다.

내가 말하고자 하는 바는, 우린 누구도 자신에 대해 완벽하게 알지 못한다는 점이다. 그러므로 적어도 가끔씩은 자신의 행동을 돌아보는 시간을 가질 필요가 있다. 그렇지 않으면 계속해서 '나는 잘하고 있다'는 편견 아닌 편견에 사로잡혀 누군가에게(그것도 가까운 사람에게) 상처를 입힐 수 있다.

'나는 소중하고 괜찮은 사람'이라는 '자기존중'과 '나는 잘하고 있고 그래서 나만 억울하고 나만 희생자'라는 생각은 엄연히 다르다. 물론 나 역시 누군가에게는 자만심과 아집에 가득 찬 사람으로 비치고 있는지도 모른다. 정말이지 인간은 누구도 자기 자신을 제대로 알 수 없는 존재이기 때문이다. 어떻게 나라고 예외이기를 바라겠는가. 다만 나 역시 그런 존재라는 사실을 가끔씩은 기억할 수 있기를 소망해보는 수밖에. 그리고 가능한 한 바로잡아나가도록 노력할 수밖에. 나 자신에게 성장할 수 있는 시간과 기회는 주어야 할 것이므로.

진심으로 귀 기울여주기, 어쩌면 유일한 해법

유행이라는 것은 나뭇가지의 잎과 같아서, 한 잎이 지면 그 뒤에 또 다른 잎이 나온다는 말이 있다. 유행하는 유머 시리즈를 보고 있으면 정말 그 말을 실감하게 된다. 끝도 없이 생겨났다 없어지고 다시 생겨나면서 그때그때의 세상 풍조를 반영하고 있기 때문이다.

물론 나는 개인적으로 유머 시리즈가 유행하는 것을 긍정적으로 생각하는 사람이다. 사회의 여러 가지 모순을 해학적으로 푸는 것은 일종의 승화작용과 같기 때문이다.

투사로서의 기질을 타고나지 못한 대부분의 사람들에게 사회적 분노를 표출한다는 것은 거의 불가능한 일이다. 대개는 자신의 무력함 앞에서 그저 서글픔을 느끼는 것이 고작이다. 나 자신도 예외는 아니다. 그런데 그런 무력함과 서글픔을 웃음으로 승화시키는 역할을 유머 시리즈가 맡고 있는 것이다. 그런 점이야말로 유머 시리즈가 갖는 순기능이라 하겠다.

한때 세간에 '사오정 시리즈'라는 것이 대유행한 적이 있다. 사오정이라면 《서유기》에 등장하는 인물이다. 사오정 시리즈에서 그는 남의 말귀를 통 못 알아듣는 인물이다. 이 시리즈는 세 태풍자치고는 꽤 통렬한 데가 있었다. 대화 불능 시대의 아이러 니를 절묘하게 꼬집고 있기 때문이다.

우린 언제부터인가 개인과 개인 사이에, 개인과 집단 사이에 생겨나는 관계의 단절이나 대화의 부재가 마치 당연한 것처럼 여겨지는 시대에 살고 있다. 그런 상황에서 모든 대화를 동문서 답으로 일관하는 사오정 시리즈가 생겨나지 않았다면 그것이 더 이상할 뻔했다. 이 시리즈를 기억하지 못하는 분들을 위해 가장 널리 알려진 얘기를 예로 들어보겠다.

사오정 1이 카페에서 주스를 시켰다. 사오정 2가 말하길 "나도 주스", 사오정 3 역시 "나도 주스" 했다. 그러자 사오정 4가 종업원에게 말했다. "여기 콜라 네 잔 주세요."

이런 것도 있다. 어느 날 사오정이 CF를 찍게 되었다. 그가 할 대사는 "국물이 끝내줘요"였다. 사오정은 매우 열심히 대사를 외우고 카메라 앞에 섰다. 그리고 막상 하는 말은 "국물이 왕입 니다요"(이건 경쟁사 제품의 광고 멘트다)였다나.

원래 '무슨무슨 시리즈'라는 것이, 세태를 풍자해 사람을 웃게 만드는 것이다. 그중에서도 이 사오정 시리즈는 현대인의 대화 의 단절을 너무도 극명하게 보여주는 것 같아 재미있으면서도 한편 섬뜩한 느낌이 들었던 기억이 있다.

흔히 고독과 소외는 현대인의 숙명이라고 말한다. 극도의 이기주의와 개인주의가 팽배한 사회에서 서로 대화를 나누고 공감하는 인간관계를 찾아보기가 그리 쉬운 건 아니다.

물론 지금 이 순간에도 수많은 사람들이 서로 만나 수많은 이야기를 나누고 있다. 그러나 그 대화란 것이 대개 한때 유행한 사오정 시리즈 수준을 넘어서지 못하는 경우도 있는 것을 어쩌랴. 모래알처럼 제각각 흩어질 뿐 서로 공감하는 수준에까지 이르는 예는 많지 않은 것이다.

미국의 저명한 정신의학자 밀턴 H. 밀러의 책에 다음과 같은 대화 장면이 나온다.

"여보세요."

"응, 너구나. 요즘 어떻게 지내니?"

"좋아, 넌 어때?"

"엉망진창이야. 아파서 병원에 갔더니 글쎄, 암이라는구나."

"그래? 뭐 새로운 소식은 없고?"

밀러 박사의 주장에 따르면, 이런 식의 대화를 나누는 것이 그리 놀랄 일은 아니라고 한다. 그와 같은 만남이 현대인들 사이에서는 너무도 자주 이루어지고 있기 때문이다.

그는 또 하이데거의 말을 빌려 모래알처럼 흩어지는 현대인의 대화를 '그저 말을 늘어놓는 행위'라고 규정하고 있다. 사람들은 단순한 호기심 때문에 수다를 떨지만 일정한 선을 넘어서까지 상대를 이해하려고 하지 않으며 단지 막연히 우리라고 느끼는 집단의 대변자로서만 이야기를 나눈다는 것이다.

상담을 위해 병원을 찾는 많은 사람들이 자주 인간관계에서의 어려움을 호소하곤 한다. 누군가와 진정한 인간관계를 맺고 그로부터 이해와 공감을 얻고 싶은데, 아무리 애써도 잘 되지 않는다는 것이다.

그런 의미에서, 살아가면서 한두 사람이라도 진심으로 내 이야기를 털어놓고 이해와 공감을 얻을 수 있는 사람과 만난다면 그의 인생은 성공했다고 할 수 있다. 그만큼 인생에서 소중한 경험인 것이다. 그러나 많은 현대인들이 그런 소중한 경험을 놓친 채로 소외와 고독 속에서 평생을 살아간다.

정신의학에서 상대방의 말을 진심으로 들어주고자 애쓰는 자세가 가장 효과적인 치료법으로 여겨지고 있는 것도, 현대인의 이 고독과 소외와 무관하지 않다. 의사들 중에는 어쩌면 가장 중요하면서도 유일한 방법이라고까지 말하는 사람들도 있다.

따라서 누군가와 진정으로 좋은 인간관계를 맺고 싶다면 먼저 상대방의 이야기를 제대로 들어주는 자세가 필요하다. 그러면 상대방이 인생에서 무엇을 생각하고 있으며 무엇을 소중하게 여기고 어떻게 살아가고자 하는지를 진심으로 알 수 있으며, 그때 두 사람 사이에는 공감과 이해와 사랑이 싹트게 되는 것이다.

공감에는 거짓이 끼어들 여지가 없다. 밀러 박사는 진심으로 상대방에게 감사할 줄 모르고 다른 사람과 인생을 함께 나누는 것을 원치 않을 경우 그러한 마음은 생각보다 훨씬 잘 드러나는 법이라고 말했다. 제아무리 멋진 말로 포장하고 상대방을 안심시켜도 거짓 공감은 곧바로 드러나게 되어 있다는 것이다.

사람들은 자주 일상의 대화에서 단지 상대방에게 그럴듯하게 보이기 위해 혹은 날카롭고 유머감각이 있다는 인상을 남기기 위해 애쓴다. 거기에 에너지를 허비하느라 진정한 이해와 공감은 늘 뒷전으로 밀려나곤 하는 것이다.

한때 유행했던 사오정의 동문서답 시리즈는 그런 우리의 현실을 냉소적으로 풍자하고 있다. 더 시니컬한 유행 시리즈가 나오지 않기를 바랄 뿐이다.

거짓말과 참말의 선택, 어느 쪽이 유리할까

우린 자주 두 마음을 갖는다. 하나는 남에게 보여줘도 괜찮은 마음, 하나는 남들에겐 보여줄 수 없는 마음. 그리고 이 보여줄 수 없는 마음 때문에 때때로 거짓말을 한다. 예를 들어 "사랑해" 하고 말하지만 사랑하지 않고 "사랑하지 않아" 하면서도 사랑 때문에 우는 것이다.

그래도 사랑에는 거짓말이 필요하다고 셰익스피어는 말한다. "아! 사랑에서 최고의 습관은 믿는 척하는 데 있다. ……그 때문에 우린 서로 거짓말하고 서로 허물을 감추며 기뻐한다."

사랑에서 그렇다면 일상생활에선 어떨까? 미국의 저명한 소아암 전문의인 다이안 콤이 들려주는 일화 하나. 그녀는 일 때문에 오래 집을 비울 때면 애견 바브를 애견 센터에 맡기곤 했다. 그날도 공항에 가는 길에 바브를 맡길 예정이었다. 막 떠나려는데 애견 센터에서 전화가 왔다. "바브가 2차 접종을 마쳤던가요?" 아니, 그녀는 접종을 깜박 잊고 있었다. 애견 센터에서는 접종하지 않은 강아지는 맡아주지 않았다. 그녀는 낭패감을 느꼈지만 재빨리 "예"라고 거짓말을 했다.

그런데 애견 센터에 도착하고 나서 그녀는 진실로 낭패감을 느꼈다. 현관문에 이런 쪽지가 붙어 있었던 거다. "접종하지 않은 개의 경우, 비용을 내시면 본 센터에서 즉시 접종해드립니다."

물론 그녀는 쪽지의 내용을 무시했다. "사랑스런 강아지의 건강이나 애견 센터의 사려 깊은 조치보다 더 중요한 것은 개인적 위신"이었기에. 그때의 경험을 계기로 다이안 콤은 《거짓말의 해부》란 책을 썼다.

이 일화에서 보듯, 우리가 일상에서 사소한 거짓말을 하는 첫 번째 이유는 대개 자신의 편리함을 위해서다. 다이안은 강아지를 맡아주지 않을 경우 일어날 혼란을 겪느니 거짓말을 해서라도 강아지를 맡기는 편이 편리하기 때문에 거짓말을 한 것이다. 우린 또한 잘못을 인정함으로써 체면이 깎이는 것이 싫어서 거짓말을 한다. 역시 다이안이 좋은 예다.

아는 분이, 잠시 손녀를 맡아주다가 아이를 떨어뜨린 적이 있다고 했다. 문제는 아이 부모에게 솔직하게 말하고 손녀를 병원에 데리고 가야 하는데 그것을 도저히 못 하겠더라는 것이었다. 그다음에 손녀가 열이 나고 아파도 그 사실을 끝내 말하지 못해 불필요한 검사만 하게 되었다고 털어놓았다. 이 이야기를 들으며 우리가 다른 사람에게 체면이 깎이는 것을 얼마나 두려워하는지 새삼 느꼈다.

그래서일까. 우린 일상에서 특별히 누구한테 해를 끼치지 않는 선에서 약간씩은 거짓말을 하며 살아간다. 덕분에 약간의 편리함과 자존심, 약간의 갈등과 죄책감을 내 것으로 하면서. 우리에겐 그럴 만한 적절한 변명거리도 있다. 정직하게 행동했다가 손해 본 경험이 한두 번씩은 다 있기 때문이다.

하지만 병적인 거짓말의 경우엔 상황이 다르다. 그 거짓말로 인해 자신이나 주변 사람들도 피해를 입기 때문이다. 강박적으로 거짓말을 하는 사람들의 심리를 보면, 첫 번째는 열등감 때문이다. 자존감이 낮고 불안정하며 허영심이 강한 타입일수록 자신이 못났다고 여기는 부분을 남들에게 감추기 위해 거짓말을 하는 것이다. 그러다 보니 때로는 자기와 상관없는 일에 대해 습관적으로 거짓말을 하기도 한다.

두 번째, 거짓말을 하는 심리에는 나르시시즘도 포함된다. 재미있는 건, 이런 타입은 거짓말을 하면서도 남들에게 이해받기를 바란다는 것이다. 내가 거짓말을 해도 남들이 저 정도는 들어줄 만하다고 여기거나 오죽하면 그럴까 하면서 이해해줘야 한다고 여기는 것이다.

세 번째, 반사회적 인격장애의 심리가 원인이다. 가장 심각한 경우로, 이런 타입은 자기가 원하는 것을 얻기 위해서는 어떤 거짓말도 서슴지 않는다. 그러면서도 일말의 죄책감도 느끼지 못하는 것이 특징이다.

네 번째는, 말 그대로 거짓말을 위한 거짓말을 하는 경우다. 정신의학 용어에 '보바리슴bovarysme'이란 것이 있다. 플로베르의 소설 《보바리 부인》에서 유래한 말이다. 보바리슴에 사로잡힌 사람들의 특징은, 현실에 강한 불만을 느낀 나머지 동경하는 상상의 세계로 도피한다는 것이다. 그러기 위해서 필수적으로 거짓말이 동원된다. 거짓말이 거짓말을 낳다가 나중에는 스스로도 그 거짓말을 진짜로 믿는 최악의 상황에 놓이기도 하는 것이 그들의 특징이다.

거짓말은 '잭의 콩나무'와도 같다. 정신없이 쑥쑥 자라 끝내는 감당이 안 될 때가 많다. 그렇게 되기 전에 손을 쓰는 것이 좋다. 반사회적 인격장애자의 경우를 빼고는 우리 모두 거짓말을 하면 다 찜찜한 뒷맛을 느끼게 되어 있다. 그러느니 진실을 툭 털어놓는 쪽이 마음 편하다는 건 경험해본 사람이면 다 안다.

하지만 거짓말을 하고 싶은 유혹이 클수록 그것에서 벗어나기 위해선 큰 용기가 필요하다. 그 용기를 키우기 위해서 이런 방법을 써보는 것은 어떨까? 거짓말을 하려면 대개 머릿속에선 거짓말과 참말의 회로 양쪽에 다 불이 켜지게 마련이다. 그럴 때 재빨리 참말 쪽 버튼을 누르는 연습을 꾸준히 해보는 것이다. 물론 쉽지 않은 일이다. 첫째는 자동적으로 거짓말이 나오는 경우가 많기 때문이다. 특히 습관이 됐을 때는 오로지 이 상황만 벗어나면 된다는 생각만 하게 되는 경우가 많다. 하지만 그다음 단계를 생각해볼 필요가 있다. 지금 거짓말을 해서 고비를 넘긴다고 해도 그다음에 내가 얼마나 고통을 겪을지를 그려보는 것이다. 그러면 몇 날의 고통보다 지금의 어려움이 낫다는 생각이 들 것이다. 실제로도 그러하고. 정 어려우면 그 순간 침묵을 선택하는 것도 한 방법이다. 거짓말을 하기보다는 침묵이 나은 경우가 얼마나 많은가.

하지만 가장 좋기는 진실을 말할 용기를 내보는 것일 테다. 그리하여 진실을 말하는 쪽이 훨씬 자유롭다는 걸 알게 되면 거짓을 말하는 횟수도 자연 줄어들지 않을까. 우리가 마음의 평화를 유지하기 어려운 이유도 삶에서 진실을 감추는 횟수가 더 많아서라는 생각이 든다.

비탈이 지지 않은 땅은 없듯이

늘 말하지만, 인간은 참으로 자기중심적인 존재다. 인생의 위기 앞에서도 다를 게 없다. 우린 다른 사람의 인생에는 위기가 닥쳐도 내 인생에는 그런 일이 없기를 바란다. 그러다가 막상 문제가 생기면 '내가 뭘 잘못했다고 이런 벌을 받는단 말인가!' 하고는 하늘을 원망하고 주위 사람들을 원망한다.

"이건 그저 악몽일 뿐이야" 하면서 좀체 현실을 받아들이려고 하지 않는 경우도 있다. 그러나 다른 사람의 인생에 일어나는 일은 나한테도 일어날 수 있다. 그것이 운명이 지닌 공평함의 힘인지도 모른다.

그래선지 우리의 무의식에는 그로 인한 불안이 늘 도사리고 있다. 우리가 다른 사람의 불행에 대해 그렇게 말을 많이 하는 이유도 사실은 그런 불안감에서 벗어나고 싶기 때문이다. 다른 사람의 불행에 대해 말하면서 "난 아니거든. 난 그 사람과 달라" 하는 심리가 작동하는 것이다. 어느 작가의 말처럼 "자신보다 더 곤경에 처해 있는 누군가를 위로할 때면 자위할 수 있기에 언제나 명랑한 존재"가 인간이다.

불행을 당한 사람들을 보면서 행여 그들이 했을지도 모를 실수를 찾아내고자 하는 심리도 마찬가지다. 뭔가 잘못이 있었기에 그들이 그런 불행을 당한 것이라는 증거를 찾고 싶은 것이다. 왜? 나는 그런 잘못을 하지 않았으므로 그런 불행 역시 닥쳐오지 않을 거라고 자기 자신을 다독이고 싶기 때문이다.

하지만 그것은 우리의 바람일 뿐, 문제가 없는 인생이란 없다. 우린 그런 사실 또한 무의식적으로 안다. 일이 잘 풀리면 오히려 불안해하는 사람들이 있는 것도 그 때문이다. 그들은 지금의 행운이 혹시 폭풍 전야의 한순간일지도 모른다는 의심에서 벗어나지 못한다. 그러다 보니 자신도 모르게 일부러 문제를 일으키는 경우도 있다.

예를 들어, 부부관계가 평화로우면 불안해져서 자기가 먼저 싸움을 거는 사람들이 그런 경우에 해당한다. 물론 겉보기에 그들에게는 나름대로 싸우는 이유가 있다. 대개는 상대방에게 성격적으로 문제가 있어서 싸울 수밖에 없다고 주장한다. 그러다가 상담 과정에서 비로소 깊은 불안감이 원인으로 드러나면 깜짝 놀라곤 한다.

가벼운 예로, 자신은 복권에 당첨될 것이 두려워서 절대 복권을 사지 않는다는 사람들도 있다. 호사다마라고, 뜻밖의 행운 뒤에는 더 나쁜 일이 기다릴지도 모르는 것이 인생이긴 하다. 하지만 그렇다고 해서 처음부터 아예 좋은 일을 기대하지 않는다는 것은 아무래도 좀 문제가 있다. 그들에게 그런 이야기를 하면 거의 대부분 이번에도 비슷한 대답이 나온다. 자기한테 만약 그런 행운이 생기면 더 이상 하느님한테 불평할 수 없을 텐데, 그러고 싶지 않다는 것이다. 인생이란 게 하루하루 롤러코스터를 타는 거나 다름없는데 어떻게 불평하지 않고 살아갈 수 있느냐는 것이 그들의 항변이다.

결국 문제가 생기면 그 때문에 괴롭고, 문제가 안 생기면 혹시 그런 일이 생기면 어떻게 하지 싶어 평생을 불안에 떨면서 보내는 것이 인생인 셈이다.

옛사람들도 그런 사실을 잘 알고 있었던 듯하다. 《주역》에 보면 지천태괘地天泰卦의 한 효사爻辭에 이런 말이 나온다. "평평하기만 하고 비탈지지 않은 땅은 없고, 가기만 하고 돌아오지 않는 것은 없다.无平不陂 无往不復"

그러니 위기를 만났을 때 너무 좌절하지는 말라는 것이다. 《주역》을 공부하면서 처음 그 문장을 만났을 때 나로서는 크게 위로를 받는 느낌이었다. 성경에도 그 비슷한 구절이 있다. "뿌릴 때가 있으면 거둘 때가 있고, 울 때가 있으면 웃는 날도 있으니 ……." 흘러간 팝송 중에도 "인생의 모든 것은 돌고 돈다"는 내용의 노래가 있었던 것으로 기억한다. 영원한 것은 없고 달도 차면 기운다는 것을 늘 마음에 새겨야 함을 강조하고 있다 하겠다.

살다 보면 나락으로 떨어졌다고 생각했는데 거기서부터 문제

해결방법을 찾기도 하고 승승장구해서 정점에 섰다고 생각한 순간이 바로 나락으로 이어지기도 하지 않던가. 그러니 때로는 질식할 것처럼 불안하고 때로는 좌절감에 죽을 것 같은 순간이 있다 해도 인생은 끝까지 살아봐야 할 필요가 있는 것이다.

아는 변호사가 이런 말을 한 적이 있다. 직업상 사업이 망해서 그 뒤처리를 해야 하는 사람들을 많이 보는데 나중에 그 어려움을 이겨내고 성공한 사람들에게는 공통점이 있다고 했다. 경황이 없을 때도 자기 때문에 피해를 본 사람들에게 정중하게 사과하고 나중에 어떻게든 책임을 지겠다는 약속을 꼭 한다는 것이다. 반면에 그 위기를 극복하지 못하는 사람들은 그 상황에서 될 대로 되라는 식으로 나온다는 것이었다.

여러 가지를 생각하게 하는 이야기였다. 그렇잖은가. 인간관계도 문제가 생겼을 때 과연 누가 내 편인지 알게 된다. 잘나가는 동안 그냥 만나서 웃고 떠들 때는 모른다. 그러나 어려운 시기에는 서로 참고 견뎌야 한다. 그런데 그게 쉽지 않다. 그러다 보니 참는 힘이 약한 사람들은 주변에서 떠나갈 수밖에 없는 것이다.《주역》은 그 일 또한 내게 일어난 현실이므로 있는 그대로 수용하라고 말하고 있다. 계속해서 편안하기만 하고 비틀리지 않는 관계는 없으며 떠나감이 있으면 새로운 만남도 있는 법이라고 여길 때, 우린 인간관계로 인한 여러 가지 괴로움에서도 좀 더 수월하게 벗어날 수 있다.

나도 모르게 숨어 있던 '진짜' 감정 다스리기

우리의 몸과 마음이 건강을 유지하기 위해서는 적절한 에너지가 필요하다. 우리가 흔히 생기生氣라고 하는 것이 바로 그것이다. 생생하게 살아 있는 기운, 넘치는 활력이 필요한 것이다. 그런데 이 생기를 방해하는 요소들이 있다. 불안, 우울, 두려움, 분노 등과 같은 부정적인 감정들이다. 우리 마음속에 한 번 그와 같은 부정적인 감정들이 자리하면 웬만해서는 생기가 빠져나가는 것을 막을 길이 없다. 그런 상황이 계속 이어지다 보면 몸에도 이상이 나타난다. 그것이 신체화 증상이다.

서명훈 씨(가명, 38세)는 평소 자신이 감정적인 사람이라고 생각해본 적이 없다. 그렇다고 "당신은 무미건조하고 재미없기가 돌덩이 같은 사람"이란 아내의 말에 동의하는 것은 아니었다. 그도 나름대로 희로애락의 감정을 느낄 줄은 알았다. 다만 밖으로 드러내지 않는 것뿐이었다. 회사 일이 잘 풀리지 않으면 불안하고 우울할 때도 많았다. 때로는 그의 화를 돋우는 일도 적지 않았다.

하지만 그는 자신이 그 모든 감정을 잘 통제해오고 있다고 믿었다. 불안하고 우울하고 화가 난다고 해서 그것을 겉으로 팍팍 드러낸다는 것은 그에게 있을 수 없는 일이었다. 한마디로 남자답지 못했다. 그리고 감정적으로 행동하다가는 자신의 패를 남들에게 읽히는 낭패를 당할 수 있었다. 그건 사업하는 사람으로서는 최악의 수를 두는 것이었다. 포커페이스, 무엇보다 포커페이스가 중요했다.

친구들 중에는 더러 감정적으로 좌충우돌하는 타입이 있었다. 그들은 사는 게 힘들다, 요즘 같아선 우울하고 불안해서 앞이 안 보인다, 어디 아무도 없는 곳에 가서 이 꼴 저 꼴 안 봤으면 좋겠다, 하고 푸념을 늘어놓았다. 그런 친구들일수록 여자 문제를 일으키거나 해서 험한 꼴을 봤다. 나중에 왜 그랬느냐고 물어보면 편하게 하소연할 상대가 필요했노라고 주장했다. 술만 마셨다 하면 아무한테나 욕설을 퍼붓고 물건을 부수고 하면서 주사를 일삼는 친구도 있었다.

그는 내색은 하지 않았지만 내심 그런 친구들을 경멸했다. 자기감정 하나 다스릴 줄 몰라서야 남자라고 할 수가 없었다. 적어도 이 험한 세상에서 남한테 우스운 꼴 안 보이고 성공하고 싶다면 감정을 앞세우면 곤란했다.

그러던 어느 날, 사업상 아주 중요한 사람과 미팅을 하게 되었다. 회사의 미래가 걸려 있다고 해도 과언이 아닌 자리였다. 그런데 그만, 식사를 하는 도중에 음식이 목에 걸려 넘어가지도 않고 그렇다고 뱉을 수도 없는 상황에 놓이고 말았다. 너무도 갑자기 일어난 일이라 그의 당혹감은 이루 말할 수 없었다. 간신히 수습은 했지만 더 큰 문제는 그다음에 일어났다. 또 그런 일이 일어날까 두려워 사람들 만나는 것 자체가 고역이 되고 만 것이다.

그 두려움은 점점 커져 이제는 비행기나 차를 타는 일조차 잘할 수가 없었다. 운전을 하여 고가도로를 지나가거나 다리를 건너갈 때면 자동차가 꼭 난간 아래로 떨어질 것만 같은 불안에 휩싸였다. 비행기 역시 날다가 추락하면 어쩌지 하는 공포가 한번 밀려오면 도저히 감당할 수 없는 지경이 되었다.

결국 그는 견디다 못해 상담을 받기에 이르렀다. 자신의 상태를 남들이 눈치챌까 봐 전전긍긍하던 중에, 우연한 기회에 선배가 먼저 공황장애로 상담치료를 받고 있다고 털어놓은 것에 용기를 얻었다. 그날 선배는 이렇게 말했다.

"너, 내가 이런 얘기하니까 이해가 안 되지? 그런데 알고 보면 우리처럼 사업하는 사람들치고 그 비슷한 일로 고생하지 않는 사람이 거의 없다더라. 다들 꽁꽁 숨기고 있어서 그렇지. 그런데 내가 상담을 받아보니까, 그게 숨기기만 할 일이 아닌 것 같아서 너한테도 말해주는 거야. 내가 죽을 뻔하다 살아나보니까 알겠더라. 그러니 너도 조심해. 문제가 있으면 나처럼 키우지 말라는 뜻이야."

그제야 서명훈 씨는 선배에게 자신이 처한 상황을 털어놓고 도움을 구할 수 있었다.

그의 문제는 지나치게 감정을 억압한 것이 원인이었다. 물이 고이면 썩는 것처럼 감정도 마찬가지다. 환기가 안 되면 마음에 차곡차곡 억누르기만 해왔던 감정이 썩기 시작한다.

우리의 뇌는 한 번 입력된 정보는 그것이 해결되지 않으면 자신이 의식을 하든 안 하든 거기에 매달리게 되어 있다. 마치 음식에 체하면 아무것도 할 수 없는 상태가 되는 것이나 마찬가지다. 우리가 소화불량이 되면 어떤가? 음식만 먹지 못하는 것이 아니라 온몸이 아프다. 기의 흐름이 막히기 때문이다. 그런 것처럼 감정도 제때에 제대로 표출이 되지 않으면 마음속에 고여서 여러 가지 문제를 일으키게 된다.

서명훈 씨는 그것이 매우 중요한 미팅에서 음식이 목에 넘어가지 않는 형태로 나타났다. 그때의 경험으로 불안감이 증폭되면서 비행기나 자동차를 타지 못하는 증상으로까지 발전한 것이다.

더욱이 그는 평소 성공에 대한 불안 때문에 오히려 자신이 실패할지도 모른다는 두려움을 더 크게 느껴온 것으로 드러났다. 지금까지는 내가 성공한 모습만 보였는데, 앞으로도 계속해서 성공해야 하는데 만약 실패하면 어쩌지, 하는 불안감이 너무 컸던 것이다.

그와 같은 불안과 두려움이 불면증이나 공황장애와 같은 신체화 증상으로 나타나는 이유는 무엇일까? 그것은 우리의 감정이 뇌에서만 일어나는 것이 아니라 우리 몸 전체에서 일어나기 때문이다. 그렇다고 부정적인 감정만 몸으로 나타나는 것이 아니다. 행복하고 즐거운 감정도 몸으로 나타난다.

예를 들어, 연애할 때를 떠올려보면 그것을 알 수 있다. 그때는 사랑하는 사람의 목소리만 들어도 가슴이 설레면서 심장이 마구 뛴다. 사랑이라는 감정이 내 몸에 변화를 일으키는 것이다. 그 사람을 만나러 가는데 갑자기 배가 뒤틀리는 건 사랑이라는 감정에 약간의 두려움과 긴장이 더해지기 때문이다. 그처럼 우리가 느끼는 감정은 우리의 몸에도 똑같이 영향을 준다.

물론 감정을 아주 잘 숨기는 사람들도 있다. 그러나 자세히 들여다보면 그들도 손이 떨린다든지, 몸의 자세를 바꾼다든지 해서 감정을 드러내곤 한다. 즉, 우리 몸 자체가 감정을 느끼는 도구이자 감정을 표현하는 도구인 것이다.

감정이란, 한마디로 말하면 우리 내부나 외부에서 경험하는 일에 대해서 인지와 생리현상이 서로 뒤섞여 일어나 그것이 내게 어떤 의미가 있는지 그리고 어떻게 대처해야 하는지를 가르쳐주는 뇌의 기능이라고 할 수 있다. 다시 말해, 감정이 몸에 영향을 주어 반응이 일어난 다음에 생각이 생겨나는 것이다. 그래서 정신의학에서는 감정을 더 중요하게 생각한다. 일차적이고 본능적이기 때문에 더욱 명백하게 한 개인을 알 수 있기 때문이다.

예를 들어, 난 A라는 사람이 무섭다. 그러면 그 무서운 감정이 당장 내 몸에 영향을 미쳐 그 사람을 보면 등골이 오싹해지곤 한다. 하지만 내가 사회생활에서 성공하려면 그런 내색을 하면 곤란하다. 그러므로 나는 인간관계에서는 그 사람에게 더 복종하고 잘해주려고 한다. 그런 경우 나는 의식의 세계에서는 단순히 그 사람을 두려워한다고 생각한다. 하지만 그 사람을 볼 때마다 느껴지는 내 몸의 고통은 내가 그 사람을 싫어한다는 것을 알려주고 있다.

불면증이나 공황장애의 증상들 역시 의식적으로는 "난 힘들지 않아"라고 생각하고 있지만 감정적으로는 불안과 두려움을 느끼고 있다는 신호가 몸으로 나타나는 것이다.

언젠가 성공에 대한 욕구가 너무 강해서 힘들다고 찾아온 사람이 있었다. 일을 시작하기가 어렵고 그래서 하루 종일 집 안 청소나 하고 있다는 것이었다. 상담을 하면서 그게 성공에 대한 두려움이라는 것을 알고 난 후 그가 이런 말을 했다. "성취에 대한 욕심에 불안감이 깃들면 그게 강박증이 되는군요." 그래서 부연 설명을 해주었다. 강박증이란 감정이 내 마음대로 안 되니까 행동으로나마 정리정돈을 하고 싶어 하는 마음 때문에 생겨나는 것이라고.

감정을 잘 다스리는 첫 번째 방법은 자신의 감정을 잘 아는 것이다. 아니, 내 감정을 내가 모를까 싶지만 진짜 문제가 되는 감정일수록 꽁꽁 숨어 있는 경우가 많기 때문이다.

어떤 사람이 소화가 잘 안 되는 증상으로 응급실을 찾아와 소화제를 달라고 했다. 그런데 소명감 넘치는 인턴이 보기에, 이분은 소화 장애가 아니라 심장이 문제라는 생각이 들었다. 두 기관에 문제가 생길 때 보이는 증상이 아주 비슷해서 헷갈리는 경우가 생각보다 많기 때문이다. 그래서 심장 검사를 권유했는데 불행하게도 환자가 검사 도중에 사망하고 말았다. 보호자로서는 그 황망함이 이루 말할 수 없었을 것이다. 그러니 쓸데없는 검사를 권한 인턴을 원망해서 그를 육탄 공격하는 사태까지 이어졌다. 그런데 나중에 밝혀진바, 그 인턴이 생각한 것처럼 환자는 심근경색이었고 심장에 분포하는 혈관들까지 다 막혀 있는 상태였음이 나타났다. 의료계에서는 제법 잘 알려진 일화이다.

그런 것처럼, 우리에게 문제를 일으키는 진짜 감정은 깊이 숨어 있거나 다른 증상으로 전환되어 나타나는 경우가 많아 스스로 알기가 쉽지 않다. 나는 그런 경우 자신에게 일어난 일을 한번 육하원칙에 따라 적어보고 그때 느끼는 감정의 강도가 0에서 100 사이의 어디쯤인지 평가하는 과정을 거쳐볼 것을 권유한다. 그런 감정을 느끼기 전에 자신에게 떠오른 생각과 기억들을 자유롭게 적어보라고도 한다. 그러면 처음에는 모르겠다고 하던 사람들도 서서히 자신의 감정에 대해 알게 되었다고 털어놓는다.

또한 우리가 감정을 억압하지 않고 제대로 다스리고 표현하기 위해서는 무엇보다도 언어가 중요하다. 언어를 통해 자신의 느낌을 좀 더 풍요롭게 기술하는 경험을 체득한다면 굳이 감정을 억압할 필요가 없는 것이다. 마치 창문을 열어 방 안에 고여 있는 공기를 바꾸듯이 마음도 말을 통해 일종의 환기를 시키는 셈이다. 산에 가서 '야호오오' 외치기만 해도 속이 다 시원해지는 것도 그러한 이유에서다. 말이 어려우면 쓰면 된다. 그런 의미에서 일기는 정말 좋은 치료 방법 중 하나다.

그렇게 하는 것이 중요한 이유 중 하나는 부정적인 감정, 특히 불안이나 우울이 깊어지면 좌뇌의 기능이 약화되기 때문이다. 그럴 때 언어로 표현하면 좌뇌의 기능이 다시 활성화하면서 현실 적응능력이 회복된다. 즉, 내 안에 다시 생기를 불어넣게 되는 것이다. 그리하여 내 안에서 밝음과 따뜻함, 부드러움과 유쾌함, 장난스러움과 호기심을 되살린다면, 삶은 그만큼 활력 넘치게 될 것이다.

인간관계에 필요한 적절한 온도

젊을 때 나는 일중독에 가까운 타입이었다. 심지어 뭔가를 먹는 시간이 아까운 경우도 많았다. 그런가 하면 내 주위에는 프로젝트를 끝내는 동안 자리에서 일어나는 것은 오로지 주문한 음식을 배달 받을 때뿐이라고 하는 사람도 있었다. 때로는 그 시간조차 아까워 며칠분을 한꺼번에 주문한다고 해서 나보다 더한 사람도 있구나 싶기도 했다. 이렇다 보니 나는 '맛집 순례'를 다닌다는 사람들을 선뜻 이해하기도 어려웠다.

그러던 어느 날, 아이들과 대화를 나누다가 외할머니에 대한 추억에 관해 들을 기회가 있었다. 아이들은 어릴 때 외할머니께서 해주시던 맛있는 음식이 지금도 가장 그립다고 해서 내심 놀랐다. 나중에 아이들이 나(엄마)에 대해 추억할 음식이라고는 라면밖에 없겠다는 생각이 들어, 뒤늦게 요리에 관심을 갖게 되었다.

그러면서 새삼 음식이 인간관계에 미치는 영향력에 대해서도 다시 생각하게 되었다. 예를 들어, 맛있는 음식을 함께 나누어 먹으면서 화를 내기는 정말 어렵다. 얼마 전 한 지인에게서 들은 이야기다. 그가 하는 일 중 하나가 각 분야의 전문가들을 모아놓고 합의점을 찾는 것인데 그게 쉽지 않다고 했다. 다들 자기네가 옳다고 서로 으르렁거리기 때문이라고. 고민 끝에 지인은 일단 그들을 소문난 맛집으로 데려가기로 했다. 그런데 맛있는 음식이 앞에 놓이자 정말 분위기가 많이 누그러지면서 비로소 대화에도 진척이 생기기 시작하더라는 것이었다.

언젠가 지인의 초대로 정갈한 음식을 만드는 사람을 만난 적이 있다. 그의 음식을 먹으면서 정말 음식이 살아 숨쉰다는 것을 느낄 수 있었다. 그런 내 생각을 표현했더니 그가 자신의 요리 철학을 들려주었다. 그는 음식을 만드는 데 가장 중요한 요소로 '신선한 제철 재료, 간, 온도 그리고 음식을 먹는 사람들에 대한 고마움'을 꼽았다.

그의 이야기를 들으면서, 그 네 가지가 무릇 음식을 만들 때만 필요할까 싶었다. 삶이나 인간관계에서도 마찬가지라는 생각 때문이었다. 다만 온도에 있어서만은 음식의 온도와 인간관계의 온도가 조금 다를 뿐이다. 흔히 음식은 '불맛'이라고 하는 것처럼, 뜨거운 음식은 뜨겁게, 찬 음식은 차게 먹어야 제맛이 난다. 하지만 인간관계에서는 뜨거울 때와 차가울 때가 너무 극명하면 문제가 생겨난다. 분노로 뜨겁다가 냉정함으로 차가워지는 것을 반복하다 보면 소비되는 에너지가 너무 많다. 날씨가 추워 보일러를 틀 때도 집 안 온도를 늘 일정하게 맞추어놓는 것이 에너지 손실이 가장 적다고 한다. 그런 것처럼 마음도 인간관계도 일정하게 적절한 온도를 유지할 때 우리는 에너지 손실을 그만큼 줄일 수 있다.

그렇다면 어떤 인간관계가 그처럼 적절하게 일정한 온도를 유지하는 관계일까? 아마도 오랜 친구와의 우정이 아닐까 싶다. 사실 정신의학적으로 연애는 스트레스에 해당한다. 일단 연애는 불에 델 듯이 뜨겁기는 하지만 불안하다. 아무리 서로 사랑하는 사이일지라도 '과연 상대방이 내가 원하는 순간에 원하는 만큼 나를 사랑해줄까' 하는 의구심에서 벗어나기 어려운 것이 연애다. 어느 작가의 표현처럼 '부디 내가 아닌 그가 나를 더 사랑하게 해주소서' 하고 기도하게 되는 것이 연인의 마음이기도 하다. 어찌 하루하루가 스트레스가 아닐까.

그러나 오랜 우정에는 그런 스트레스가 없다. 맛으로 치면 언제 먹어도 질리지 않는 담백한 맛에 해당한다. 무엇보다 그런 친구와의 관계에는 언제 만나도 나를 있는 그대로 받아줄 것이라는 신뢰가 있다. 따라서 편안하다. 그리고 힘든 일이 있을 때 친구는 서슴없이 손을 내밀며 우리 힘을 합쳐서 이 곤경에서 벗어나 앞으로 나아가자는 희망을 준다. 즉, 깊은 우정에는 신뢰와 평안함 그리고 희망이 함께한다. 덕분에 너무 뜨겁지도 차갑지도 않게 일정한 온도를 적절하게 유지해나간다. 한마디로 에너지 손실도 가장 적은 관계인 것이다. 물론 그런 우정은 아무나 가질 수 있는 것은 아니다. 삶이나 인간관계에서 무엇보다도 '항상심恒常心'을 잃지 않으려는 노력이 있어야 가능하기 때문이다.

언젠가 내 글을 읽고 누군가 질문을 해왔다. "그런데 연애하지 않고 지내도 마음의 온도가 차가우니 어떻게 하면 되죠?"라고. 나는 그에게 "우정은 단지 인간관계에서만 찾을 수 있는 것이 아니라 내가 좋아하는 책, 음악, 반려견, 반려묘, 반려식물에서도 찾을 수 있다"는 의미의 말을 해주었다. 그런 관계는 어렵지만 노력한다면 반드시 보답이 따르는 것이기도 하다.

무례함에 대처하는 자기만의 방식 찾기

사람은 삼차원적인 존재이다. 따라서 신체적으로 시간이나 공간에서 '나만의 것'을 소유하고 싶어 한다. 즉, 나만의 시간, 나만의 공간이 필요한 것이다. 심리적 공간도 필요하다. 심리적 공간이란 소중한 존재로서 인정받고자 하는 심리를 의미한다. 문제는, 그것이 신체적이든 심리적이든 상대의 눈에는 보이지 않는다는 것이다. 그래서 우리는 의도하든 의도하지 않든 간에 서로의 공간을 넘나든다. 그렇게 넘나드는 정도가 내가 참을 수 없는 상황에 이르기도 한다. 그리고 바로 이 지점에 이를 때 우린 서로가 상대방을 무례하다고 느끼게 된다.

이처럼 무례함 역시 상호작용에서 생겨나는 것이라면 우린 대체로 어떤 경우에 상대방이 무례하다고 느끼게 될까? 신체적 공간에서는 나의 위치적 공간, 즉 물리적 공간을 침해하는 경우를 들 수 있다. 내 경우 과거 종합병원에 근무할 때 선배가 복도에서 만나면 반갑다고 내 얼굴을 손가락으로 쥐어 잡는 행동을 했을 때 너무 당혹스러웠다. 지나가는 환자나 보호자들 앞에서 부끄러움을 넘어 수치스럽다는 감정까지 느껴졌지만 감히 선배에게 뭐라고 할 수 없었다. 그 얘기를 지인에게 했더니 자기도 그런 경험이 있다고 했다. 엘리베이터 안에서 오랜만에 만난 선생님이 자기 이름을 부르면서 껴안는데 너무 당혹스러웠다는 것이다. 요즘 사회적으로 이슈가 되고 있는 미투도 일부는 여기에 해당한다고 할 수 있다. 자기는 반갑다고 하는 행동이 상대에게는 내 물리적 공간, 신체적 공간을 침해하는 무례한 행동이 될 수 있다는 것을 서로가 이해하는 것이 중요하다.

시간적 무례함은 힘들다고 아무 때나 전화해서 도움을 청하는 사람과의 경험을 예로 들 수 있겠다. 자신은 힘들어서 연락했다지만 나로서는 그때 출근하기 위해 운전 중이거나 강의 중이거나 진료 중인데 말이다. 그리고 나중에 알고 보면 그렇게 시급한 문제가 아닌 경우가 더 많다. 요즘은 사회적으로 조금 조심스러워진 것 같지만 과거에는 시도 때도 없이 전화나 문자로 업무 지시를 내리는 상사 때문에 힘들다고 찾아오는 사람들도 있었다. 이때 상사는 자기가 대단히 일을 열심히 한다고 생각해서 거기에 호응하지 않는 상대를 게으르거나 열정이 없다고 비난하는 경우가 많았다.

가장 문제가 되는 것은 역시 심리적 공간의 침해이다. 그리고 그 요인은 주로 상대방에 대한 존중과 배려가 부족한 경우에 생겨난다. 더욱이 존중과 배려의 방식이 사람마다 얼굴이 다르듯이 다르다는 것도 문제이다.

우리는 흔히 내 마음과 상대의 마음이 같을 거라고 생각해서 내 본위로 행동하는 경우가 많다. 많은 사람들 앞에서 지적을 하거나 비난을 하거나 하면서 말이다. 어떤 임원은 직원이 버릇이 없어서 견딜 수 없다고 찾아왔다. 회의 석상에서 그 친구에게 프로젝트에 대해 몇 번 지적을 했더니 불쑥 일어나서 나가버리더라는 것이다. 어떻게 그럴 수 있는가. 내가 그 나이 때는 감히 생각도 못했던 일이라면서 그는 화를 냈다. 그래서 꼭 그렇게 상대에게 공개적인 석상에서 지적을 했어야 했나 물었더니, 한참 생각하다가 자기도 조금 지나친 것 같다고 인정했다.

인간관계에서 무례함이라는 기준은 정말 그 경계선을 긋기가 어렵다. 그리고 상식적으로 무례한 행동을 하는 사람들은 자기는 절대 그렇지 않다고 생각하는 경우가 대부분이다. 그러므로 인간관계에서 이 무례함과 연관되는 갈등은 계속될 수밖에 없을 것이다.

그러면, 내 견지에서 무례하다고 느끼는 경우 어떻게 대처해야 할까?

첫 번째는, 내가 그 시점에 상대에게 원하는 것만 간결명료하면서도 부드럽고 단호하게 말하는 것이다. 나를 포함해서 사람들은 갈등이 일어나는 것을 싫어해서 대부분 참고 넘어가는데, 그러면 나는 불쾌하고 상대는 전혀 자신의 행동을 돌아볼 기회가 없다는 문제가 생겨난다. 그렇다고 이의를 제기하면 상대는 그것 또한 자신의 문제라고는 생각하지 않고 이쪽이 예민하다고 생각한다. 그러니 불필요한 감정의 낭비 없이 내가 원하는 것만 전달할 필요가 있다.

두 번째는, 무시하는 것도 한 방법이다. 예를 들어 시도 때도 없이 전화하는 사람이 있다면, 그 전화를 받지 않는 것이다. 물론 이런 경우 상대가 내 뒤에서 욕을 한다는 것 정도는 각오해야 한다. 나도 그런 경험이 있다. 하도 시도 때도 없이 연락을 하는 사람이 있어서 콜백을 안 했더니 여기저기 내 욕을 하고 다닌다는 이야기를 전해 들었다. 하지만 그런 뒷담화를 듣는 편이 내가 그 사람과 직접 부딪치는 것보다는 에너지가 적게 든다고 생각하고 넘어가기로 했다.

세 번째는, 매일 마주치면서 무례함을 경험하는 사람들에게는 오히려 더 이쪽에서 존중하는 태도를 보여주는 것이다. 예를 들어 아무한테나 반말을 하거나 욕을 하거나 삿대질을 하거나 하는 사람들을 만나는 경우, 오히려 존칭어를 쓰면서 더 정중하게 내가 원하는 것을 전달하는 방법이 있다. 요즘 경제가 어려워진 탓인지, 웃는 얼굴로 좋은 말을 하는 사람들보다 험악한 얼굴로 어떻게 하면 상대의 마음을 더 상하게 할지 노력하는 것 같은 표정의 사람들을 만나는 경우가 더 많다. 그럴 때, 먼저 웃는 얼굴로 존중하는 태도를 보이면 상대도 시비하려다가 그만두는 경우를 많이 본다.

네 번째는, 내가 문제가 아니고 무례한 행동을 하는 상대가 문제라는 점을 명확히 하는 것이다. 무례한 일을 당하고 나면 그 경험 자체보다도 내가 상대에게 그렇게 우습게 보였나 하는 자기모멸감이 더 커서 힘든 경우가 많다. 그러므로 이때는 무례한 행동을 하는 상대가 문제라는 것을 명확하게 해둘 필요가 있는 것이다. 그리고 그도 언젠가는 자신보다 더 무례한 사람을 만나서 더 크게 당할 것이므로 복수(?)는 꼭 내가 할 필요가 없을지도 모른다. 인생에서 천적은 늘 존재하므로.

물론 이 모든 것은 내 선택의 문제이다. 무례함을 참지 못해 상대가 조금이라도 그런 모습을 보인다는 생각이 들면 꼭 싸운다는 사람도 있다. 그러는 편이 자기는 낫다고. 그렇다면 하고 싶은 대로 하면 된다. 다만 그런 경우 대부분 상대는 오히려 이쪽이 무례하다고 생각해서 더 난폭하게 나올 가능성이 크다는 점은 염두에 두는 것이 좋겠다. 내 경우에는 내 마음의 에너지를 그런 식으로 낭비하는 것이 아깝다고 생각하는 편이라 나만의 방식을 따르는 것뿐이다.

성공적인 대인관계를 위한 몇 가지 제언

김진우 씨(가명, 30세)는 남들이 싫은 소리 하는 것을 못 견딘다. 아주 사소한 비난이나 지적도 자신의 인격 전체를 모독하는 것으로 받아들이는 탓이다. 덕분에 그의 인생 목표는 한 가지에 초점이 맞추어져 있다. 이 세상 모든 사람들로부터 인정받는 것. 누구를 만나든 그가 자신을 기억해주고 좋은 인상을 받고 "참 괜찮은 사람이야" 하고 칭찬해주기를 갈망한다.

모두에게 좋은 평판을 들으려다 보니 이편에서 마음에 없는 말을 할 때도 많다. 때에 따라서는 서슴지 않고 이중적이고 위선적인 행동을 할 때도 적지 않다. 그냥 앞만 보고 달릴 때는 별문제가 되지 않는다. 하지만 어쩌다 잠 안 오는 깊은 밤, 자기 성찰의 순간이 주어지면 얘기가 다르다. 자신의 이중적인 행동이 너무 형편없고 쓰레기처럼 느껴지는 것이다.

만나는 사람마다 잘 보이려고 쓸데없이 아첨하는 자기 모습을 돌이켜봐야 하는 일은 또 얼마나 씁쓸하고 쓸쓸한 일인지. 그때마다 마음을 휘젓는 죄책감과 자기혐오의 감정을 느껴야 하는 것도 너무 싫다.

그런 순간이면 '그래, 이제부터는 나도 좀 달라져야지. 남들 평판, 그깟 게 뭐라고. 적어도 지금처럼 날 다 내던져가며 목숨 걸 일은 아니지. 그냥 나 살고 싶은 대로 맘껏 살아가는 거야. 남들이 무슨 아랑곳이야!' 하며 굳은 결심을 할 때도 있다.

하지만 그 결심을 실천에 옮긴 적은 아직 없다. 막상 사람들을 만나면 여전히 주목받고 인정받기 위해 안간힘을 쓰는 본래의 (?) 자기 모습으로 돌아가고 마는 것이다. 결국 견디다 못한 그는 상담을 받기에 이르렀다.

우린 누구나 남들로부터 좋은 평판을 듣고 싶어 한다. 하지만 매순간 모든 사람들에게 좋은 평판을 얻기는 어렵다. 정신적으로 건강한 사람은 그 사실을 좀 더 쉽게 받아들인다. 덕분에 때때로 그런 평판을 듣지 못한다 해도 별로 마음 쓰지 않는다. 인간이 지닌 다양성과 모순을 이해하고 있을 뿐 아니라 이 세상에 완벽한 사람은 없다는 사실 역시 잘 알고 있기 때문이다. 반면에 노이로제인 사람은 남들의 평판이나 인정에 목숨을 거는 경향이 있다. 김진우 씨의 사례가 그 전형을 보여준다.

지난여름 태풍이 지나간 다음의 일이다. 산책을 하다가 흥미로운 사실을 발견했다. 갈대 같은 나무는 손상이 덜했는데, 평소 크고 곧게 뻗어 있던 나무들이 뿌리째 뽑혀 있었다. 그 모습을 보면서 아마도 갈대는 바람이 부는 대로 순응을 잘해서 태풍에도 살아남지만 곧은 나무들은 융통성 없이 곧기만 하다 보니 태풍에 통째로 무너진 게 아닌가 싶었다.

우린 흔히 갈대는 줏대 없는 사람, 소나무는 줏대 있는 사람에 비유한다. 그것을 주제로 한 교훈적인 이야기도 적지 않다. 그런데 사실은 갈대는 순응을 잘 하는 사람, 소나무는 융통성이 없는 사람으로 보는 관점도 필요하다.

순응을 잘하고 융통성이 있는 사람은 위기의 순간에 그것이 자기 삶에 일어날 수 있는 일임을 받아들인다. 반면에 그렇지 못한 사람들은 그 순간 무너지면서 수치심과 열등감으로 자기를 망가뜨리는 길을 택한다.

그 정도까지는 아닐지라도, 우린 누구나 대인관계에서 조금씩 문제를 겪는다. 단지 그 문제 앞에서 노이로제적인 경향을 덜 노출하려고 애쓰는 것뿐이다. 그리고 변화하려고 노력한다. 그러기 위한 몇 가지 방법에 대해서 알아보기로 한다.

1. 인간관계의 기본은 협상과 타협

흔히 '협상과 타협'이라고 하면 비즈니스의 세계를 떠올린다. 그러나 인간관계에도 협상과 타협은 필요하다. 얼핏 그런 것이 필요 없을 것 같은 부부 사이, 부모 사이에도 하루에도 몇 번씩 크고 작은 협상이 이뤄지고 있지 않은가. 일방적으로 주기만 하거나 받기만 하려는 관계에서는 문제가 생겨날 수밖에 없다. 따라서 협상과 타협을 통해 상호이익을 도모할 필요가 있는 것이다. 인간관계는 서로 주고받는 것이 균형이 맞을 때 비로소 제대로 유지된다. 내가 상담에서 주로 사용하는 방법 중의 하나. 자신이 상대방에게 주고 싶은 것 세 가지, 받고 싶은 것 세 가지를 말하고 그것을 과연 주고받고 싶은지 토론하게 하는 것이다.

인간관계에 협상과 타협이 필요한 또 한 가지 이유는 서로의 경계를 존중해주기 위해서다. 수묵화도 여백이 있어야 운치가 있듯이 사람 사이에도 일정한 여백과 경계가 필요하다.

정신의학 용어에 '조하리 창Johari's window'이란 것이 있다. 이 이론에 따르면 인관관계에는 네 가지 창이 있다. '나도 알고 너도 아는 창', '나는 알고 너는 모르는 창', '너는 알고 나는 모르는 창', '나도 모르고 너도 모르는 창'. 타협과 협상을 하면서 그동안 서로가 주고받은 행동과 말을 살펴보면 무엇이 이 네 개의 창에 해당하는지 분명하게 드러나는 경우가 많다. 그러니 서로를 이해하기 위해서도 협상과 타협이 필요하다. 그리고 그 과정을 통해 서로의 이야기를 들을 수 있는 능력을 키워나갈 수도 있다.

2. 약점은 숨기지 말고 드러내라

우린 누구나 나만의 비밀스러운 약점이라고 여기는 일은 꽁꽁 숨기려고 한다. 그래서 혹시라도 누가 그걸 알까 봐 조바심

낸다. 하지만 웬만한 약점은 막상 드러내놓고 보면 별것 아닌 경우가 대부분이다. 그러므로 혼자서만 약점을 갖고 있다고 여기고 그 비밀스러움 때문에 고민하지 말자. 탁 터뜨리고 나서 의연하게 살아간다면 그편이 훨씬 용기 있는 행동으로 존중받을 수도 있다.

또한 내 편에서 먼저 상처를 내보일 수도 있어야 한다. 물론 거기에는 아픔이 뒤따르지만 얻는 것도 클 수 있다. 상처받는 것이 두려워 혹은 상처를 내보여야 하는 것 때문에 내가 먼저 다가가지 못한다면 상대방과의 거리는 쉽게 좁혀지지 않는다. 단, 서로가 그것을 받아들일 수 있는 여건이 마련된 다음에 하는 것이 좋다.

3. 분노는 단호하지만 부드럽게 표현하라

분노는 매우 정상적인 감정이다. 자극을 받거나 위협당하거나 부당한 대우를 받으면 화가 나는 것이 당연하다. 따라서 분노의 감정을 부인하는 것은 옳지 않다. 단, 자신과 남을 파괴하지 않는 방법으로 그것을 표현하는 법을 배워야 한다.

화가 났을 때 그 자리에서 미친 듯이 분노를 폭발시키는 사람들이 있다. 이때는 적대감을 통제하기 어려우므로 자기로 인해 주변 사람들이 얼마나 상처를 입는지 따위는 아랑곳할 겨를이 없다. 더 큰 문제는, 그런 분노의 폭발이 일시적으로 긴장을 해소시키므로 습관화되기 쉽다는 것이다.

그런 행동을 하는 타입은 대개 작은 실망이나 사소한 계획의 실패 또는 일상생활의 약간의 불운에 대해서 과민하게 반응하는 경향이 있다. 때로는 과거에 경험한 좌절이나 열등감이 자기도 모르게 폭발에서의 촉매 역할을 할 때도 있다.

반대로, 아무리 화나는 일이 있어도 죽어라고 혼자 참고 마는 타입도 있다. 그런 타입 역시 자기 파괴적이고 나쁘기는 폭발형이나 진배없다.

분노의 감정을 올바로 다스리려면 화나는 감정을 표현하되 상대방을 비난하지 않고 표현할 수 있어야 한다. 예를 들어 "네가 어떻게 나에게 이럴 수 있니?" 하고 원망하는 대신 단지 "나는 지금 몹시 화가 나 있다"고 자기의 감정만을 표현하는 것이다. 그러면 분노가 복수심으로 이어지는 일은 줄어들 것이다.

분노를 통제하려면 타인이 화가 났을 때 자세히 관찰해보라는 말이 있다. 미국 작가 크리스 보잘리언은 자신의 책 《이중구속》에서 "실제로 적의는 그리 강력하지 않다. 하지만 대개 자신의 크기가 적의의 크기를 결정하기 마련이다. 적의는 거울 속에 비추인 자신의 모습만큼 다가온다"고 썼다. 그러므로 화를 내기 전에 먼저 자신의 분노가 정당한 것인지 살펴볼 정도의 분별은 갖도록 노력해보는 것이 어떨까.

물론 어려운 주문이긴 하다. 그러나 감정도 이성과 마찬가지로 학습과 경험에 의해 얼마든지 향상되고 조절될 수 있다. 그러므로 분노의 감정 역시 건설적으로 수용하고 표현할 수 있도록 훈련하고 배워나갈 수 있다. 가장 효과적인 방법은 단호하지만 부드럽게 대처하는 것이다. 이 방법은 분노를 표현할 때나 수용할 때 모두 적용된다. 그리고 꼭 기억해야만 하는 것 하나는, 내가 지나치게 화를 표현하면 상대의 마음속에는 늘 내가 분노하는 사람으로 각인된다는 점이다. 눈으로 본 것이 귀로 듣는 것보다 더 강력하기 때문이다.

4. 내가 변화시킬 수 없는 것은 받아들여라

하루에도 몇 번씩 변하는 것이 사람의 감정이다. 그런데도 우린 상대방이 한결같이 내 맘에 들지 않는다고, 한결같이 내 기대에 따라주지 않는다고 화를 낼 때가 얼마나 많은지 모른다. 따라서 인간관계에서 내가 변화시킬 수 없는 것이 있단 걸 받아들이는 자세도 필요하다. 생각해보라. 왜 상대가 내가 원하는 대로 변화해야 한다고 생각하는지. 그건 나의 생각일 뿐이라는 것을 받아들이는 것이다. 그 대신 상대가 가지고 있는 긍정적인 면을 보도록 애써야 한다.

언제나 안 좋은 면만을 꼬집어서 불만을 터뜨리는 사람들이 있다. 그런 불평꾼은 어디서도 환영받지 못한다. 어두운 면보다는 밝은 면을 볼 줄 아는 사람이 대인관계에도 성공한다. 그리고 보려고 노력하면 그동안 보이지 않던 장점도 이윽고 보이게 되어 있다.

5. 개그맨이 될 필요도, 주도권을 잡을 필요도 없다

대인관계에서 자신이 모든 상황을 주도해나가야 한다는 생각 때문에 고민하는 사람들이 의외로 많다. 자기가 나서서 대화도 재미있게 이끌어나가야 하고, 아는 얼굴이 보이면 먼저 말을 건네야 하는 타입이다. 그들은 자기와는 상관없는 좌중의 침묵도 견디지 못한다.

그런 강박증이 대인관계를 더욱 힘들게 만든다. 개그맨이 되거나 좌중을 이끌어야 꼭 대인관계에서 성공하는 것도 아니다. 그런 책임감 때문에 아첨에 가까운 지나친 칭찬을 상대방에게 퍼붓는 사람들도 있다. 하지만 그래 봤자 상대방에게 부담감만 안겨줄 뿐이다.

우린 대부분 모임에 익숙한 문화를 갖고 있지 않다. 덕분에 그런 자리에선 누구나 어색함을 느끼게 되어 있다. 나만 그렇다고 고민할 필요가 없는 것이다.

누구의 인생에나 밀물과 썰물이 교차하듯이 대인관계도 잘될 때도 있고 안 될 때도 있는 법이다. 상대방의 잘못인 경우도 있고 내 잘못인 경우도 있다. 그러므로 모든 문제의 원인을 내 탓으로 돌려 괴로워하지 않는 것이 좋다.

6. 창의적인 문제 해결 방법을 알아둔다

우리한테 일어나는 문제는 그 중요도에 따라 우선순위가 다르다. 따라서 문제에 압도되지 말고 우선순위를 정해 하나씩 해결 방법을 모색해나가는 훈련이 필요하다.

문제 해결을 위해 가능한 한 많은 생각과 아이디어를 모을 때까지 비판이나 평가는 보류하는 것이 중요하다. 그럴 때는 억지로 갖다붙인 것 같은 비약이 심한 아이디어도 일단 다 수용한다. 때로 거기서 기막힌 발상이 나올 수도 있기 때문이다. 즉, 떠오르는 모든 생각을 다 모아보는 것이다. 처음부터 이것은 이래서 안 되고 저것은 저래서 안 된다고 하면 더 이상 진전이 이루어지기는 어렵다. 그런 다음 그 모든 아이디어들을 적고 생각들을 연결시켜가며 내용을 정리한다. 그 과정에서 유용하지 못한 것들은 제거하고, 구체적이고 측정 가능하며 현실적이고 시의적절한 해결책을 찾아내면 되는 것이다.

물론 쉬운 일은 아니다. 하지만 시작하고 노력하고 습관을 만들어나가다 보면 어느 순간 원하는 모습이 되어 있는 자신을 발견할 수 있을 것이다. 그리고 그 과정에서 경험하는 모든 것들에 대해 비판하거나 낙인을 찍지 말고 있는 그대로 받아들이는 자세도 필요하다.

7. 서로의 상처와 얼룩에 대한 연민과 관대함이 필요하다

우리가 인간관계를 필요로 하는 이유는 궁극적으로 인정받고 사랑받고자 하는 의존욕구를 채워나가기 위해서이다. 그것에 성공하기 위해서는 무엇보다도 인간에 대한 존중이 필요하다.

누구의 삶에나 아픔과 상처가 있다. 우리가 상대방에게 본의 아닌 상처를 입힐 때는 또 얼마나 많은가. 그러므로 할 수 있으면 우린 서로의 상처를 감싸주어야 한다. 바로 그 점을 이해하고 연민의 마음을 갖는다면 내 주변의 인간관계는 훨씬 따뜻해질 수 있다.

어느 조직에 모든 직원들에게 존경을 받는 임원이 있다. 그는 자기가 살아온 삶이 너무 지난해서 부하 직원이 실수를 하면 야단치기 전에 뭔가 그에게 사정이 있는 게 아닌가 싶어 대화를 한다고 했다. 그런 경우 대개 아이가 아프거나 부모가 편찮으시거나 등등의 말 못할 고민이 있는 경우가 많다고 했다. 그래서 잘못을 지적하거나 야단치지 않고 그 상황에 대해 위로해주고 격려해주면 다들 제자리로 돌아와 열심히 일한다는 것이다. 자기의 아픔을 잘 승화시킨 경우라고 하겠다.

영국의 여성 추리작가인 엘리스 피터스는 이런 말을 남겼다.

"우리 대부분은 각자 자기 나름의 얼룩들을 약간씩 갖고 있다. 아마도 그 때문에 우린 자기 이외의 신의 피조물들을 좀 더 관대하게 봐줘야 하리라."

170

그런 관대함이 가장 절실한 사람이 어쩌면 나일지도 모른다. 그리고 그렇게 생각하는 순간 우린 상대의 얼룩에도 관대해질 수 있지 않을까.

　　지금까지 이야기한 방법이 추상적이라고 생각하는 사람들도 있을 것이다. 임상에서도 더 구체적인 방법을 제시해달라는 요구를 받기도 한다. 그럴 경우 내가 하는 말이 있다. 사실, 나는 중고등학교 시절 수학 때문에 여러 번 어려움을 겪었다. 그리고 나중에야 그 이유를 이해했다. 첫째는 그 숫자들이 도대체 무슨 의미가 있는지, 내 삶과 무슨 연관이 있는지를 받아들이지 못했다. 그러니 재미가 없었다. 그래서 문제집을 풀다가도 바로 뒤의 해답을 보곤 했다. 물론 그때는 이해가 되었다. 하지만 시험을 보면 영락없이 내가 답을 본 그 단계부터 풀 수 없었다.

　　인생의 모든 문제가 그와 같다는 것이 내 생각이다. 인간관계 역시 마찬가지다. 결국 치열하게 부딪쳐가면서 경험하고, 그 경험을 토대로 성장해나가는 길만이 있을 뿐이다. 다만, 내가 앞서 이야기한 방법들은 그 길에 적절한 길라잡이가 되어줄 수 있다. 그것만으로도 도움이 되리라 믿는다.

4장

오늘도
그 인간 때문에
사표를 내고 싶은
그대에게

사람을 변화시키는 것은 논리적 설득이 아니라 감정이다.

그중에서도 상대방으로 하여금 인정받는다는 느낌,

존중받는다는 느낌을 갖게 하는 것은 대단히 중요하다.

한마디라도 개인적으로 관심을 나타내주면, 상대방은 그것만으로도

자신이 존중받는다고 느끼게 마련이다.

상사와 제대로 한판 붙는 법

좌충우돌, 앞뒤를 잘 안 가리는 김 대리는 오늘도 부장하고 한판 붙었다. 평소 자주 앙앙불락하는 두 사람이지만 그동안의 싸움은 대개 부장의 "네가 부장이야, 이사야? 너 그렇게 똑똑하면 너 혼자 다 해먹어라!" 하는 일갈로 끝이 나곤 했다. 그리고 얼굴이 벌겋게 된 부장이 씩씩대며 자리를 박차고 먼저 나가버리면 그만이었다.

그나마 두 사람 다 뒤끝이 없는 성격이고 같은 학교 선후배 출신으로 평소 인간적인 정을 나누어오고 있는 덕분에 그 정도로 끝나곤 했다. 아마 그렇지 않았다면 벌써 못 볼 꼴을 보고 말았으리라는 것이 주변의 의견이었다.

그런데 오늘은 양상이 좀 달랐다. 김 대리가 문제점을 조목조목 따져가며 부장을 지나치게 코너로 몰아붙인 것이다. 아마 그렇게 하면서 김 대리는 자기의 능력에 내심 쾌재를 불렀을지도 모른다. 하지만 그런 일이 계속된다면 그의 회사 생활은 불편하기 짝이 없을 것이다. 그렇다고 할 말을 꾹 참고 살자면 그것도 할 짓은 못 된다. 더구나 나의 의견이 분명히 옳고 양심에 비추어 봐도 하자가 없는데도 단지 상사에게 찍힐까 봐 우물쩍하고 있으려면 갈등만 커진다. 비겁한 자신이 싫고 한심해 보이는 것은 말할 것도 없다.

어떻게 하면 마지노선까지 가지 않고 이편의 의견을 상사에게 제대로 전달할 수 있을까? 아마도 거의 모든 샐러리맨들이 한 번쯤 그런 고민을 해보았을 것이다.

자유스럽고 개방된 사고를 가진 상사는 부하 직원의 창의력과 개성을 존중한다. 그러므로 부하 직원들도 대개 허심탄회하게 자기 의견을 말하게 마련이다. 그러나 독선적이고 편협한 사고를 가진 상사라면 이야기가 다르다. 이런 타입이 윗자리에 앉으면 부하 직원들은 애초에 창의력이나 개성을 발휘할 여지가 별로 없다. 자칫 튀는 행동을 보였다가는 윗사람도 몰라보는, 즉 '장유유서'도 배우지 못한 버릇없는 인물로 낙인찍히기 십상인 것이다.

어떤 사람들이 독선적이 되는가. 자기 자신에 대해 자긍심보다는 열등감이 많은 사람들이다. 그런 상태가 길어지면 피해의식이 생겨난다. 그때부터 그는 안테나를 높이 세우고 남들이 자기를 무시하지나 않을까 늘 전전긍긍하며 살아간다.

그런 타입 중에는 자기 분야에서 능력 있고 머리 좋은 사람들도 많다. 열등감이란 것이 외적인 조건보다는 자기 내면에서 만들어내는 무의식의 소산인 경우가 많기 때문이다. 하지만 그들은 자신의 속마음을 남들에게 들키지 않으려고 부단히 노력한다. 덕분에 사회적으로 성공하는 데는 별 무리가 없다.

그들에게 높은 사회적 지위는 열등감을 보상할 수 있는 좋은 기회가 되어준다. 그러다 보니 그 자리에 앉으면 다른 사람의 비난이나 평가를 용납하지 못하는 사람이 되고 마는 것이다. 골치 아픈 건 그런 타입을 윗사람으로 두어야 하는 부하 직원들뿐이다.

그런 경우 부하 직원들의 반응은 몇 가지로 나뉜다. 첫 번째 부류는 상사의 독선과 아집을 무시하고 자기 할 일만 하는 타입이다. 그들은 상사가 무슨 이야기를 하든지 간에 대부분 아무 리액션 없이 묵묵히 듣기만 한다. 얼핏 보기에는 경청의 태도를 보이는 것 같다. 하지만 조금만 센스 있는 사람이 보면 상대방에 대한 비난을 무언에 깔고 있다는 걸 알 수 있다. 물론 이들에겐 처음부터 상사의 말을 실천할 의사도 없다고 보면 된다.

상사 입장에서 보면 그런 타입은 '면전에서는 고분고분한 것 같은데 실제로는 도무지 무슨 생각을 하는지 알 수 없는 인간'으로 분류되기 십상이다. 그래선지 이상하게 그런 상대방과 이야기를 하다 보면 자신도 모르게 더 흥분하게 되는 걸 어쩔 수 없다. 그러면 이번에는 그런 자신에게도 화가 나서 결국 큰소리를 내거나 안 그래도 될 분노를 터뜨리게 되니 미칠 노릇이다. 결국 둘 사이에는 눈에 보이지 않는 긴장과 갈등이 증폭되기 마련이다. 하지만 딱히 명분으로 내세울 만한 잘못이 서로에게 있는 것도 아니므로 마땅한 해결방법을 찾기도 어렵다.

두 번째는 모나지 않게 처신하는 데만 초점을 맞추는 경우다. 그런 타입 역시 상사의 독선이 말도 안 된다고 여길 때가 많다. 하지만 갈등에 직면하는 것이 싫어서 웬만하면 상사가 하는 말에 그대로 따르려고 애쓴다. 할 수 있으면 적절한 타이밍을 봐서 아부도 더러 한다. 처자식 먹여 살리려면 별수 없다고 생각하면서. 그래서 니체는 한마디 했다. '인간의 행동은 약속할 수 있으나 감정은 약속할 수 없다'고.

그렇다고 갈등이 아주 없는 것은 아니다. 가끔은 '그냥 한번 확 치받고 말아? 지가 어쩔 거야? 시말서 한번 쓰지 뭐' 하는 생각이 들 때도 있는 것이다. 물론 그가 실제로 행동에 나서는 경우는 없다. "좋은 게 좋은 거지 뭐"라는 게 그의 인생 캐치프레이즈이기 때문이다.

세 번째는 앞서 예를 든 김 대리처럼 참지 못하고 곧바로 붙는 타입이다. 매우 보기 드물긴 해도 실제로 아주 없지는 않은 케이스라고나 할까. 그런 경우 김 대리처럼 평소 상사와 허물없이 지내는 사이라면 그다지 큰 문제가 되진 않는다. 피차 뒤풀이를 통해 앙금을 씻어낼 수 있다는 걸 알기 때문이다. 그렇지 못한 경우에는 아무래도 적절한 대응법이라고는 할 수 없다. 사표를 써서 문서함에 저장해놓고 있는 경우라면 모를까.

상사에게 내 의견을 제대로 전달하려면 '부드럽지만 단호하게'가 목표가 되어야 한다. 절대로 상사를 비난하거나 상사가 열등감을 느낄 수 있는 표현은 피해야 한다. 예를 들어 "그게 아니죠" 내지는 "그것도 모르세요?"라는 식의 표현은 피해야 한다.

상사가 어떤 타입이든 대화법의 첫 번째 수칙은 상대방의 채널에 맞추는 것이다. 케네디식 대화법도 도움이 될 수 있다. 그는 늘 자기 주위 사람들에게 이렇게 말했다고 한다. "내가 본 것 중에서 단연 최고인데, 이것만 이렇게 하면 더 훌륭하겠어요"라고. 사람들은 누구나 비난받거나 자기의 모자란 점이 들춰지는 것을 좋아하지 않는다. 하물며 부하 직원에게 그것을 용납하는 상사는 없다. 그러니 일방통행 식으로 내 생각만 옳다고 주장했다가는 일이 꼬이는 것이 당연하다. 내 의견이 열 개라고 해서 다 말하는 것도 위험하다. 핵심만을 짚어 간결하게 말하되 요구 사항이 열이면 꼭 필요한 한두 가지만을 이야기해야 한다.

의견을 말한다면서 쓸데없이 자기 처지를 푸념하는 것도 옳지 않다. 상사는 아랫사람의 푸념을 자기에 대한 비난으로 받아들이는 경우가 많다. 그래서는 아무리 좋은 의견도 설득력을 가지기 어렵다. 자기 처지는 상사가 물어보기 전에는 말할 필요가 없다. 그리고 너무 자세하게 이야기하면 언제 어떻게 그 화살이 자기에게 돌아올지 모른다는 것도 염두에 두어야 한다.

결코 해서 안 되는 일은 앞서도 말했듯이 상대방의 아킬레스건을 건드리는 것이다. 자신이 민감하게 느끼고 있거나 콤플렉스를 느끼는 부분에 칼을 들이댔을 때 가만히 당하고 있을 사람은 없다. 그리고 무력감을 느끼고 상처 입은 상태에서 상대방의 의견에 동의하기는 어려운 일이다.

또 하나, 대화 중에 만약 상대방이 나의 동기를 이해하지 못한 눈치면 그것을 명확히 밝혀 오해를 피해야 한다. 아니면 나중에 더 큰 갈등으로 번질 소지가 많기 때문이다.

상대방이 상사이든 부하 직원이든 사과할 일이 생겼을 때는 과감히 사과하는 것도 소통을 원활하게 하는 하나의 비결이다. 그리고 사과를 받은 당사자는 뜸 들이지 말고 마음을 풀어버리는 것이 좋다.

"상대방의 사과는 처음에 받아들이라"는 말이 있다. 몇 번이고 사과를 하는데도 상대방이 받아주지 않으면 오히려 화가 나는 것이 사람 마음이다. 그렇게 해서 꼬인 관계는 웬만해서는 다시 좋아지기 어렵다. 그러니 서로가 적절한 타이밍에 사과를 주고받고 오해를 풀 수 있어야 하는 것이다.

지금까지 열거한 방법들도 성공하려면 한두 가지 전제가 필요하다. 첫째는 그것을 실천할 용기가 있어야 한다는 것이다. 다른 하나는 상사가 무능력하고 비열한 사람이 아니어야 한다는 것이다. 그래야만 부하 직원들과의 소통에 무게를 두고 관심을 기울일 것이기 때문이다.

직장에서 만나는 사람들을 내가 선택할 수는 없다. 운이 좋기만을 바라지만, 인생에서 그렇듯 직장에서도 운이 좋을 수만은 없다. 그리고 상사들 중에도 부하 직원의 눈치를 보는 사람이 많다는 것도 알 필요가 있다. 직원들에게 듣기 싫은 이야기를 하기 힘들어 빙빙 돌려 말하면서 왜 상대가 알아듣지 못하는가 고민하는 임원이 있는가 하면, 화를 내놓고는 곧바로 후회 모드로 돌입해 혼자 전전긍긍하는 임원도 있다. 어느 임원은 자기는 금요일에는 회의를 하지 않는다고 털어놓기도 했다. 야단치고 나서 주말 내내 그 친구가 나를 싫어하지나 않을까 고민하는 것이 싫기 때문이라고.

결론적으로, 직장에서 상사든 동료든 좋은 사람을 만나는 운도, 결혼이 그런 것처럼 얼마간 함께 지내보기 전에는 알 수 없는 것인지도 모른다.

후배들과 소통하고 싶은 부장님에게

기업에서 소통 문제는 임원들에게도 매우 중요한 일이다. 실제로 임원들 중에는 직원들과 소통하는 문제로 고민하는 사람들이 많다. 자신들이 직원일 때 롤 모델은 거의 정해져 있었다고 그들은 말한다. 카리스마로 무장하고, 화나면 책상 위에 있는 서류부터 집어 던지며 소리 지르고, 그러면서도 밀어줄 때는 화끈하게 밀어주는 그런 상사. 그래서 자신도 모르게 비슷하게 닮아가려고 한 적도 많았다고. 하지만 막상 자신이 그 자리에 오른 지금은 상황이 예전 같지 않다는 것이다.

"군림하고 장악하기보다 교감하고 소통하는 리더십이 더 중요하다는 것은 알겠습니다. 하지만 우리 때는 그런 쪽으로는 적당한 역할 모델이 드물었죠. 설령 있었다고 해도 인기가 있었다고 할 수는 없었고요. 카리스마 넘치고 화끈한 리더의 장악 능력이 훨씬 더 잘 먹혀들던 시절이었다고나 할까. 아무튼 지금과는 많은 것이 달랐습니다. 그러다 보니 그런 타입의 리더들이 훨씬 출세가 빨랐지요. 기질적으로 그렇지 않은 타입은 고민도 많이 했습니다."

어느 임원의 말이다. 그는 자신 역시 카리스마를 타고난 타입이 아니라고 했다. 그래서 더 있는 척하려고 노력한 적도 많았다고 했다. 그가 택한 방식은 일단 어떤 경우에도 감정을 드러내지 않는 것이었다고. 직원들에게도 꼭 필요한 말 이외에는 하지 않으려고 애썼다. 야단은 치되 칭찬하는 말은 자제했다. 자신의 권위가 손상되는 것을 막기 위해서였다.

"너희는 잘해주면 내 머리 꼭대기에 올라앉는 것부터 할 위인들이야! 그러니 나한테서 칭찬하는 말 따위 들을 생각은 꿈도 꾸지 마!"

그의 예전 상사가 자주 쓰던 말이었다. 임원이 되었을 때 그는 자신도 모르게 직원들에게 똑같이 하고 있는 자신을 발견했다. 갈등이 뒤따랐다. 그건 자기 스타일이 아니었던 것이다. 그렇다고 이제 와서 정체성을 찾는다는 것도 우습고, 또 그게 도움이 될지도 알 수 없으니 이래저래 혼란스럽기만 하다고 그는 말했다.

"대학 시절이나 연애 시절에는 재미있는 이야기도 많이 하고 또 나름대로 감동을 이끌어내는 일에도 아무런 어려움을 겪지 않았던 기억이 저한테도 있습니다. 그런데 지금은 그런 모습을 아예 찾아볼 길이 없는 것 같습니다. 한마디로 무감동하게 변해버린 느낌입니다."

그는 그나마 사물에 대해서는 풍부하게 관련된 느낌을 표현할 수 있다고 했다. 하지만 사람에 대해서는 그러기가 어렵다고 했다. 긴 시간 동안 차츰 딱딱하게 굳어서 이제는 완전히 돌덩이가 된 듯한 기분이라는 것이다. 그는 그런 자신을 다시 변화시키고 싶어 했다. 그러자면 감정을 표현하는 방법부터 다시 익혀야 했다.

이런 경우에는 먼저 자신의 감정을 풍부하게 하는 것에 관심을 기울일 필요가 있다. 무엇보다 인간관계에서 자신이 느끼는 감정에 솔직해져야 한다. 그런 다음에는 좀 더 많은 것을 느낄 수 있도록 자신을 놓아줄 필요가 있다.

인간의 감정은 크게 네 가지다. 즉, 두려움, 분노, 슬픔, 기쁨이며, 나머지 감정들은 이 네 가지 감정의 합성이다. 예를 들어, 걱정, 불안, 스트레스는 모두 두려움에서 나온 것이며 거기에 약간의 분노나 슬픔이 섞이는 식이다. 그러므로 미각을 훈련하기 위해서는 많은 것을 맛보아야 하듯이 자신의 마음속에 주로 어떤 감정이 느껴지는지 계속해서 살펴보는 것이 필요하다.

내가 느끼는 감정은 상대방도 똑같이 느낀다. 따라서 자신의 감정에 대해 알면 알수록 상대방의 감정도 이해가 가능하다. 그렇게 해서 감정에 대해 많은 것을 느끼고 이해할수록 더 자유롭고 유연하게 그것을 표현할 수 있게 되는 것이다.

어느 임원은 부하 직원이 자기보다 더 많이 아는 것 같으면 화가 나서 견딜 수가 없다고 했다. 그는 상담 중에 비로소 그 원인이 자신의 열등감 때문이라는 것을 알았다. 그리고 은연중에 부하 직원이 자기보다 뛰어나다고 인정받는 것이 두려웠다는 사실도. 그것을 알고 난 후에는 그 직원과의 관계가 조금은 편해 졌다고 했다.

한편 감정을 느끼는 것도 나 자신이므로 그것을 조절하는 능력도 나 자신에게 있다는 자신감을 갖는 것이 중요하다. 어색한 감정을 느끼는 것도 나 자신이지만 그것을 조절할 수 있는 것도 나 자신이다. 예를 들어, 긍정적인 감정을 느낄 때는 그것을 곧바로 크게 표현하는 연습을 해보는 것이다. 반대로 부정적인 감정은 느리고 천천히 그리고 작게 표현하려고 노력하면 된다. 마치 신체 근육을 훈련하듯이 마음의 근육 역시 훈련한다고 생각하면 좀 더 쉽게 목표에 이를 수 있을 것이다.

감정 표현에 뒤따르는 불안감을 없애고자 하는 노력도 중요하다. 흔히 남자들이 감정 표현에 어려움을 겪는 이유 중 하나는 자칫 감정을 드러냈다가 남들이 자신의 진짜 모습을 알게 될까봐 불안하고 두렵기 때문이다. 아마도 그것만큼 대부분의 남자들이 그다지 바라지 않는 일도 드물 것이다. 덕분에 그들은 더욱 더 감정에 무감각해져간다.

그러나 알고 보면 그건 거의 모두가 똑같이 느끼고 생각하는 바이다. 그러므로 어느 한쪽에서 먼저 내려놓을 필요도 있다. 특히 부하 직원과 소통하는 문제에서 그 효과는 매우 크다. 상사가 먼저 마음을 열고 감정을 표현하고 공감을 나누고자 할 경우 그것에 감동을 받지 않을 직원은 없다. 내가 늘 물은 위에서 아래로 흐른다고 강조하는 이유이다. 그러므로 감정 표현에 따르는 불안감을 떨치려는 노력이 필요하다.

특히 장차 더 비상하기 위해서는 그와 같은 불안감을 극복해야 한다. 예를 들어, 지금 표현조차 어려워하는 그 불안감을 한번 꺼내보라. 곰팡이가 햇빛을 보면 사라지듯이 그런 불안감은 표현되는 순간 사라지게 되어 있다. 앞서도 언급했듯이 그런 불안감은 나만이 아니라 상대방도 느끼는 것이다. 그러므로 상대방의 불안감을 없애주는 방법은 내가 먼저 다가가고 웃어주고, 격려해주고 칭찬해주는 것이다.

누구나 마음속에 따뜻함과 부드러움, 유쾌함과 장난스러움이 다 조금씩 들어 있게 마련이다. 단지 깊이 억눌려 있어서 제대로 보이지 않는 것뿐이다. 몸이 아플 때 마사지를 하면 통증이 줄어드는 것처럼 마음도 마찬가지라고 생각하고 이제부터라도 그것을 꺼내어 표현할 수 있는 자기만의 방법을 생각해보자. 꾸준한 실천이 따라준다면 누구라도 불통을 소통으로 바꾸어갈 수 있을 것이다.

화내지 않고 피드백하는 법

조직에서 지위가 올라갈수록 직원들과 제대로 소통하기 어려운 이유 중 하나는 스트레스가 늘어나고 마인드도 더욱 일 중심으로 변하기 때문이다. 그러다 보니 직원들에게도 칭찬하고 인정해주기보다는 야단치고 화낼 때가 더 많아지는 것이다.

조직을 개편하면서 그런 현상을 한층 더 실감하게 된 임원이 있었다. 자신이 내린 오더가 제대로 전달되지 않는 일이 일어났는데, 처음에는 어떻게 그럴 수 있지 싶어서 굉장히 화가 났다. 결국 여러 사람에게 호통을 치며 분노를 터뜨리고 말았다.

그러나 시간이 지나자 자신이 그렇게까지 화를 낼 일이 아니었다는 데 비로소 생각이 미쳤다. 그날 이후 그는 직원들에게 화를 터뜨리지 않고 피드백을 주는 방법에 대해 진지하게 고민하기 시작했다.

성공한 사람들은 능력과 자기실현의 동기가 강한 경우가 많다. 그래서 상대방에게도 같은 것을 바라게 된다. 그러나 그런 기대치를 채울 만한 사람을 발견하기란 쉬운 일이 아니다. 그런데도 계속 기대치를 버리지 않다 보면 결국 직원들에게 요구사

항이 많아질 수밖에 없다. 부하 직원들을 평가절하하라는 뜻이 아니다. 그보다는 그들의 능력에 맞는 기대치를 갖는다면 그들을 좀 더 칭찬해줄 수 있을 테고, 그런 칭찬은 대개 바라던 것보다 훨씬 나은 결과를 가져오기 때문이다.

사람을 변화시키는 것은 논리적 설득이 아니라 감정이다. 그중에서도 상대방으로 하여금 인정받는다는 느낌, 존중받는다는 느낌을 갖게 하는 것은 대단히 중요한 문제다.

직원들에게 이야기할 때 앞뒤 설명 없이 바로 지적 사항으로 들어가는 상사들이 있다('그거 내 이야기인데' 할 분들, 아마 많을 것이다). 그런 경우, 상대방은 일방적으로 야단을 맞는다고 생각할 가능성이 높다. 내 편에서는 시간을 단축하고 일의 효율성을 올리기 위해 그렇게 할지라도 상대방은 자신에 대한 질책과 거부로 받아들일 수 있다.

물론 상대방도 머리로는 상사의 지적이 옳다고 생각할지 모른다. 그러나 마음으로는 거리감을 느낄 수밖에 없다. 그보다는 한마디라도 "요즘 어떤가?"라든가 "힘든 일은 없나?" 하고 개인적인 관심을 기울여주면 상대방은 그것만으로도 자신이 존중받는다고 느끼게 마련이다. 그러면 같은 지적을 당해도 받아들이는 느낌이 달라진다. 마치 음식을 먹을 때 부드러운 에피타이저로 시작하는 것처럼.

예를 들어, 단기적으로 영업하지 말고 장기적인 안목을 세우라고 지시를 해도 단기적으로만 영업 전략을 짜는 직원이 있다고 하자. 상사 입장에서는 답답하고 화가 나니 언성을 높이게 된다. 그럴 때 보여주는 행동 중에서 가장 나쁜 예는 "자네, 대체 내 말을 어디로 듣는 거야? 제대로 일을 하겠다는 의지가 있는 거야, 뭐야? 이건 날 무시하는 처사로밖에 볼 수 없어! 내가 그렇게 우습게 보이나?" 하면서 화를 내는 것이다.

이런 경우 부하 직원은 상사가 개인적인 감정을 덧씌워서 자기를 비난한다고 생각할 가능성이 매우 높다. 따라서 그보다는 "난 자네에게 장기적인 계획을 세우라고 했는데, 자네가 세운 것은 이런저런 점에서 그게 아니로군" 하면서 일 자체에 초점을 맞추는 것이 좋다. 다시 말해 평가적 피드백 대신 비평가적인 피드백을 사용하는 것이다. 상대방을 평가하는 것은 두 사람의 관계를 평가하는 사람과 평가받는 사람으로 만들 여지가 많다.

예를 들어 "자네가 이런 전략을 세우다니, 너무 형편없군!"이라고 말하는 것은 평가적 피드백이다. 그럴 때는 평가하기보다 "자네가 세운 영업 전략은 내가 원하는 것이 아니야" 하고 사실만을 말해줄 필요가 있다. 상대방의 개인적 가치가 아닌 행동에 대해 반응해야 하는 것이다. 개인적인 가치에 반응할 경우 대개 단순한 평가로 끝나는 예가 거의 없기 때문이다. 어떤 식으로든 상대방에 대해 지적하고 비난할 여지가 생기는 것이다.

문제는, 누군가에게 비난받는 것을 좋아하는 사람은 아무도 없다는 점이다. 설령 그것이 내 편의 잘못으로 인한 것일지라도 비난을 들으면 원망을 품게 되는 것이 사람 마음이다. 그것이 쌓이면 결국 수동 공격성의 심리가 발동하게 되어 있다. 교묘한 방법으로 일을 미루며 제대로 하지 않거나 뒤에서 다른 동료들을 부추겨 자기를 비난한 상사를 헐뜯거나 하게 되는 것이다.

또한 피드백은 구체적으로 하는 것이 좋다. 예를 들어 "자네는 열심히 일을 안 하는군" 하는 것은 일반적인 피드백이다. 그보다는 "나는 자네가 이런 점을 조금 더 보완해주었으면 좋겠네" 하고 구체적으로 상대방에게 원하는 점을 알려주어야 한다.

일반적인 피드백은 상대방으로 하여금 무엇을 어떻게 해야 할지 잘 알 수 없게 한다. 반면에 피드백이 구체적이면 상대방은 자신이 어떻게 대처해야 할지 쉽게 알 수 있다.

피드백은 가능하면 사건이 발생한 직후 주어지는 것이 가장 좋다. 즉각적으로 주어지는 피드백은 거울과 같은 효과를 발휘한다. 그러나 한참 지난 후 언급하면 상대방은 이미 지난 일을 다시 꺼낸다는 불쾌감을 느낄 수 있다. 지난 일을 마음에 담아두었다가 기어코 꺼내고야 만다는 생각에 분노해서 방어적인 태도를 취할 수도 있다.

해리 트루먼은 리더십에 대한 질문에 이렇게 대답했다.

"리더란, 사람들에게 하기 싫은 일을 시키면서도 그것을 좋아하도록 만드는 사람이다."

이 말은, 조직원들에게 어떤 방식으로 변화를 요구해야 하는지를 잘 말해주고 있다.

상사가 직원들에게 피드백을 주는 것은 상대방이 변화하기를 바라기 때문이다. 그런데 직원의 입장에서 평가받고 비난받는다고 느끼면 하고 싶은 일도 하기 싫어진다. 반대로 인정받고 존중받는다고 느끼면 하고 싶지 않은 일도 신바람을 내면서 하게 되어 있다. 조직원들이 정신적 탈진을 경험하는 것도 결국은 인정과 존중받지 못한다는 감정 때문이다. 결국 인정과 존중만큼 도움이 되는 피드백도 없는 것이다.

병적 동일시, 나와 조직에 해를 끼칠 그 위험함

'숭어가 뛰니까 망둥이도 뛴다'는 속담은 잘나고 훌륭한 사람의 행동을 못난 자가 모방해서 분에 넘치는 행동을 한다는 의미를 담고 있다. 재미있는 것은, 이 속담이 정신의학적으로도 딱 들어 맞는다는 점이다. 우리 선조들이 정말 심리에 대해 해박한 지식을 가지고 있었구나 하고 감탄이 나올 정도다. 정신의학적으로 그것을 '병적 동일시'라고 한다.

김범수 씨(가명, 43세)는 몇 개의 계열사가 있는 그룹에서 자그마한 자회사 하나를 맡고 있었다. 처음에는 그다지 수익성이 없는 회사였다. 그런데 그가 맡고 나서 얼마 후 갑자기 그 분야의 인기가 치솟았다. 그의 능력 때문이라기보다는 순전히 운이 좋은 케이스라고 할 수 있었다. 하지만 그는 회사가 잘되는 것이 자기 때문이라고 생각했다.

점점 이윤이 커지자 그룹 오너도 그를 예전보다 존중해주었다. 오너가 자주 불러서 함께 취미생활을 나누는 정도에까지 이르렀다. 연봉도 오르고 여러 가지로 대우가 달라졌다. 그러자 김범수 씨도 변했다. 언제부턴가 마치 자기가 그룹 오너라도 되는 양 처신하기 시작한 것이다. 오너 앞에서는 있는 대로 몸을 낮추고 오직 충성심만을 보였다. 그러나 다른 사람들 앞에서는 자기가 마치 그 오너인 것처럼 행동했다.

정작 오너는 겸손한 사람이었다. 그러나 오너인 양 구는 김범수 씨는 독단과 전횡이 말로 다할 수 없었다. 그럴 수밖에 없기는 했다. 그는 애초에 기본적인 매너조차 갖추지 못한 사람이었다. 그런데 동일시하는 인물의 힘만 보고 그것을 휘두르려고 덤비다 보니 문제를 일으킬 수밖에 없었던 것이다. 그는 특히 아랫사람들을 함부로 대했다.

주변에서 말들이 많아지기 시작했다. 직원들 사이에서도 불만이 터져 나왔다. 그러나 당사자는 꿈쩍도 하지 않았다. 오히려 더 잘난 척하고 거들먹거렸다. 그러던 중 결국 문제가 생겼다. 그에게 몹시 시달림을 받던 임원 한 사람이 그의 비리를 터뜨리고 말았다. 알고 보니 법인카드를 사적으로 사용한 적이 있는데, 그 임원이 자료를 가지고 있다가 결정적인 순간에 터뜨린 것이다.

그런 경우, 평소 처신이 바른 사람이라면 회사에서도 일단 진위 여부를 알아보고 일부 동정론도 일게 마련이다. 하지만 김범수 씨의 경우에는 다들 기다렸다는 듯이 많은 사람들이 비난에 가세했다. 결국 그는 오너 앞에서 읍소할 수밖에 없었다. 하지만 뒤늦게 그의 사람됨을 알게 된 오너의 태도는 냉정했다.

적반하장으로 그는 다 가만두지 않겠다며 서슬 퍼렇게 굴었으나 결국 얼마 지나지 않아 사장 자리를 내놓아야 했다. 그리고 평소 그의 형편없는 처신을 지켜보던 주변 사람들도 그로부터 등을 돌렸다.

그는 처음에는 재수가 없어서 일을 당했다고 생각했다. 자신이 그동안 얼마나 사람들을 시달리게 했는지는 전혀 생각도 하지 않았다. 그저 분하고 억울한 생각에 어떻게 하면 복수할까 하는 생각에만 골몰했다. 당연히 생활은 점점 피폐해질 수밖에 없었으나 그는 거기서 벗어나려고 하지 않았다.

병적 동일시는 정신적 방어기제의 한 형태다. 동일시에도 여러 가지 종류가 있다. 일반적으로 성장과정에서 부모나 주변의 중요한 사람들의 태도나 말투 등을 닮아가는 것은 정상적인 현상이다. 그것은 얼핏 단순한 모방으로 생각되기 쉽다. 하지만 그와 같은 동일시는 자아를 형성해가는 과정에서 매우 큰 영향을 미친다. 또한 우리가 흔히 '양심'이라고 부르는 초자아를 형성해나가는 데도 큰 영향을 준다.

반면에 절대 닮지 않겠다고 하면서도 자기도 모르게 미워하는 사람을 닮아가는 것을 적대적 동일시라고 한다. 그런 예는 무수히 많다. 아버지가 알코올 중독이거나 폭력을 행사하는 것을 보고 자라는 아들은 자기는 커서 절대 아버지 같은 사람이 되지 않겠다고 결심한다. 하지만 어른이 되어 그는 자신도 모르게 아버지와 똑같이 화가 나면 술을 마시고 폭력을 행사할 수 있다. 실제로 임상에서는 그런 자신의 모습에 좌절해 상담을 원하는 사람들이 적지 않다.

병적 동일시 역시 적대적 동일시만큼 부정적인 영향을 끼친다. 앞서 나온 사례가 그것을 잘 보여준다. 병적 동일시의 또 다른 특징은 동일시하는 사람이 권력을 상실하거나 하면 일순간에 사라진다는 것이다. 오히려 그 대상에게 더 잔인해지기도 한다. 그 이유는 병적 동일시라는 함정에 빠지는 사람들일수록 인격적으로 미성숙한 경우가 많기 때문이다. 그러다 보니 병적으로 동일시했던 대상이 힘을 잃으면 그동안 자신이 그에게 지나치게 충성을 보였던 만큼이나 빠르게 그를 우습게 여기거나 비난하고 나서는 것이다.

실제로 우리는 주변에서 그런 예를 자주 목격하곤 한다. 그런 사람을 보면 어떻게 하룻밤 사이에 손바닥 뒤집듯 그처럼 태도가 변할 수 있는가 싶다. 하지만 당사자에게는 당연한 일인 경우가 많다. 그런 사람들일수록 대개는 '내가 이래도 되는 걸까' 하는 고민이나 갈등을 하는 법이 드물다. 단지 자신에게 더 이상 도움이 되지 않는다고 여겨지면 아무런 양심의 가책도 없이 태도를 바꾸는 것뿐이다. 그러고는 재빠르게 다음번 대상을 찾아나서는 것이다.

그런 사람들과는 함께 어울리지 않는 것이 상책이다. 언제 변절과 배신을 할지 알 수 없기 때문이다. 그러나 처음부터 그들을 가려내는 것 역시 쉽지 않다. 있는 대로 몸을 낮추고 오로지 충성만을 맹세하는 사람 앞에서는 누구라도 마음이 약해질 수밖에 없기 때문이다.

따라서 사람을 쓸 때는 그가 정신적으로 건강한 사람인지, 기질적으로 반듯하고 나에게 도움이 되는 사람인지를 알아보는 장치가 절대적으로 필요하다. 요즘 들어 기업이나 조직에서도 그와 같은 문제에 관심을 가지는 것은 실로 다행한 일이라 하겠다.

내 안의 어린아이 발견하기

박지환(50세, 가명) 씨는 어느 기업의 임원이다. 그는 자기 분야에서 역량과 카리스마를 두루 지닌 인물로 정평이 나 있었다. 직원들과 소통하는 데 그다지 어려움을 겪지도 않았다.

그는 일 잘하는 친구들은 누구보다도 화끈하게 밀어주었다. 물론 자신을 전적으로 믿고 따라주는 친구들에 한해서였지만. 어느 조직이나 이너 서클은 존재하기 마련이었고 그 역시 자기만의 사람들을 만드는 데 아무런 거부감을 느끼지 않았다. 오히려 뛰어난 역량을 가진 그들에게 자신이 아버지 같은 존재로 군림하는 데 자부심마저 갖고 있었다.

그런데 언제부턴가 그들 중 하나가 그의 권위에 도전하는 느낌이 들기 시작했다. 명석한 두뇌와 창의력으로 그에게 크게 신임을 받던 친구였다. 그래선지 배신감마저 들었다. 시간이 지나면서 그는 자신이 생각보다 크게 분노하고 있는 것을 발견했다. 일단 포커페이스를 유지하며 그 친구의 행동을 좀 더 세밀하게 체크하기 시작했다. 그러자 일종의 행동 패턴이 그려졌다. 문제의 팀원이 그의 권위에 대드는 때가 따로 있었던 것이다.

그는 프로젝트를 진행할 때 직원들을 경쟁하게 만드는 것을 즐겼다. 그렇게 해야 좋은 결과가 나올 뿐 아니라 충성심도 높아진다고 믿었기 때문이다. 물론 그것은 대개 교묘한 방법으로 이루어졌으므로 직원들은 자신도 모르는 사이에 동료와 경쟁관계에 놓이곤 했다. 그것을 눈치챈 것이 분명했다.

'역시 머리 좋은 녀석은 못 따라가겠군' 하고 생각하면서 그는 그 팀원과 개인적인 자리를 마련했다. 그대로 두었다가 다른 팀원들 사이에 그런 태도가 전염이라도 되었다가는 더욱 곤란했기 때문이다.

그가 허심탄회한 자리임을 강조했음에도 상대방은 좀처럼 마음을 열려고 하지 않았다. 오히려 이제는 드러내놓고 경멸하는 표정을 짓기까지 했다. 어느 부하 직원도 그의 앞에서 감히 하기 어려운 행동이었다. 어떻게 할까 하다가 그는 상대방이 어떤 행동이나 말을 하든지 다 들어준 다음에 자신의 생각을 말하기로 했다. 그가 기꺼이 자신의 이야기를 들어주고 있다는 것을 느낀 상대방의 태도가 차츰 달라지기 시작했다. 그러더니 이윽고 자신의 속마음을 털어놓았다.

"그동안 상무님을 미워한 건 사실입니다. 상무님의 어떤 행동들이 꼭 제 아버지를 연상시켰기 때문입니다. 특히 팀원들을 교묘하게 경쟁하게 만드는 게 정말 싫었습니다. 제 아버지가 꼭 그런 방식으로 저희 형제들을 덫에 빠뜨리곤 했거든요. 아버지의 사랑과 관심을 얻고자 형제들끼리 죽어라 시기하고 질투하는 게 어떤 건지 아마 모르실 겁니다. 그게 얼마나 더러운 기분을 느끼게 하는지……."

짧은 침묵 끝에 상대방은 이야기를 계속했다.

"처음 상무님이 절 발탁해주셨을 때 정말 기쁘고 자랑스러웠습니다. 그 후로 제가 얼마나 열심히 일했는지 상무님도 아실 거라 믿습니다. 그러다가 다른 동료와 경쟁관계에 놓였다는 걸 알고 나자 그만큼 좌절감도 크더군요. 물론 동료는 그런 사실을 모르고 있었습니다. 아버지와 형제들과의 경험 때문에 제가 더 예리하게 그걸 포착했는지도 모르죠. 그런 사실을 깨닫고부터, 상무님을 보면 제 아버지가 연상되면서 저도 모르게 분노하곤 했던 것 같습니다. 그걸 상무님이 알아차리신 거고요."

그날 두 사람은 좀 더 긴 대화를 나누었다. 말 그대로 허심탄회한 대화였다. 그 후로 박지환 씨는 직원들을 교묘하게 경쟁하게 하는 일을 그만두었다. 자신이 그동안 팀원들의 충성을 얻기 위해 마치 아버지와 같은 역할을 자임해온 것에 대해서도 궤도를 수정해나갔다. 권위를 강조하는 대신 좀 더 여러 사람들의 대화에 귀 기울이면서 수평적인 관계를 이루어나가고자 노력했다.

'상사 킬러'로 소문난 한 여성의 이야기도 흥미롭다. 그녀는 부서를 옮겨갈 때마다 무능하게 느껴지는 상사를 가차 없이 공격하는 것으로 유명했다. 사내에서도 그런 행동은 충분히 골칫거리였다. 결국 회사에서는 상담을 받을 것을 강력히 권유하기에 이르렀다. 상담 과정에서 비로소 그녀는 자신이 왜 그런 행동을 할 수밖에 없었는지 그 이유를 알게 되었다.

그녀는 성장 과정에서 무능한 아버지로 인해 적지 않은 상처를 받아야 했다. 어머니는 '남편 잘못 만나 내 신세가 요 모양 요 꼴이 되었다'는 한탄을 한 번 시작하면 거의 발작 직전까지 가야 끝을 내는 사람이었다. 그때마다 어린 마음에도 아버지가 안되고 불쌍했다. 그런 만큼 어머니가 미웠다. 하지만 어머니가 버는 돈으로 온 식구가 살다 보니 누구도 그녀의 신세 한탄을 멈추기 어려웠다.

무능력한 아버지로 인해 경제적으로 넉넉하지 못한 것도 상처가 될 때가 많았다. 결국 지금까지도 아버지는 그녀에게 애증의 대상이었다. 그러다 보니 주변에서, 특히 자신의 윗사람이 약간이라도 무능력한 기미를 보이면 그녀는 아버지가 연상되어 참지 못했던 것이다.

임상에서는 그 밖에도 여러 가지 사례가 많다. 아버지가 뛰어난 경우, 아들은 자기가 아버지보다 못하다는 열등감으로 아예 자포자기하거나, 아버지의 사랑을 받기 위해 강박적으로 노력하다가 우울증에 걸리기도 한다.

그런가 하면 아버지와 사이가 좋지 않은 어머니로부터 "넌 절대 아버지처럼 커선 안 된다. 반드시 이 엄마가 원하는 남자가 되어야 한다"는 말을 귀에 못이 박이도록 들으며 성장한 남자는 어머니의 바람대로 성공 욕망을 불태우고, 친구들을 모으고 어느 자리에서나 리더가 되고자 카리스마를 앞세우는 사람이 된다. 그러다가 중년기를 지나면서 지독한 우울증으로 고생하게 되었다.

상담 과정에서 그는 아버지처럼 되지 않을까 하는 두려움과 어머니의 사랑을 받고 싶은 마음 때문에 자신이 다른 사람을 연기하며 살아왔다는 사실을 비로소 깨달았다. 그러느라 자신의 진짜 인생을 다 허비해왔다는 사실에 다시 한 번 절망해야 했다.

무서운 아버지 밑에서 성장한 어느 임원은 자기 상사만 보면 얼어붙곤 했다. 그러다가 자기가 모든 것을 좌지우지하는 상황에 놓이게 되자 이번에는 마치 폭군처럼 군림하는 사람이 되고 말았다. 그 역시 상담 과정에서 비로소 자신이 왜 그런 행동을 하게 되었는지 이해하게 되었다. 아버지와의 적대적 동일시가 원인이었던 것이다.

리더가 그러한 문제들을 풀기 위해서는 먼저 자신의 진짜 모습을 알아가는 것이 가장 중요하다. 특히 성장 과정에서 부모와의 관계가 어떠했는지에 대해서 충분히 이해할 필요가 있다. 자기와 부모와의 관계를 알아야만 자신이 조직원과의 관계에서 무엇을 원하며 어떻게 관계를 맺고 있는지를 알 수 있기 때문이다.

한 기업의 도덕이나 윤리적 개념도 마찬가지다. 그것은 대개 그 기업이나 조직을 이끄는 리더의 가치관에 따라 달라지게 마련이다. 그런데 그 리더의 가치관에 가장 큰 영향을 미치는 것 중 하나가 바로 어린 시절에 형성된 부모와의 관계에서 비롯된다. 따라서 리더는 더욱더 자신에 대해 알아갈 필요가 있다. 임원들과 상담해보면 가장 그의 능력을 발휘해야 할 때 해결되지 못한 심층적 문제들이 그의 발목을 잡는 것을 종종 본다.

또한 리더는 조직원들이 리더에 대해 양가적 감정을 가지고 있다는 사실도 이해해야 한다. 어린 시절 부모에 대해 그랬던 것처럼 분노하고 반항하고 싶은 욕구와 사랑받고 싶고 순종하고 싶은 욕구 사이에서 갈등한다는 사실을 좀 더 이해한다면 리더로서 어떤 태도를 가져야 하는지도 그만큼 잘 알게 될 것이기 때문이다.

많은 사람들과 상담을 하다 보면 결국은 부모와 자기 자신과의 관계로 돌아가는 것을 본다. 어린 시절 부모에게서 받은 상처, 기대와 실망, 부모처럼 살고자 하거나 반대로 부모처럼 살지 않기 위해 온 힘을 다해 노력한 과정 등등을 듣다 보면 결국 우리의 무의식에는 프로이트의 이론대로 어린 시절의 모습, 어린 시절의 환상, 어린 시절의 욕구가 남아 있어 어른이 되어도 사라지지 않는다는 사실을 실감하곤 한다.

그런 의미에서, 어린이는 어른의 아버지라는 말은 너무나 옳다. 결국 우리가 성장한다는 것은 자기 안에서 아직 자라지 못한 채 상처받고 있는 아이의 모습을 발견하고 그 조그만 존재를 이해하고 극복하는 것이 아닌가 싶다.

월요병에 대처하는 우리의 자세

머리는 무겁고 목줄기는 뻣뻣하고 도무지 멍멍한 피로감이 가시지 않는다. 몸이 말을 듣지 않으니 마음도 명쾌하지 못하다. 그런 상태로 다시 한 주일을 시작하려니 슬그머니 죄책감마저 든다. 우리가 흔히 '월요병'이라고 부르는 증상들이다. 거의 모든 직장인들이 정도의 차이는 있지만 비슷한 증세를 호소한다.

주말이면 한 주간 일정하게 유지되던 생활 리듬과 신체 리듬이 깨진다. 사람마다 휴일을 보내는 방법은 다양하다. 등산을 하거나, 운동을 하거나, 잠만 자거나 아니면 하루 종일 텔레비전 앞에 앉아 있거나 등등. 하지만 리듬이 깨어지는 것은 다 비슷하다. 어떤 방법으로 보내든 꿀단지 옆에 끼고 야금야금 핥는 맛이 이 휴식의 감미로움에 비할까.

문제는 월요일 아침이다. 깨어진 리듬을 회복하지 못한 채로 다음날을 맞게 되므로 여러 가지 증상이 나타난다. 또다시 지겨운 한 주가 시작되었다는 심리적인 압박감도 한몫 거든다. 휴일을 나름대로 알차게 보낸 사람들은 그나마 덜하다. 이것도 저것도 아닌 채로 엄벙덤벙 하루를 보낸 사람은 억울한 기분마저 든다.

직장에서 어려움을 겪고 있는 사람들은 더욱 월요일 아침이 싫고 두렵다고 털어놓기도 한다. 그들의 호소를 들어보면 대개 몇 가지 특징이 있다. 우유부단한 성격 때문에 작은 문제에도 질질 끌려 다니거나, 감정적으로 불안정해 자주 히스테리를 일으키거나, 대인관계는 물론 자기 자신과 관계를 맺는 일에도 서툴러 쉽게 우울증에 빠지거나 하는 것이다. 이 모든 증상이 한 사람에게 복합적으로 나타나는 일도 드물지 않다. 그런 형편이니 휴일을 보내고 다시 직장에 출근해야 하는 월요일이 반가울 리 없다.

먼저 우유부단한 타입을 살펴보면 그들은 문제를 직시하기보다 회피하려는 자세를 취하는 것이 특징이다. "뭐, 어떻게든 되겠지" 하면서 우물쭈물 시간이 지나가기만을 바란다. 내게 일어난 문제는 나만이 해결할 수 있다는 교훈을 뻔히 알면서도 그것을 실행하는 데는 늘 망설인다.

스스로도 그런 자신이 싫어 죽겠지만 문제를 해결할 용기를 내기보다는 차라리 자기혐오에 빠져 있는 쪽을 택한다. 이런 타입일수록 대개 겉보기에는 인생에 대해 시니컬한 태도를 취한다. 그러나 사실은 자신에 대한 혐오를 그런 식으로 감추는 것뿐이다.

그런 상태에서 빠져나오려면 방법은 한 가지밖에 없다. 문제를 직시하고 그것을 해결하는 데 따르는 고통을 받아들이는 것이다. 먼저 작은 문제에서부터 스스로를 훈련해보자.

감정적으로 불안정해 사소한 일에도 병적인 반응을 보이는 사람들에게도 직장생활은 자주 힘겹다. 그런 타입일수록 늘 남이 나를 어떻게 생각할까에 모든 초점이 맞추어져 있다. 덕분에 자주 피해망상과 과대망상 사이를 왔다 갔다 하며 히스테릭한 상태에 놓이곤 한다. 혹시라도 남들이 자신의 그런 상태를 알까 봐 전전긍긍하다 보면 악순환의 고리는 쉽게 끊어지지 않는다.

늘 말하지만 감정을 조절하는 데도 훈련이 필요하다. 자신의 감정을 적절하고 정당하게 표현하는 것도 습득해야 할 하나의 기술인 것이다. 특히 유머감각을 가지는 것이 크게 도움이 된다. 흔히 유머감각은 타고나는 것으로 생각하기 쉽지만 이것 역시 훈련하고 학습할 필요가 있다. 순발력을 키우기 위해 애쓰다 보면 어느 순간 익숙해지는 날이 올 것이다.

마지막으로 우울증의 회로는 빨리 차단하는 것이 좋다. 열린 마음으로 인생을 살아갈 기회를 박탈하기 때문이다. 대인관계를 기피하게 만들고 좀 더 진전되면 자기 자신으로부터도 자꾸 도망치고 싶어지므로 결과적으로 삶에서 어떤 의미도 찾을 수 없는 날이 오고야 만다. 그러므로 우울증은 증상이 가볍더라도 방치해두지 말고 재빨리 벗어나도록 애써야 한다.

직장생활에서 내향성인 사람들이 외향성인 사람들보다 좀 더 괴로움을 많이 겪는 것 또한 사실이다. 내향성인 타입은 겉보기에 수줍음을 많이 타고 그다지 말도 없으므로 속으로 뚫고 들어가기가 몹시 힘들다는 인상을 준다. 대인관계에서도 그다지 개방적이지 못하므로 쉽게 냉정하다는 소리를 듣기도 한다.

자기 의견을 분명하게 개진하는 데 어려움을 느끼므로 자칫 솔직하지 못하다는 느낌을 줄 수도 있다. 실제로는 전혀 그렇지 않은데도 불구하고 그런 평을 듣게 되므로 본의 아니게 상처를 입는 일도 많다. 임기응변에도 약하므로 변수가 많은 사회생활에 적응해가는 데 어려움을 느끼는 경우도 있다.

실제로 그런 문제로 상담을 청해오는 사람들의 이야기를 들어보면 그들이 겪는 어려움이 어떠한지 알 만하다. 다음은 그런 문제를 안고 있는 한 직장인의 고백.

"초등학교 때부터 발표 시간이 죽기보다 싫었습니다. 정답을 뻔히 알면서도 다른 아이들이 틀린 답을 내놓는 것을 다 지켜본 후에야 선생님이 호명하면 간신히 일어나 대답을 해 잘난 척한다는 소리도 많이 들었습니다. 어른이 된 다음에요? 직장상사 앞에서도 같은 꼴이지요, 뭐. 분명 어떤 일의 해결책을 알고 있고 입안에서 뱅뱅 돌기는 하는데 입 밖에 내어 말하는 게 힘든 겁니다. 그러다가 다른 사람한테 중요한 일을 빼앗긴 적도 여러 번 있습니다."

만일 자신이 지나치게 내성적이어서 사회생활에 어려움을 겪는다면, 변화가 필요함을 인정할 필요가 있다. 이런 타입일수록 자기 능력을 과소평가해 불필요한 열등감을 갖는 경우가 많다. 그러므로 먼저 그런 열등감에서 벗어나 솔직하게 자신을 내보이는 훈련을 하도록 하자. 내향적인 사람도 외향적인 면을 가지고 있으므로 그것을 억압하지 말고 계발하면 얼마든지 변화할 수 있다.

나를 분명하게 내보이고 표현하는 것은 나 자신만이 할 수 있는 일이다. 흔히 성격은 타고나는 것이라고 하지만 내 인생의 변화는 내가 주도하는 것이다. 그렇다고 자신의 성격 자체를 부인할 필요는 없다. 그보다 변화에 적응해갈 수 있도록 자기 자신을 조절할 힘을 키우도록 한다. 요즘 전 세계인들의 사랑을 받고 있는 아이돌 그룹 방탄소년단이 앨범을 통해, 또 UN연설을 통해 내세운 메시지 'Love yourself, Speak yourself(당신 자신을 사랑하세요, 당신 자신을 말하세요)'도 이런 의미가 아닌가 싶다.

더불어 비슷한 처지에 놓인 다른 사람들도 다 같이 겪는 문제라고 생각하고, 심각하게 여기거나 죄책감을 느끼지 않는 것도 중요하다. 분명 그것만으로도 우울과 불안은 많이 덜어질 테고 월요병도 그만큼 줄어들 것이다.

왜 부탁을 거절하지 못할까

남의 부탁을 거절하지 못하는 사람들이 있다. 이런 사람들은 대개 서너 유형으로 나뉜다. 첫 번째는 성격적으로 활달하고, 덕분에 여기저기 아는 사람도 무수히 많은 타입이다. 그 인맥을 이용해 남의 일 내 일 가리지 않고 뛰어다니기를 좋아한다.

이런 타입은 누가 청탁을 해오면 분명 들어주어서는 안 될 사안인 경우에도 오지랖 넓은 성격으로 인해 덜컥 들어주겠다고 하는 경우가 많다. 또 실제로도 열심히 뛰어다닌다. 그 결과 봉변도 당하고 지탄의 대상이 되기도 한다. 그런데도 그 버릇을 고치지 못한다.

언젠가 유명한 정치인 부부가 각각 수뢰 혐의로 구속되어 큰 뉴스거리가 된 적이 있었다. 그 남편은 모르지만 아내는 바로 남의 청탁을 거절하지 못하고 나서서 해결해주기 좋아하는 타입이 아니었나 싶다. 아마도 청탁을 한 쪽에서도 상대방의 그런 성격적인 단면을 알고 이용하려는 의도가 다분했을지 모른다.

물론 이러한 유형에는 긍정적인 면도 많다. 성격적으로 사람을 좋아해 남의 일도 내 일처럼 해결해주기를 즐기고 또 그만한 능력도 있으므로 늘 주변에 그를 찾는 사람들이 끊이지 않는다. 그대로 잘만 유지하면 성공적인 인생을 살아갈 수도 있다. 그러나 때로는 좋은 게 좋은 거라는 안이한 생각으로 자칫 탁류에 휩쓸리기도 한다. 그런 경우에는 인생 전체가 좌초될 수도 있으니 문제가 아닐 수 없다.

두 번째는 성격적으로 정반대의 타입이라고 할 수 있다. 이런 타입은 일단 매우 소심하다. 그리고 남이 나를 어떻게 생각할까 하는 데 늘 초점을 맞춘 채 전전긍긍하면서 살아간다. 하지만 어떤 경우에도 자기가 먼저 나서서 행동하지는 못한다. 이런 타입이 남의 청탁을 거절하지 못하는 것도 상대방을 도와주기 위해서가 아니다. 만약 거절했을 때 나올 상대방의 반응이 두려워 마지못해 들어준다고 하는 편이 맞다.

세 번째는 희생자 타입이다. 이 타입은 스스로를 매우 헌신적이고 희생정신이 강한 사람이라고 믿고 있는 경우가 많다. 덕분에 다른 사람들이 미처 부탁을 해오기도 전에 먼저 나서서 문제를 떠맡으려고 할 때도 있다. 그런 형편이니 그들이 남의 부탁을 거절하는 일은 상상하기 어렵다.

심리검사를 해보면 그런 타입은 유독 대인관계에서 자기희생 척도가 굉장히 높게 나오는 것이 특징이다. 하지만 그들의 무의식을 들여다보면 그런 자신을 그다지 좋아하지 않는 경우가 많다. 그들은 겉으로는 남들이 힘들어하는 모습을 보지 못해 웬만한 문제는 스스로 나서서 다 해결하려고 한다. 하지만 속으로는 그런 자신이 싫고, 왜 나는 이렇게 손해만 보고 살아야 하나, 하고 자기비하에 빠지곤 한다.

어떤 의미에서 그런 생각을 하는 것은 자연스러운 일이다. 절대 희생은 신만이 가능하기 때문이다. 인간은 누구나 보상심리가 있다. 내가 100을 주었으면 적어도 50은 돌려받고 싶은 것이 사람 마음이다. 그런데 그것을 부인하다 보면 정신적으로 힘들 수밖에 없다.

잘 아는 사이에 간절한 부탁을 해올 경우 그것을 거절한다는 것은 결코 쉬운 일이 아니다. 그러나 그것이 검은 뒷거래에 이용된다는 것을 알고도 단지 거절하기 어려워 응한다면 작은 문제가 아니다. 어떤 경우에도 사회적 지탄을 피할 길이 없다.

우리는 언제부터인가 인맥과 돈을 모조리 동원해서라도 원하는 것을 반드시 얻어야만 하는, 그리고 그 외의 것들에는 무감각한 사회에 살고 있다. 오히려 그러지 못하는 것이 이상하게 콤플렉스로 작용한다. 그리고 만에 하나, 청탁을 거절하기라도 하면 혼자 고고한 척하느니 하며 폄하하려고 드는 경우도 많다.

그러나 한 가지 분명히 짚고 넘어갈 것은, 청탁을 하든 청탁을 받든 이 세상에는 '차마 해서는 안 될 일이 있다'는 점이다.

그러므로 세상을 잘 살아가려면 현명하게 거절하는 법을 연습하는 것이 필요하다. 아버지가 거절을 못하고 친구의 보증을

섰다가 가족들까지 경제적으로 힘들게 만들었다는 사연이 우리 주변에 차고 넘친다. 사실 나의 또 다른 책인《나는 까칠하게 살기로 했다》의 제목을 사람들이 좋아한 이유도 바로 그런 것이 아닐까 싶다. 거절하기를 두려워하는 사람에게 내가 늘 하는 이야기가 있다. 거절은 100퍼센트 내 입장에 서서 하라는 것이다. 순간의 불편함 때문에 지금 거절하지 못해서 두고두고 나를 괴롭히는 것보다는 낫기 때문이다. 그리고 내가 거절당했을 때도 상대에 대해 원망하기보다는 그의 입장에서는 당연하다는 것을 받아들일 수 있어야 한다. 물론 서운하지만, 서운한 것과 그를 원망하는 것은 다르다는 사실을 아는 것이 중요하다.

그대, 일하는 엄마, 누구보다 당당하게

선배 중에 '아이 넷을 키우기 전에는 감히 부모 노릇을 논하지 말라'고 한 분이 있었다. 그 정도는 아니지만, 나 역시 두 아이 키우면서 직장 생활하기가 녹록하지 않았다. 지금 돌아보면 어떻게 그 시간들을 견뎠을까 싶을 정도다.

늘 잠이 모자라고 시간이 모자라고……. 나름대로는 열심히 한다고 하지만 직장에서도 야단맞을 일만 늘어가고는 했었다. 선배들로부터 아예 대놓고 "바보 다 됐구나" 하는 말을 들을 때마다 정말 내가 바보가 되어가는 느낌이 들곤 했던 기억도 있다. 그런가 하면 집에서는 '살림도 못해, 아이도 제대로 돌보지 못해, 너는 할 줄 아는 게 도대체 뭐야?' 하는 눈초리를 견뎌야 했다. 아이들 친구 엄마들을 만나면 나만 정보에 뒤떨어진 엄마처럼 느껴지던 무력감은 또 어떻고.

한편으로는 엄마가 정신과 의사니 어떻게 애 잘 키우나 보자 하는 주위의 시선(뭐, 반은 스스로 만들어낸 시선이겠지만)도 나를 힘들게 했다. 그런저런 스트레스가 쌓이니 애들에게 혹독해지곤 했다. 그 스트레스로 말라가서 지금 그때 찍은 사진을 보면 정말 피골이 상접해 있다. 주위에는 잠이 모자라다 보니 선생님에게 야단을 맞으면서도 정신없이 졸곤 했다는 선배도 있었다. 물론 그 선배를 십분 이해했다. 단 5분만이라도 편하게 자고 싶다는 욕구로 힘들던 시절이었기 때문이다.

굳이 이런 이야기를 하는 데는 이유가 있다. 일하는 엄마로 살다 보니 특히 아이들한테 죄책감을 느낀다고 호소하는 젊은 엄마들이 많기 때문이다. 그리고 나 역시 그런 엄마들의 심정을 누구보다 잘 이해한다는 것을 알리고 싶기 때문이다. 그리고 어느 시인의 표현처럼 '지금 내가 알고 있는 것을 그때도 알았더라면' 하는 심정으로 이야기를 나누고 싶기 때문이기도 하다. 이 문제에 있어서 내가 하고 싶은 이야기는 대략 다음과 같다.

첫째, 죄책감을 갖지 말자는 것이다. 직장에서도 집에서도 마찬가지다. 물론 일과 가정을 동시에 책임지려고 하다 보면 때때로 힘에 부치는 순간들이 많을 수밖에 없다. 당연히 '내가 지금 제대로 해내고 있긴 한 건가?' 하는 회의가 들게 마련이고, 그런 순간에는 대체로 죄책감이 뒤를 따르곤 한다. 그러나 알고 보면 죄책감만큼 우리를 낙담하게 만드는 것도 없다. 더욱이 일과 가정을 동시에 꾸려나가야 하는 것이 죄책감을 느낄 일은 결코 아니다. 따라서 힘에 부치는 순간에는 '괜찮아, 이만하면 난 잘하고 있어. 다만 지금 조금 힘이 드는 것뿐이야' 하고 스스로를 위로하고 당당하게 어깨를 펼 필요가 있다.

또 하나 기억해야 할 것은, 내 편에서 죄책감을 느끼는 경우 상대방은 그것을 거의 무의식적으로 간파한다는 점이다. 그리고 상대방에 따라서 그것을 교묘하게 이용하는 경우도 없다고 할 수 없다. 한두 번 그런 일을 겪게 되면 낙담과 무력감이 커지는 것은 시간문제다. 그러므로 어떤 경우에도 죄책감을 갖는 대신 스스로에게 힘이 되어주도록 애쓸 필요가 있다.

둘째, 힘들면 힘들다는 표현도 하고 주변의 도움이 필요할 때는 당당히 도움을 청할 필요가 있다. 물론 그 당시에는 나 역시 감히 '까칠하게 살 용기'를 내지 못했다. 그날그날 버티기도 힘든 상황이 이어지는 경우가 많았던 탓이다. 집에서도 직장에서도 무슨 일이나 척척 잘해내어 인정받고 칭찬도 받고 싶다는 소망이 너무 크기도 했다. 그러니 주변의 누군가에게 힘든 사정을 털어놓고 도움을 구해야겠다는 생각을 하기가 쉽지 않았다. 그러나 지금은 안다. 그런 것들을 표현할 필요가 절대적으로 있다는 것을. 우리 주변에는 내가 표현하지 않은 것들까지 이해해줄 만큼 마음에 여유가 있는 사람들이 그리 많지 않다.

또 하나, 우린 흔히 내가 힘든 내색을 보이고 도움을 청하면 상대방이 안 들어줄 것이라고 생각하는 경향이 있다. 그러나 도움을 청하는 것이 문제가 아니라 그때 내가 어떤 태도를 보이는가가 중요하다. 즉, 내가 얼마나 힘들지 아느냐는 식의 원망이나 상대방에게 죄책감을 심어주는 태도 등을 보이는 대신, 지금 이 시점에서 내게 필요한 사항을 간결명료하게 전달하는 것이다. 그러면 대개의 경우, 상대방은 내 편의 상황을 이해하고 도움을 주고자 애쓰게 마련이다.

셋째, 갈등을 두려워하지 말아야 한다. 물론 우린 누구나 갈등 상황에 놓이는 것을 좋아하지 않는다. 그러나 갈등이 싫어 피하다 보면 고인 물 썩듯 내 감정도 힘들어지고 직장에서나 집에서나 그만큼 분위기도 어두워져가게 마련이다. 따라서 어려운 문제를 푸는 데는 어느 정도의 갈등은 있을 수밖에 없다는 것을 먼저 받아들여야 한다. 다만 그것을 감정적으로 풀지 않는 것이 중요하다. 그런 마음으로 조금씩 변화해가다 보면 어느 순간 훨씬 더 여유 있고 당당해진 자신을 발견할 수 있을 것이다.

넷째, 내가 한 것을 자랑해야 한다. 아이들이 어릴 때 어느 선배가 나에게 충고해준 말이 있다. 아이들에게 잘해주거나 좋은 것을 사주면 그것을 다 사진 찍어서 증거를 남기라는 것이었다. 그래야 나중에 커서 '엄마가 해준 거 뭐 있어' 할 때 당당히(?) 보여줄 수 있기 때문이라고. 우스개소리지만 살아보니 정말 그럴 필요도 있다는 것을 깨달아가는 중이다. 어느 변호사가 텔레비전에 나와서 하는 말, 재판은 정의로운 사람이 이기는 것이 아니라 증거를 가진 사람이 이기는 것이라고. 그러니 내가 얼마나 열심히 살아왔고 최선을 다했는지에 대한 증거를 나 자신을 위해서도 남기는 게 필요하지 않을까 싶다.

일과 생활에서 균형을 유지하려면

젊은 회사원이 업무뿐 아니라 일상 전반에서 밸런스를 유지하지 못하는 문제로 상담을 원했다. 그는 자신이 현재 맡고 있는 일을 좋아했다. 좋아하는 만큼 열정적으로 일할 때도 많았다. 다만 지나치게 많은 일들을 끌어안고 있는 것은 문제였다. 특히 쉽게, 짧은 시간 안에 할 수 있는 일인데도 그러지 못할 때가 많았다. 어쩌면 더 나은 방향이 있지 않을까 하는 생각에서 헤어나오기가 어려운 경우가 많기 때문이었다. 그러다 보니 몸과 마음이 다 지쳐서 퇴근 후에는 거의 아무것도 할 수 없는 상태가 되곤 했다. 그는 대체 자신의 문제가 무엇인지 알고 싶어 했다.

그를 힘들게 하는 요인은 완벽주의를 추구하는 성향에서 기인했다. 그러한 성향의 일부분은 기질적으로 타고나는 것이다. 거기에 성장과정에서 경험한 환경적인 면들과 현재 놓여 있는 여러 가지 상황들이 영향을 미친다.

어떤 일을 처리하는 데 완벽을 기하고 최선을 다하는 것은 분명 매우 중요하다. 상황에 따라서는 당연히 큰 장점이 되기도 한다. 다만 인생의 모든 것이 동전의 앞뒷면처럼 이중적이듯이, 자신의 기질적 특성에서 오는 장점도 때에 따라서는 발전을 저해하는 요소가 되기도 한다. 앞의 사례에서 보듯이, 한꺼번에 많은 일을 끌어안고 이도 저도 아닌 상태로 시간을 허비하는 것이 대표적인 예라고 할 수 있다.

우리가 이처럼 완벽을 추구하는 첫 번째 이유는 실패에 대한 불안감 때문이다. 자신이 일을 제대로 해내지 못할지도 모른다는 불안감이 너무 크다 보니 스스로 납득할 수 있는 수준에 도달할 때까지 계속해서 일을 끌어안고 있게 된다. 단순한 일조차 '더 나은 방향이 있을 것'이란 생각을 떨치지 못하는 이유 역시 불안감 때문이다.

두 번째 이유는 다른 사람들의 평가를 앞서서 미리 예기하는 성향이 높기 때문이다. 다시 말해 '사람들이 내가 한 일에 대해 분명 좋은 평가를 내리지 않을 거야' 하면서 아직 일어나지 않은 일에 대해서 나쁜 쪽으로 예상한다. 그러다 보니 더욱 세세한 것에 매달리면서 완벽을 기하고자 분투할 수밖에 없다. 더 나쁜 것은 그런 불안감이 커질수록 일 자체를 회피하려고 들거나, 지금까지 성공해온 방법만을 지속하려고 든다는 것이다.

예술가들이나 작가들이 처음부터 완벽한 작품을 만들 수 있는 것은 아니란 사실을 우린 잘 안다. 처음 작품을 구상하고 스케치나 데생을 하는 과정을 거치고 난 다음(글이라면 일단 머릿속에서 숙성이 되어야 할 테고) 거기에 어울리는 소재를 찾아서 입히는 과정은 필수적이다. 작가들은 초고를 완성한 뒤에 수십 번의 수정작업을 거치는 경우도 많다고 한다. 즉, 처음부터 완벽한 결과를 가져오는 일은 없다는 것이다. 그리고 대개의 경우 자신이 보기에 정말 괜찮다는 느낌을 주는 경우도 흔치 않다. '나의 가장 훌륭한 작품은 다음에 만드는 것'이라는 어느 감독의 말도 그러한 마음에서 나온 것이리라.

그런데도 내가 하는 일만은 완벽해야 한다고 계속 고집하는 경우 대개 강박증상으로 이어질 가능성이 높다. 다행히 상담을 원한 청년은 아직 그런 단계까지는 가지 않은 것으로 보였다. 따라서 지금부터라도 완벽주의를 떨쳐버리는 훈련을 할 필요가 있었다. 그 첫 번째 단계는 '완벽주의를 위해 계속해서 나를 희생해도 좋은지, 다른 사람들의 반응을 제대로 평가하고 있는지, 스스로에게 너무 지나친 요구를 하고 있는 것은 아닌지' 체크해보는 것이다. 그런 다음에는 '과감하게 멈추고 조절하고 그 문제에서 빠져나와야' 한다.

예를 들어 소소한 일도 몇 번이고 확인해야 마음이 놓인다면 이제부터는 딱 세 번까지만 확인하는 훈련을 해보는 것이다. 물론 처음에는 쉽지 않지만 포기하지 않고 계속하다 보면 결국 해낼 수 있다. 스스로 가벼운 문제라고 생각하면 그 일을 끝낸 순간에 '잘했어'라고 자신을 칭찬해주고 과감히 덮는 연습을 하는 것도 필요하다. 그리고 한 번 끝낸 일은 돌아보지 않는 연습을 하는 것도 중요하다.

　마지막으로 일상 전반에서 밸런스를 유지하는 법은 딱 하나다. 쉬는 것도 일하는 만큼 중요하다는 생각으로 죄책감 없이 쉬는 시간을 무조건 갖는 것이다. 그럼에도 여백이 필요하고 문장에도 쉼표나 마침표가 있어야 하는 것처럼 쉬는 것도 우리 삶의 한 부분이다. 그런 생각으로 과감히 쉬는 연습을 해볼 필요가 있다.

　아르키메데스는 목욕탕에서 '유레카'를 외쳤다. 스티븐 스필버그, 스티븐 킹, 아인슈타인은 모두 다 '왜 난 맨날 샤워할 때나 운전할 때 아이디어가 떠오르는지'라고 고백한 바 있다. 모두 휴식의 중요성을 나타내는 일화이다. 이는 바로, 좌뇌가 쉴 때 우뇌가 활성화되어 창의적인 아이디어가 떠오르는 까닭이다.

알아두면 유용한
심리적 호신술

—

요령부득의
심리적 문제들
알고 대처하기

우리는 조금이라도 자기 마음에 힘든 감정이 생기면

그것을 문제로 여기고 억지로 마음속에서 몰아내려고 한다.

사실은 오히려 그 반대로 해야 한다.

'이렇게 힘든 일을 겪었으니 얼마나 고통스럽겠니,'

마음이 정말 아프겠구나, 하며 스스로를 위로해주고 다독여줘야 한다.

가짜 철학적 경향이 초래한 위험한 망상

30대 초반의 남자가 상담하러 왔다. 어머니와 함께였다. 다 큰 어른이 어머니와 함께 병원을 찾는 것은 드문 케이스다. 그러나 어머니의 이야기를 듣다 보니 이해가 됐다. 그녀는 일찍 남편을 여의고 혼자 몸으로 하나뿐인 아들을 열심히 키웠다. 아들은 어릴 때부터 고분고분 말을 잘 듣고 공부도 잘해서 그녀를 기쁘게 했다. 좋은 대학에도 힘들지 않게 척 붙어줬고 대학 졸업 후엔 공부를 더 하고 싶다고 해서 짧은 기간이나마 유학도 보냈다. 경제적인 여유가 있어서는 아니었다. 그녀 자신은 그야말로 마른 수건을 쥐어짜듯 살면서도 아들 뒷바라지엔 최선을 다했다.

아들은 유학에서 돌아왔고 이제 번듯한 자리에 취직만 하면 그녀도 한숨 돌리게 될 터였다. 아들은 처음에는 여기저기 자리를 알아보는 것 같았다. 잠깐은 무슨 컨설팅 회사에서 일을 하기도 했다. 하지만 머지않아 그만두더니 집에서 놀기 시작했다. 이유는 간단했다. 그는 회사생활이 자신에게 맞지 않는다고 주장했다. 직장생활이란 게, 인간관계도 피곤하고 상사 비위 맞추는 것도 싫다고 했다. 다들 적당히 거짓말하고 둘러대면서 피상적으로 살아가는데 자기는 그렇게 살고 싶지 않다는 것이었다. 정직하게 진실하게 인간답게 살고 싶은데 그런 자신을 받아들이기에는 세상이 너무 천박하고 물질에만 집착한다고도 했다.

사회가 돌아가는 꼴도 자기 가치관에는 맞지 않는다고 했다. 역시 '피상적이고 천박하고 물질적이다'라는 것이 그 이유였다. 어머니로서는 아들에게 뭐라고 할 수도 없었다. 그녀 내부에 자리 잡기 시작한 막연한 두려움 때문이었다. 그 두려움은 어쩌면 아들이 일할 마음이 아예 없는 건지도 모른다는 생각에서 기인했다. 그런 생각이 머릿속이 떠오를 때마다 그녀는 미칠 듯한 공포에 사로잡히곤 했다. 그리고 그 공포가 현실로 나타날까 봐 더더욱 아들에게는 아무런 말도 할 수 없었다.

그렇게 시간이 흘렀고 여전히 나이 든 어머니가 생계를 책임져야 했다. 아들은 동네 도서관에 다니며 철학서적이나 사회운동에 관련된 책들을 열심히 읽는 눈치였다. 인터넷에 비슷한 생각을 가진 사람들이 모이는 카페에 가입해서 나름 부지런하게 활동도 했다. 하지만 여전히 일은 하지 않았다. 어머니가 더 상황이 나빠지기 전에 아무 일이라도 하라고 해도 들은 척도 하지 않았다. 결국 견디다 못한 어머니가 집안 어른에게 상의하기에 이르렀다. 거기서 나온 이야기가 아들에게 정신적 문제가 있을지도 모르니 상담을 받게 하는 게 어떠냐는 것이었다.

물론 아들은 처음에는 완강히 거부했다. 어머니가 눈물로 밤

낮으로 읍소하지 않았으면 결코 병원에 오지 않았을 거라고 그는 말했다. 두어 번 상담이 진행되고 있을 때였다. 그는 느닷없이 의사인 나한테 화살을 돌렸다. 정신적 문제를 논의하면서 돈을 받는다는 게 좀 우습지 않느냐는 것이었다. 지나치게 물질 위주의 '천박한 행위'라고 생각지 않느냐고도 했다. 나는 그에게 초등학생도 다 아는 현실적인 이유를 굳이 설명해주어야 했다. 나도 직원 월급도 줘야 하고, 병원도 운영해나가야 하고, 또 내가 들인 시간과 노력에 대한 대가를 받아야 한다고 말해주지 않을 수 없었다. 덧붙여 '만약 내가 당신에게 치료비를 받지 않으면 당신의 잘못된 생각을 내가 더 키워나가는 꼴이 되기 때문에 더욱 그런 일은 있을 수 없다'고 말했다.

"설마 요즘 세상에 정말 그런 사람이 있으려고?" 하실지 모르겠다. 그런 망상을 가진 사람들은 실제로 있다. 그들의 망상은 일종의 '가짜 철학적 경향pseudophilosophy'에서 비롯한다. 그런 증상을 간단하게 설명하면 이렇다. 지금 내가 돈이 없다. 나는 돈 벌러 나가야 한다. 그런데 그렇게 하는 대신 왜 사람은 밥을 먹어야 사냐는 둥, 왜 세상은 물질지상주의냐는 둥 고민하면서 자신이 마치 대단한 철학자나 된 것처럼 군다면 그것은 일종의 현실도피일 뿐이다. 그런 식으로 인생의 진짜 문제에 추상적인 생각을 부여하는 것을 '가짜 철학적 경향'이라고 한다.

앞서 사례로 든 청년은 실제로 그와 같은 증상이 심한 케이스였다. 그의 어머니는 상담 도중에 사람은 일을 해야 한다, 그런 뜻에서 아들이 막노동이라도 하는 모습을 보고 싶다고 울면서 말했다. 그러자 그는 어머니에게 만약 자신이 막노동을 하면, 자기 때문에 진짜 막노동을 해서 먹고살아야 하는 누군가는 그 일을 하지 못하게 된다는 생각은 못하느냐며 언성을 높였다. 그건 인류애에 어긋난다고 그는 분개했다. 그에게 당신이 아무 일도 하지 않는 바람에 연로한 어머니가 계속 힘들게 생계를 책임지는 일은 인류애에 어긋나는 것 아니냐고 해봤자 소용없었다.

그는 명문대를 나오고 유학까지 다녀왔지만 현실에 적응하지 못하는 전형적인 케이스에 속했다. 그라고 남들처럼 좋은 곳에 취직해서 열심히 살고 싶은 소망이 왜 없으랴. 하지만 그의 내면 어딘가에 그렇게 할 수 없는 부적응의 문제가 있었다. 그것을 인정할 수 없으므로 그는 현실도피의 방법으로 '가짜 철학적 경향' 뒤에 숨는 길을 택했던 것이다.

명품과 짝퉁이 차이가 나듯, 진정한 철학을 추구하는 것과 가짜 철학적 경향은 하늘과 땅만큼이나 차이가 난다. 진정한 철학이 인생의 의미를 추구하는 것이 목적이라면 가짜 철학은 현실의 책임감을 회피하려는 것이 목적이다. 즉, 일종의 자기기만이다.

이솝의 '여우와 신 포도 이야기'가 이와 비슷하다. 여우가 길을 가다가 기막히게 탐스러운 포도가 주렁주렁 달린 포도밭을 지나게 되었다. 어찌나 먹음직스러운지 여우는 저절로 발을 멈추고 군침을 흘렸다. 그런데 여우에 비해 포도나무의 키가 너무 컸다. 높이 매달린 포도송이에 여우의 손이 닿기는 매우 어려워 보였다. 그래도 여우는 몇 번 뜀박질을 하며 포도를 따려고 애를 썼다. 하지만 아무리 해도 포도를 손에 넣을 수 없자 여우는 단념하면서 한마디를 던진다.

"저 포도는 너무 시어서 따봤자 먹을 수도 없을 게 분명해!"

그리고 여우는 그냥 가던 길을 갔다는 이야기다. 어떤 일에 대해 지나치게 자기 합리화를 할 때 우린 이 여우와 신 포도 이야기를 자주 인용하곤 한다. 여우는 분명 포도가 너무 탐이 난다. 하지만 그걸 가지려면 굉장히 많은 노력이 필요하다. 아무리 해도 자신이 그걸 해낼 것 같지도 않다. 그러자 포도가 시어서 먹을 수 없을 게 분명하다며 포기한다. 이 여우는 앞의 사례에 등장한 남자의 모습을 연상시킨다.

그의 경우에서 알 수 있듯 가짜 철학을 논하는 사람들 대부분은 심리적으로 매우 많은 것을 바란다. 특히 성공이나 경제적인 것들에 대한 욕망은 누구보다도 큰 경우가 많다. 하지만 그것을 제대로 추구하고 달성할 자신감은 없다. 그러다 보니 포도가 시다고 평가절하하는 여우처럼 "성공에 매달리는 건 가치 없고 치졸한 것이지" 하는 태도를 보이는 것이다.

그런 태도는 "난 꾸역꾸역 음식을 먹는 사람들을 보면 역겨워" 하면서 음식을 탐하는 것과 다를 바가 없다. 주변에 그런 사람이 있으면 나머지 사람들은 한마디로 열받을 수밖에 없다. 자기만 고상하다고 생각하면서 그 밖의 사람들은 속물 취급하기 때문이다.

사는 건 누구에게나 쉽지 않다. 눈앞의 현실이 조금도 무섭지 않거나 도망치고 싶을 때가 없는 사람이 어디 있으랴. 하지만 대부분의 사람들은 그런 현실에 맞서 열심히 살아가고자 노력한다. 세상에는 빛도 있지만 그림자도 있고, 내 인생에도 그 빛과 그림자가 번갈아 드리워질 수 있으며 인간에겐 정신의 문제도 중요하지만 현실에 발을 딛고 책임감 있게 살아가는 것도 똑같이 중요하다는 사실을 받아들여야 한다. 쉬운 예로, 시험공부를 하지 않고 팡팡 놀 때 느끼는 불안감은 공부를 하면서 극복할 수밖에 없다.

사례 속의 남자 역시 상담 과정을 거쳐 이윽고 현실을 차츰 받아들이게 되었다. 현실이 버겁다고 해서 내가 그 속에서 발을 뺄 수는 결코 없다는 것, 그것을 외면하고자 아무리 그럴싸한 치장으로 스스로를 합리화해도 그건 단지 뜬구름 잡는 일일 뿐임을 조금씩 인정하기 시작한 것이다.

포도밭의 포도가 과연 신지 어떤지는 따서 먹어보기 전에는 알 수 없는 법이다. 그리고 포기하지 않는 사람들만이 그것을 딸 수 있다는 건 만고불변의 이치다.

불신이 불러온 병들은 어떻게 치료할 수 있나

영화 〈매치스틱 맨〉에서 니콜라스 케이지가 연기하는 로이라는 인물은 한심한 사기꾼이다. 사기꾼에도 등급이 있다면 그는 아주 하급에 속할 것이다. 힘없는 노인들이나 막연히 횡재수를 노리는 가난한 사람들을 대상으로 너절한 사기를 치기 때문이다. 그는 파트너와 함께 전화번호부를 펼쳐놓고 무작위로 전화를 건다. 그러다가 마침 노인이 나오면 경품에 당첨됐으니 가져다주겠다며 집 주소를 알아낸다. 그다음에는 무작정 찾아가 싸구려 정수기를 열 배는 비싼 값으로 강매하는 것이 그의 수법이다.

뭐, 사업은 그럭저럭 유지가 된다. 파트너 모르게 돈도 꽤 모아두었다. 그에게 문제가 있다면 병적인 신경쇠약 상태가 계속되고 있다는 것이다. 그런데 그 정도가 지나치다. 그는 결벽증에 강박증, 대인공포증, 광장공포증 등등 노이로제의 모든 증상을 갖고 있다. 덕분에 일이 없을 때는 집 안에서 꼼짝하지 않을 때가 많다. 그러고는 자물쇠를 이중삼중으로 잠그고 집 안을 구석구석 소독하고 닦아내며 하루를 보낸다.

집 안에서는 소독약 냄새가 진동하지만 그는 청소하는 걸 멈출 수가 없다. 물론 누가 찾아와서 집 안을 어지럽히는 것도 참을 수가 없다. 어쩌다 파트너가 찾아와도 집에 들이기를 싫어할 정도다. 결국 그는 사기 칠 때를 빼곤 홀로 고독한 생활을 하며 집안 구석구석을 소독하고 청소해대는 것으로 하루하루를 보낸다. 강박적으로 집 안팎의 잠금 상태를 치밀하게 확인하는 작업도 병행하면서.

그가 이처럼 병적인 상태가 된 데는 다 이유가 있다. 노인이나 가난한 사람을 상대로 사기를 쳐서 살아가는 자신의 인생이 마음에 걸리는 것이다. 훤칠한 외모의 그는 말끔한 차림으로 다니면서 뻔뻔하고 교활하게 사람들을 궁지로 몰아넣곤 한다. 겉보기엔 그런 자신에게 대단히 만족하고 있는 것처럼 보인다. 하지만 저 깊은 무의식 속에서는 자신이 잘못하고 있다는 것을 누구보다 잘 알고 있다. 그런 죄책감이 불안을 낳았고 불안이 깊어질수록 그는 더욱 강박증상에 사로잡히곤 했다.

누구나 불안하면 자신이 하는 일이 잘못될 것 같은 초조함을 느끼게 마련이다. 사람들이 외출하다가 가던 길을 되돌아와서 가스며 자물쇠를 제대로 잠갔는지 재차 확인하는 것도 불안감 때문이다. 불안하면 사소한 일에 집착하게 된다. 여기에 죄책감이 가세하면 불안감은 수백 배로 증폭할 수밖에 없다. 그런 경우, 강박장애로 이어질 확률은 더욱 높아질 수밖에 없다.

실제로 그런 임상사례가 적지 않다. 언젠가 아기를 떨어뜨릴 것 같은 불안감에 목욕을 시키지 못하는 젊은 엄마가 있었다. 그녀의 표면적인 문제는 아기 목욕에 관한 것이었다. 하지만 상담이 이어지면서 진짜 원인을 알아낼 수 있었다. 그녀가 아기에게 느꼈던 커다란 죄책감이 진짜 문제였다.

임신과 출산 과정에서 그녀는 생각보다 몸과 마음이 많이 힘들었다. 죽고 싶을 만큼 우울할 때도 많았다. 그런 생각은 자연스럽게 아이에 대한 원망으로 이어졌다. 누구한테도 말은 안 했지만 배 속의 아기만 아니면 자신이 그토록 힘들 이유가 없는데 싶어 임신중절 수술을 할까 고민한 적도 있었다.

그런저런 힘든 시간을 거치는 동안 이윽고 산달이 되었고 그녀는 무사히 아기를 낳을 수 있었다. 하지만 그녀는 자신이 임신 기간 동안 잠깐이라도 아기에게 나쁜 마음을 품었다는 것이 무서웠다. 그런 생각은 말할 수 없는 죄책감을 낳았고 아기를 볼 때마다 죄책감은 더욱 커져만 갔다. 죄책감은 불안감으로 이어졌고 결국 자신이 아기를 떨어뜨려 정말 죽게 할지도 모른다는 강박적 사고로 이어지고 만 것이었다.

영화 속에서 니콜라스 케이지가 결벽증으로 그토록 고생하는 이유도 죽음과 연관되어 있다. 그는 죄책감이 큰 나머지 자신에게 뭔가 나쁜 일이 생길지도 모른다는 두려움을 안은 채 살아가는 인물이다. 그 나쁜 일 중에서 가장 극단적인 것은 죽음이다. 자신이 벌을 받아 죽을지도 모른다는 생각은 공포심을 자극하고 그는 어떻게 해서든 그런 무서운 감정에서 빠져나오고 싶다. 그런데 집 안에 있으면서 환경을 깨끗하게 유지하기만 한다면 죽지 않을지도 모른다. 그러다 보니 그토록 미친 듯이 온 집 안을 소독하고 닦아내는 것이다. 그가 가구며 카펫의 잘 보이지도 않는 얼룩 하나까지도 찾아내서 닦고 또 닦아내는 장면은 참으로 눈물겹다. 그러면서도 한편으로는 그 터무니없는 행동에 절로 쓴웃음을 짓게 된다.

영화나 드라마에는 로이처럼 강박장애를 가진 주인공 캐릭터가 드물지 않게 등장한다. 예를 들어 〈이보다 더 좋을 순 없다〉의 멜빈 유달(잭 니콜슨 분)이나 드라마 〈몽크〉의 주인공인 탐정 몽크(토니 샬호브 분)도 강박장애 환자다. 그런 캐릭터가 자주 등장하는 데는 나름의 이유가 있다. 그들이 보여주는 강박적이고 반복적인 행동 패턴의 집요함이 관객이나 시청자들에게 웃음을 유발하기 때문이다.

잭 니콜슨이 보도블록의 선을 밟지 않으려고 안간힘을 쓰거나 식당에서 반드시 자기 자리를 고집하고 자기가 쓸 포크와 나이프를 들고 다니는 모습이나 몽크가 사건을 수사하는 와중에도 결벽증 때문에 온갖 고생을 하는 모습은 분명 연민을 느끼게 한다. 하지만 더불어 '깨알' 같은 웃음과 재미도 주는 것이 사실이다. 그러니 작가들의 단골 소재가 될 수밖에 없으리라. 하지만 당사자들에게 그건 여간 괴로운 일이 아니다. 견디지 못해 우울증을 앓거나 더 심하면 조현증schizophrenia이 되는 경우도 있다.

우린 누구나 하루에도 몇 번씩 수많은 복잡한 감정을 경험하며 살아간다. 공격적인 충동, 성적 충동, 적개심, 원망, 분노와 좌절감 등등. 하지만 그런 감정들을 날것으로 드러낼 수는 없다. 그랬다가는 당장 미친 사람 취급을 받기 알맞기 때문이다. 따라서 그것들을 억압하느라 안간힘을 쓰면서 살아갈 수밖에 없다. 불안은 바로 그런 과정에서 생겨나는 갈등의 산물이라고 할 수 있다. 그런 상태가 좀 더 깊어지면 강박장애가 되는 것이다.

강박장애란 자신의 의지로는 하고 싶지 않지만 어떤 특정한 생각(강박사고obsession)이나 행동(강박행동compulsion)을 반복하는 상태를 말한다. 당사자는 자신의 반복적인 행동이나 생각이 불합리하고 쓸데없다는 것을 잘 알고 있다. 하지만 그것을 반복하지 않으면 마음이 불안해 견딜 수 없으므로 어쩔 수 없이 반복적인 행동을 되풀이하는 것이다(앞서 나온 모든 사례들이 그것을 보여준다).

가장 흔한 증상의 하나로는 하루에도 수십 번씩 손을 씻거나 하는 결벽 행동이 있다. 노트 필기를 하다가 글자의 획이 하나라도 흐트러지면 그동안 필기한 것을 다 내버리고 처음부터 다시 시작하는 사람들도 있다. 가족들이 제시간에 귀가하지 않으면 곧 죽을 것 같은 불안감에 사로잡힌다는 주부들도 있다. 그런 때면 1분 간격으로 전화를 해대서 가족들이 진절머리를 낼 정도지만 당사자는 그 버릇을 도저히 고칠 수 없노라고 하소연한다.

임상에서는 스스로 불합리성을 인정하면서도 이를 멈추지 못해 괴로워할 때 병이라고 진단한다. 증상이 처음 나타나는 시기는 대부분 사춘기에서 성인 초기지만 어른이 되어서 나타나는 수도 있다. 강박장애 환자는 대개 학력이나 지능이 높은 것이 한 특징이기도 하다. 유전적 요인도 있는 것으로 보고되고 있다.

보통 사람들의 경우에는 약 2~3퍼센트 정도가, 정신과 환자의 경우에는 약 10퍼센트 정도가 강박장애를 갖고 있는 것으로 알려져 있다. 문제는 대개 발병한 후 만성화가 한참 진행된 후에야 병원을 찾는다는 데 있다. 그런 경우, 치료 효과가 현저히 떨어질 수밖에 없다. 따라서 자신에게 강박장애가 나타나는 것 같다 싶으면 곧바로 병원을 찾는 것이 좋다. 치료는 약물치료와 상담, 행동치료 등을 병행한다. 단기간에 완치되는 것이 아니므로 현실에 적응하고 일도 하면서 치료를 진행하는 것이 바람직하다.

강박장애와 더불어 불안이 가장 큰 원인인 병이 또 있다. 바로 편집증이다. 편집증이란, 불안감이 너무 큰 나머지 세상과 사람들에 대한 불신이 깊어진 상태를 말한다. 편집증인 사람들은 모든 사람들이 다 자신을 해치려 하고 속이려 하고 이용하려 한다고 생각한다. 그러므로 자신은 어떤 경우에도 그들을 믿어서는 안 된다고 여긴다. 자신을 제외한 모든 사람들은 악의적이고 모자라고 그래서 자신이 그들에게 한 수 가르쳐주지 않으면 안 된다고 생각하는 수도 있다.

그들은 항상 경계 태세를 늦추지 않는다. 내가 주의하지 않으면 사람들은 나를 '조종하고 학대하고 이용하기' 때문이다. 그러다 보니 그들은 집착에 가까운 불신을 갖고 오직 상대방의 숨겨진 의도를 찾느라 대부분의 시간을 허비한다. 편집증인 사람들이 집단이나 조직에서 조금이라도 차별대우를 받는다고 여기면 쉽게 분노하고 소송도 불사하는 이유도 그 때문이다. 상담을 원하는 이유도 마찬가지다. 그들 중에는 자신의 생각을 바꾸고 변화하기 위해서가 아니라 불안과 분노를 터뜨리는 방법의 하나로 상담을 이용하는 사례도 있다.

언제나 상담 시간에 세상에 대한 분노, 한국 사회에 대한 분노, 사람들에 대한 분노만 터뜨리는 사람이 있었다. 그가 터뜨리는 분노는 일차적으로 누구라도 공감할 수 있는 것이긴 했다. 공공장소에서 남의 눈치 보지 않고 큰 소리로 전화하는 사람들, 출입문 드나들면서 아무 생각 없이 그냥 뒷사람을 밀쳐내 다치게 하는 사람들, 지나가다 눈이 마주치면 그냥 째려보는 사람들 등등. 문제는 그의 적개심이 지나치다는 데 있었다.

그의 이야기를 듣다 보면 정말 한국은 사람이 살아갈 만한 곳이 못 되었다. 게다가 주변 사람들에 대한 분노도 대단했다. 모두들 자기를 속이고 등이나 처먹으려고 온갖 수를 다 쓴다는 것이었다. 하지만 자긴 거기에 절대 넘어갈 사람이 아니라고 주장했다. 언제나 눈을 부릅뜨고 그들이 어떤 피해도 입히지 못하게 조심하고 있기 때문이라는 것이다.

그의 사례에서 보듯이, 편집증인 사람들은 대부분 자신이 분노할 구실만 찾는다. 그리고 자신의 불신을 합리화하기 위해 그것과 어긋나는 증거는 결코 받아들이려고 하지 않는다. 그러다 보니 증상이 심해질수록 자기의 생각에만 집착해서 오로지 그것만이 그의 세상을 이루는 전부가 되고 마는 것이다.

따라서 편집증은 치료가 쉽지 않다. 증상이 비교적 가벼울 때는 그가 집착하고 있는 생각에 대해 시시비비를 가리기보다는 왜 그런 생각을 갖게 되었는지를 알아보는 작업이 필요하다. 자신이 스스로를 보는 시각, 타인과 세상을 보는 시각이 어떠한지 살펴보고, 그러한 시각을 가진 경우 불안이 치료되는 것이 아니라 더 불안해진다는 것을 알 필요가 있다. 그래서 지금까지와는 다른 전략으로 세상과 사람들과 관계를 맺는 과정을 세워나가도록 도와주어야 한다.

물론 그 과정이 쉽지는 않다. 하지만 세상에는 못 믿을 사람도 있지만 조금이라도 나를 도와주려고 하는 사람도 있고, 무서운 일만 반복해서 일어나는 것이 세상사가 아니라는 경험을 하게 되면, 편집증도 서서히 옅어지는 경험을 나는 실제 임상에서 하고 있다.

가면우울이나 화병에서 벗어나려면

요즘 들어 세상이 참 달라졌구나 하는 걸 느낄 때가 있다. 그중 하나가 텔레비전의 '예능 프로그램'이란 걸 볼 때다. 특히 연예인들이 토크 쇼에 나와서 자기 약점은 말할 것도 없고 상대방의 약점까지 다 들추어낼 때는, 과연 저래도 될까 싶은 생각이 든다. 예전 같으면 숨기기에 바빴을 일들을 미주알고주알 털어놓는 게 아무렇지도 않은 세상이 된 것이다. 심지어 먼저 병원을 찾아가 자신들에게 신체적, 정신적 문제가 없는지를 밝히기까지 한다. 과거에는 생각도 할 수 없던 일들이다. 어떤 의미에서는 다행스러운 현상이기도 하다. 문제를 억압하고 숨기고 회피하는 것이 수많은 신체적, 정신적 질환의 원인이란 사실이 현대의학에서 밝혀지고 있기 때문이다.

언젠가는 케이블 TV의 한 프로그램에서 출연자들이 정신과적 진찰을 받는 장면이 큰 화제를 모았다. 출연자 중 한 사람이 '가면우울masked depression'이란 진단을 받았기 때문이다. 평소 지나치다 싶을 만큼 밝은 성격으로 여러 프로그램에 등장해온 그녀였기에 아마 더 충격으로 다가온 것 같다.

그러나 일찍 어머니를 여의었던 성장과정이나 가족과 떨어져 혼자 지내며 오랜 무명생활을 견뎌야 했던 일 등을 생각해보면 그녀의 우울증은 새삼스러운 일이 아닐 수도 있다. 단지 그것을 억압하고 지나치게 밝고 명랑한 모습으로 포장하다 보니 시청자들이나 어쩌면 그녀 스스로도 자신의 우울증상을 믿지 않았을 수는 있다.

하지만 아마도 깊은 밤 홀로 깨어서 자신과 마주할 때면 그녀 역시 자신의 내면에 얼마나 깊은 우울의 심연이 자리하고 있는지 깨닫는 순간이 분명 있지 않았을까. 물론 그녀는 그때마다 화급하게 그 우물의 뚜껑을 닫아버리곤 했을 것이다(그런 순간이면 거의 누구나 그렇게 하듯이). 그러나 아주 짧게, 힐끗이라도 그 심연을 본 이상 누구도 그것을 아주 없던 일로 할 수는 없는 법이다. 그로 인해 그녀 역시 우울증이 더 깊어졌을 수도 있다.

할리우드의 잘나가는 코미디 배우 짐 캐리 역시 우울증이란 사실이 밝혀져 사람들을 놀라게 한 적이 있다. 그 역시 대중을 웃기고(그것도 대개는 좌충우돌하는 과장된 몸 연기로) 인터뷰에서도 심하게 밝은 이미지를 유지해온 터였다. 그런데 알고 보니 실생활에서 심하게 우울증을 앓고 있었다는 것이다. 아마도 그 역시 가면우울의 단계를 거쳐서 결국 증상이 악화되었던 것인지도 모른다. 언젠가 그가 몹시 어두운 영화에 출연한 적이 있는데 그 역시 그의 우울증과 무관하지 않다는 얘기가 있었다.

우울증은 정신과에서 흔하게 관찰되는 병이다. 보통 유병률을 30퍼센트로 보고 있다. 그중에서 가면우울이란 말 그대로 우울한 기분이 가면을 쓰고 나타나는 상태를 말한다. 가면을 쓰고 있으면 그 사람이 지금 어떤 생각과 감정을 느끼는지 알 수 없다. 그런 것처럼 다른 사람에게는 물론 스스로에게도 자기가 우울하다는 사실을 숨기는 것이다.

흔히 '우울하다'고 하면 떠오르는 이미지가 있다. 말 그대로 우울감과 무력감에 사로잡혀 모든 것이 귀찮고 인생에 즐거운 일이 없고 몸이 마르고 잠을 못 자고 입맛이 없고 자살에 대해 생각하고 등등. 그와 같은 증상이 최소 2주 이상 지속될 경우 병원에서는 우울증이란 진단을 내린다. 그런데 그런 증상들이 심하게 억압되어 내면에 갇혀 있는 경우 가면우울이란 형태로 나타나게 되는 것이다.

가면우울은 앞서 예를 든 두 사람의 경우처럼 지나치게 밝고 명랑한 태도로 나타나기도 하지만, 약물이나 알코올 중독, 도박, 신체화 증상 등으로 나타나는 경우가 더 많다. 아이들의 경우에는 이별불안, 학교공포증, 행동과잉 등을 보이기도 한다. 사춘기에는 가출, 무단결석, 알코올이나 약물 남용, 성적 문란, 과격한 행동 등으로 나타나기도 하며 노인들에게는 가성치매라 하여 얼핏 보면 치매와 같은 현상으로 나타나기도 한다.

가장 중요한 원인은 자기의 감정을 인정하려고 하지 않는 데서 오는 것이다. 프로이트는 심리적으로 우울감은 자기 자신에게 분노의 화살을 돌리는 것이라고 했는데, 맞는 말이다. 누군가에 대해 분노하는 대신 자기를 자책하는 것이 깊어지면 그것이 우울감으로 나타나는 것이다. 증상이 깊어지면 반대로 조증이 되기도 한다. 일상에서 흔히 보는 것으로는 감정적으로 불안정하고 말이 많아지며 잠을 안 자고 행동도 과장이 심하고 쇼핑에 중독되는 등의 증상이 나타나기도 한다.

가면우울 역시 어떤 의미에서는 조울증의 한 증상이라고 할 수 있다. 사람들과 섞여 있을 때는 조증이 되어서 지나치게 밝고 때로는 어수선할 정도로 명랑함을 가장하지만 혼자 남겨지면 급격히 우울해지는 경우가 많기 때문이다.

우울감은 분노, 피해의식, 불안, 공포 등의 감정이 제대로 해결되지 않을 때 나타나는 감정이다. 그러므로 무엇보다도 먼저 자신의 우울감을 은폐하지 말고 받아들이려고 노력해야 한다. 우린 흔히 불안하기 때문에 더 불안해하고 우울하기 때문에 더 우울해한다. 그러다 보면 마치 눈덩이가 커지듯이 감정의 증폭이 일어난다. 그럴 때는 객관적으로 감정을 직시하고 받아들이려는 노력이 필요하다. 내가 불안한 이유를 아는 것과 모르는 것 사이에는 커다란 차이가 있기 때문이다.

많은 사람들이 조금이라도 힘든 감정이 생기면 그것을 문제라고 생각하는 경향이 있다. 그래서 억지로라도 빨리 마음속에서 몰아내야 하는 것으로 여긴다. 하지만 그것은 마치 아직 전세 기간이 많이 남았는데 강제로 집을 비우라고 독촉하는 것이나 같다. 사실은 오히려 그 반대로 해야 한다. '그렇게 힘든 일을 겪었으니 얼마나 고통스럽겠는가. 마음이 아픈 것이 당연하다' 하고 스스로를 위로해줘야 한다.

그건 다른 이들에게도 마찬가지다. 그런데도 우린 그때도 역시 반대로 한다. 힘든 일을 겪은 사람들을 보면 "당신보다 더 힘든 일을 겪은 사람을 생각해보라, 빨리 일어나라" 하고 나름대로 격려의 말을 해야 한다고 생각하는 것이다. 그러면 상대방은 '아, 내가 이렇게 연약한 사람이구나' 하는 자책감을 느끼고 상태가 더 심각해질 수도 있다.

자연을 이기는 법은 일단 자연에 순응하는 것이듯 마음의 고통도 마찬가지다. 서두르고 지름길만 바라면 안 되는 것이 바로 마음의 치유다.

그런데도 뭔가 마술적인 기대를 하고 병원을 찾는 사람들이 더러 있다. 그들은 마치 영화나 소설에서처럼 정신과 의사한테 자기 이야기를 털어놓으면 의사가 한마디로 "당신의 문제는 과거의 이러저러한 경험이 원인입니다"라고 정의해주기를 바란다. 그러면 자신은 전광석화처럼 '아하' 하고 깨달음을 얻어 변화할 거라고 기대한다. 그런 마술이 현실에서 일어나는 일은 없다. 오히려 의사 입장에서는 그렇게 마술적 치료를 기대하는 사

람은 경계해야 하는 대상이다. 그들은 인생이나 인간관계에서
도 마술을 기대하는 사람들이기 때문이다.

상담 과정은 때로 긴 시간을 필요로 한다. 자신의 마음속 생
각들을 말로 풀어내면서 차츰 문제를 해결해나가는 과정이 요
구되기 때문이다. 흔히 우리가 화병이라고 하는 것도, 알고 보면
내 속의 이야기를 누군가에게 털어놓지 못해서 생기는 것이다.

화병에는 독특한 특징이 있다. 하나같이 불과 연관된 증상들
을 호소한다는 것이다. 가슴에 불덩어리가 들어앉은 것 같다, 온
몸에 불덩어리가 돌아다닌다, 열이 나서 못 살겠다, 무언가 마음
속에서 뜨거운 것이 치밀어 오른다 등등. 그러면서 어지럽고 덥
고 가만히 있을 수가 없어서 한겨울에도 방문을 열어젖혀야 시
원하단다. 그렇게 된 연유를 물어보면 대답 역시 한결같다. 자기
힘든 것을 아무에게도 이야기할 수 없기 때문이라는 것이다.

나는 이 화병이 생겨나는 과정을 농부가 거름을 만드는 일에
비유하곤 한다. 농부는 거름을 만들 때 퇴비를 그냥 차곡차곡 쌓
아서 썩힌다. 그러면 공기가 전혀 순환되지 못하므로 어느 순간
부터 그 안에서 열이 나면서 거름이 만들어지는 것이다. 그런 것
처럼 우리 속에도 좌절과 슬픔, 원망과 분노 같은 감정의 찌꺼기
들을 차곡차곡 쌓아두기만 하면 반드시 문제가 생긴다. 공기가
통하지 않아 썩기 시작한 두엄 더미에서 열이 나듯이 역시 환기
가 되지 못한 마음속에 열이 쌓이면서 화병을 일으키는 것이다.

흔히 사람들이 와서 가슴이 답답하다고 하는 것도 바로 그런 현상이다.

어느 젊은이가 직장에서 심한 따돌림을 당했다. 그 상황을 견디다 못한 그는 자살을 기도했고 그만 식물인간 상태가 되고 말았다. 졸지에 억장이 무너진 그의 어머니가 아들이 다니던 회사를 상대로 고소를 했다. 그런데 법적으로 회사에 아무런 책임이 없다는 판결이 나왔다. 억울함을 풀 길이 없자 그 어머니는 매일같이 검찰청 앞에서 일인 시위를 했다. 비가 오나 눈이 오나 개의치 않았다. 경비가 끌어내면 그때뿐, 어머니의 시위는 계속되었다.

그 어머니는 누군가가 자신의 억울한 이야기를 들어주었으면 했다. 그런데 아무도 그 어머니에게 관심조차 보이지 않았다. 그러던 어느 날이었다. 출근하던 한 젊은 검사가 그 어머니를 보고 "도대체 왜 그러시는지 이야기나 들어봅시다" 하고 자기 방으로 모시고 갔다. 검사는 몇 시간에 걸쳐 어머니의 이야기를 다 들어주었다. 그런 다음에 "어머니 마음은 충분히 이해합니다. 하지만 아드님 사건은 법적으로 이러저러한 문제가 있습니다" 하고 자세히 설명을 해주었다. 그리고 "그러니 그만 접으시고 아드님 간호 잘하세요" 하고 어머니를 진심으로 위로했다. 그러자 그 어머니는 목 놓아 울면서 "고맙다, 당신이 내 이야기를 들어준 유일한 사람이다" 하고 돌아갔다고 한다.

우리의 마음은 평상심을 유지하려는 경향이 있다. 마치 놀이터의 시소가 제자리에서 늘 평형을 이루려고 하는 것처럼. 따라서 격앙된 감정이 다시 제자리로 돌아오려면 그만큼 더 많은 노력이 필요하다. 즉, 감정의 진폭이 넓을수록 마음이 해야 하는 일도 많아지는 것이다. 그 결과 우리 마음속에는 더 많은 감정의 찌꺼기들이 쌓이게 된다. 그리고 그것을 제때에 적절하게 배출하지 못할 때 우리는 여러 가지 신경증에 걸리게 되는 것이다.

집안 청소라는 건 그때그때 해치우는 것이 가장 바람직하다. 나중에 하려면 시간도 오래 걸리고 힘도 배로 들기 때문이다. 그러면 청소하기가 더욱 싫어진다. 그럴 때 게으름이 우리 귓가에 속삭이는 소리는 대개 한 가지로 압축된다. "기왕 이렇게 된 거 한꺼번에 몰아서 하지 뭐!" 그때까지는 그래도 괜찮다. 열흘에 한 번이라도 어쨌든 하긴 하니까. 하지만 그 단계도 지나면 아예 손을 놓게 되는데, 그런 일만은 피해야 한다.

우리의 마음도 마찬가지다. 마음속을 휘젓는 온갖 어지러운 생각과 감정들을 그때그때 정리하는 훈련을 할 필요가 있다. 마음에 감정의 찌꺼기들이 쌓이지 않도록 자주 청소를 해주어야 하는 것이다. 물론 쉬운 일은 아니다. 하지만 계속해서 애쓰다 보면 어느 정도 효과를 기대할 수 있다. 그러기 위해서는 먼저 내가 느끼는 모든 감정과 생각들을 거스르지 말고 있는 그대로 수용하려고 노력해야 한다. 그다음에는 그 감정들로 인해 내가 힘들어한다는 사실을 인정하고, 마지막으로 그것을 바꾸는 방법을 찾아보는 것이다.

"한 사람의 눈에 들어온 풍경은 감추어둔 내면의 반영일 때가 많다"는 말이 있다. 내 마음이 잘 정리되어 있으면 우린 주변 정리도 잘할 수 있다. 그것이 건강한 몸과 마음으로 살아가는 비결이 아닐까.

그러기 위해서는 마음에 맞는 대화 상대가 있다면 더 바랄 게 없을 것이다. 하지만 그렇지 못한 경우에는 일기를 쓰면서 마음속 감정의 노폐물들을 정리하는 것도 좋은 방법이다. 어느 쪽이든 꾸준히 실천한다면 제때 마음의 환기가 되어 우울증이나 화병 증상에서 차츰 벗어날 수 있을 것이다.

따돌림당한 토끼의 심리학

예전에 〈TV 동물농장〉에서 매우 흥미로운 장면을 봤다. 안 보신 분들을 위해 간단히 설명하자면, 토끼농장에서 벌어진 해괴한 미스터리가 주제였다. 토끼농장에서는 벌써 1년째 밤마다 토끼들의 귀가 잘려나가는 끔찍한 일이 벌어지고 있었다. 적지 않은 토끼들이 귀 끝이 잘려나가거나 싹둑 없어지거나 잘근거려놓은 흔적들을 갖고 있었다.

나이 먹은 토끼뿐 아니라 어린 토끼들도 예외가 아니었다. 심한 경우에는 목숨을 잃은 경우도 있다는 게 젊은 농장 주인의 설명이었다. 실제로 촬영 중에 귀가 물려서 죽은 토끼가 발견되기도 했다.

처음에는 당연히 토끼보다 더 힘센 산짐승의 소행일 거라는 생각에 전문가를 동원해 사건의 실체를 밝혀내려고 애썼다. 하지만 외부 침입 흔적을 찾지 못하자 몰래카메라를 설치하고 밤새 지켜보기에 이르렀다. 놀랍게도 농장에 있던 한 토끼가 범인이었다. 전문가의 말에 의하면, 토끼는 결코 다른 토끼의 귀를 물어뜯어서 먹어치우는 엽기적인 짓을 하지 않는다고 했다. 하지만 문제의 그 토끼는 밤만 되면 헐크처럼 변해서 다른 토끼들을 공격한 다음 귀를 물어뜯어 먹어치우는 게 아닌가. 더욱 놀라운 건 토끼가 그런 행동을 하는 심리적 원인이었다.

알고 보니 그 토끼는 다른 토끼들과는 달리 양쪽 귀가 강아지처럼 아래로 축 처져 있었다. 토끼농장의 그 많은 토끼들 중에서 그런 귀를 가진 유일한 토끼였다. 바로 그처럼 다르게 생긴 것이 문제의 시작이었다. 맨 처음 그 토끼가 농장에 왔을 때 다른 토끼들이 심하게 따돌린 것이다.

의사의 말로는 동물들도 동료 중에 자기들과 생김새가 다르거나 약해 보이는 녀석이 있으면 지독하게 따돌리는 일이 종종 있다고 한다. 그 농장의 토끼들도 예외가 아니었던 모양이다. 녀석은 이른바 '왕따'를 심하게 당했고 극심한 스트레스로 마음에 병이 든 것이었다.

아마도 녀석은 자신의 귀가 다른 토끼들과 다르다는 이유 때문에 따돌림을 당했다는 사실을 알았던 게 아닐까. 그 이유가 아니면 밤마다 미친 듯이 돌변해서 다른 토끼들의 귀를 물어뜯는 행동이 설명되지 않는다. 그 토끼는 따돌림으로 인한 스트레스가 노이로제를 유발하고 그것이 다시 편집증과 폭력성으로 발전한 전형적인 케이스였다.

하지만 아무리 그렇다고 해도, 토끼가 그렇게 광기에 차 있는 상황은 아무래도 놀라웠다. 인간의 케이스와 조금도 다르지 않왔기에 더욱 충격적이었는지도 모르겠다.

실제로 나의 임상사례를 보면 심각한 따돌림으로 마음의 병을 얻어 괴로워하는 사람들이 적지 않다. 제때 치료를 받지 못한 경우, 그들은 매우 자폐적이 되거나 반대로 편집증적인 폭력성을 보이기도 한다. 어느 쪽이나 사회에 적응하지 못한 채 힘겨운 삶을 살아가기는 마찬가지다. 그로 인해 가족들이 겪는 괴로움도 심각한 경우가 많다.

그들을 볼 때마다 안타까운 나머지 혼자 드는 생각이 있다. 그 일의 가해자가 한 번이라도 피해자의 입장이 되어 똑같은 괴로움을 겪는다면, 그것이 얼마나 해서는 안 되는 일인지를 절감하게 되리란 것이다.

젊은 여성이 대인기피증과 그로 인한 우울증으로 병원에 오게 되었다. 그녀는 남들의 눈치를 심하게 살피고 자신감이라곤 없으며, 사람들을 만나서 관계를 맺어가는 일부터가 너무도 어렵다고 하소연했다. 그러다 보니 간신히 대학을 마치고 직장생활을 시작했지만 하루하루가 힘겨워서 죽고만 싶다는 것이었다. 상담이 진행되면서 애초에 그녀를 병들게 한 원인이 밝혀졌다. 그녀는 초등학교 6학년 내내 지독하게 '왕따'를 당한 경험을 갖고 있었다.

친하게 지내던 짝꿍이 있었는데, 그녀가 시험에서 좀 더 나은 성적을 받자 이 친구가 싹 돌변했다. 그러더니 반 아이들을 조종해서 그녀를 심하게 따돌리기 시작했다. 처음에는 주저하던 아이들도 어느새 그녀를 '왕따'시키는 데 한몫 거들었다. 아이들의 세계에서 그것은 지독한 형벌이나 마찬가지였다.

게다가 그녀는 어른이 된 지금도 여전히 그 형벌에서 벗어나지 못하고 있었다. 그녀는 최근에 우연히 그 친구를 만났다고 했다. 그런데 몹시 반가워하며 예전에 자신이 무슨 짓을 했는지 기억도 못하는 것 같았다고 한다. 그 때문에 그녀는 더 큰 충격을 받았고 결국 병원을 찾기에 이른 것이었다.

심각한 따돌림은 아마도 인류의 시작과 더불어 계속된 문제일 거란 생각이 든다. 동물들이 본능적으로 자신과 다르거나 약한 존재에 대해 거부감을 갖도록 만들어져 있다면, 인간 역시 예외를 주장할 수 없을 것이기 때문이다. 단지 자신과 다르다는 것 때문에 차별을 일삼는 사람들이 사라지지 않는 현상을 설명해주기도 한다.

그러나 중요한 것은 그런 사람들은 일부에 지나지 않는다는 사실이다. 대부분의 사람들은 어떤 식의 차별도 행해서는 안 된다는 사실을 잘 알고 있고 또 그것을 실천하려고 노력하며 살아간다. 그것이 가능한 것은 인간에게는 자신의 행동을 선택할 수 있는 자유의지가 있기 때문이다. 그것이 본성대로 살 수밖에 없는 동물과 인간의 다른 점이고, 또한 인간이 만물의 영장인 이유이다.

자유의지와 더불어 인간에게만 주어진 것이 또 하나 있다. 그 것은 자신의 행동을 돌아보고 성찰할 수 있는 능력이다. 그런 능력을 갖고 있는 한 우리에겐 자신의 행동을 돌이키고 다음번에는 올바른 선택을 할 기회가 있다. 물론 처음부터 그렇게 하기는 쉽지 않으므로 어릴 때부터 그런 자세를 배워나갈 수 있도록 도움을 주는 일이 무엇보다 필요하다. 따돌림 피해자가 줄어드는 것은 우리 모두가 얼마나 노력하느냐에 달려 있다.

내 마음의 그림자에 사는 열등감 치료하는 법

오래전에 〈엑소시스트〉라는 영화를 본 적이 있다. 가장 인상 깊었던 것은 악마가 엑소시즘을 하려는 신부를 조종하는 장면이었다. 엑소시즘의 대가인 신부에게도 치명적인 약점이 하나 있다. 바로 아버지에 대한 죄책감이다. 그 사실을 안 악마는 신부에게 아버지의 모습으로 나타난다. 그 순간만큼은 신부가 더 이상 힘을 발휘하지 못하기 때문이다. 오래전에 보았던 영화라 신부가 왜 아버지의 모습을 볼 때마다 죄책감을 느꼈는지는 기억나지 않는다. 하지만 '죄책감의 뿌리라는 것이 정말 질기구나' 하고 가벼운 충격을 받았던 기억만큼은 선명하다.

지금도 그 장면을 떠올릴 때가 많다. 죄책감과 열등감으로 고민하는 사람들이 여전히 내 진료실을 찾아오기 때문이다. 그들역시 신부처럼 죄책감과 열등감의 희생양이 된 이들이다. 그래서 가끔 그들에게 그 신부의 이야기를 들려주기도 한다.

죄책감이나 열등감은 매우 비합리적인 감정이다. 이런 감정을 지닌 이들은 대개 크기가 콩알만도 못한 것을 마치 거대한 바윗덩어리처럼 느끼기 때문이다. 게다가 그 거대함을 더 크게 느끼라고 끊임없이 스스로를 고문하고 세뇌하기까지 한다. 그리하여 영화 속 신부처럼 결국 끔찍한 아킬레스건이 되고 마는 것이다. 수많은 상담 사례에서 나는 그것을 보았다.

간절하게 남편에게 사랑받고 싶은 여성이 있었다. 그녀는 남편이 자기를 선택한 이유가 시집 식구들에게 잘할 것이란 기대 때문임을 알고 있었다. 그녀는 뼈가 빠지도록 남편과 시집 식구들에게 봉사하고 희생했다. 하지만 그들은 지나치게 자기중심적이고 칭찬에 인색한 사람들이었다. 결국 그녀에게 돌아오는 거라곤 언제나 비난뿐이었다. 그럴수록 그녀는 칭찬받기 위해 더욱 노력하지 않을 수 없었다. 그러다 보니 싫은 소리도 못하고 거절도 못하면서 병이 점점 더 깊어갔다.

그녀가 그런 감옥에서 벗어날 수 있었던 것은 열등감과 죄책감 때문에 스스로를 희생양으로 만들어왔다는 사실을 깨닫고 난 다음이었다. 그녀가 많은 걸 희생하면서도 떳떳하게 행동하지 못했던 이유도 '내가 과연 내세울 게 있을 만큼 잘하고 있는 걸까?' 하는 열등감과 죄책감이 원인이었던 것이다.

〈엑소시스트〉에 등장하는 신부조차 자기 인생에 대해 완전한 자신감을 갖고 살지 못한다. 하긴 누군들 그러하랴. 그런데도 우린 자주 자기 인생의 불완전성 때문에 쓸모없는 열등감과 죄책감에 사로잡히곤 한다.

열등감은 다른 사람이나 스스로의 기대치에 비해 못나 보이는 자신에 대해 갖는 감정이다. 그에 비해 죄책감은 좀 더 뿌리가 깊다. 우리 안에 자리 잡고 있는 초자아가 가혹하게 자신을 비판하는 것이기 때문이다. 마치 매 순간 학생을 감시하는 사감 선생 같다고나 할까. 중학교 일학년 때 나의 담임선생님은 너무나 무서웠다. 다른 과목 수업을 듣다가도 느낌이 이상해 뒤를 돌아보면 뒷문에서 우리를 살피는 선생님과 눈이 마주치곤 했다. 그때마다 뒷목이 뻣뻣해지면서 등골이 오싹하는 느낌을 받곤 했는데, 초자아가 지나치면 그렇게 되는 것이다.

물론 자아와 초자아가 전혀 형성되지 않은 범죄자나 인격장애인도 문제다. 하지만 지나치게 초자아가 비대해진 사람 또한 비극적인 삶을 살 수밖에 없다. 아무것도 아닌 일에 열등감을 느끼고, 수시로 자기를 누군가와 비교하면서 비하하고, 또 그러는 자신을 스스로 야단치는 악순환에 사로잡히게 되는 것이다.

그것에서 벗어나려면 그대로 자기 자신을 수용하는 수밖에 없다. 결국 열등감이나 죄책감도 스스로에게 솔직하지 못해서 생겨나는 감정이기 때문이다. 예를 들어, 난 나의 이런저런 모습들이 참 싫다. 열등감과 죄책감을 거의 자동으로 불러일으키는 것도 참을 수 없다. 그래서 나한테 그런 면들이 아예 없는 것처럼 꽁꽁 숨겨두기에 이른다. 그렇게 스스로를 속이다 보면 정말 그런 것처럼 느낀다. 일종의 세뇌 상태에 놓이는 것이다. 거기서 더 진전되어 결국 병이 되고 마는 경우도 허다하다.

우린 흔히 이상하게 생각하고 말하고 행동하는 것만을 정신 질환이라고 생각하는 경향이 있다. 사실 그런 증상은 병이 상당히 진행된 후에야 나타난다. 따라서 병이 진행되는 동안에는 환자의 가족들이 그가 정신병이라는 사실을 모르는 경우가 종종 있는데, 왜냐하면 실제로 병이 심해지기 전까지 가족들에게는 단지 그가 평소 갖고 있던 단점이 두드러지게 나타나는 것으로 보이기 때문이다. 가족들은 그저 그가 점점 더 못되게 군다고만 생각하는 경우가 많다. 마침내 그의 단점이 장점을 다 뒤엎어 오로지 단점만이 남은 상태가 정신병인 것이다.

건강할 때는 자신이 가장 성실한 아내와 어머니라고 생각하는 여성이 있었다. 그런데 병이 나빠지면 그녀는 전혀 다른 사람으로 변하곤 했다. 다른 사람에게 배려라곤 전혀 없는 광폭한 모습으로 돌변했던 것이다. 그런데 그것은 알고 보면 평소에도 그녀의 성실성 밑에 숨어 있는 모습이었다. 그녀는 원래 고집이 세고 자신의 생각만이 옳다고 생각하는 타입이었다. 평소에는 그것이 그녀의 친절하고 성실한 성격에 가려 있다가 병이 심해지면 나타나곤 했던 것이다. 그것이 융이 말한 그림자shadow다. 남에게는 보여주고 싶지 않지만 내 안에 있는 어두운 면인 것이다.

죄책감이나 열등감 역시 그와 같은 그림자의 하나다. 평소 그것은 마음 깊숙한 곳에 가려져 있어 잘 보이지 않는다. 그러다가 얼핏이라도 그것을 보게 되는 순간이 있다. 그럴 때 사람들은 순간적으로 밀려드는 공포에 질겁하게 마련이다. 자신도 모르게 그 어두운 면을 드러내게 될까 봐 너무도 두려운 것이다. 그와 같은 불안과 공포는 때때로 내면의 에너지를 지나치게 소모시킨다. 그래서 활동적이고 좋은 곳에 써야 할 에너지마저 고갈되고 만다. 결국 있는 그대로의 자기 모습을 인정하고 받아들이기 전에는 해결책이 없는 셈이다.

그런 열등감과 죄책감은 사람마다 얼굴이 다 다르듯이 각기 다르다. 그것을 알아낸 사람이 융이었다. 그는 그것에 콤플렉스라는 이름을 붙였다. 그리고 단어연상검사에서 어떤 단어를 주었을 때 피실험자가 반응하기 전에 지나치게 오래 주저하거나 기분의 동요를 나타내거나 하면 그 단어가 연상시키는 것이 그 사람의 콤플렉스를 건드리기 때문이라고 설명했다.

형제와 사이가 안 좋은 사람이 있었다. 그는 형제들끼리 서로 연락하지 않고 지낸 지도 오래되었고, 그러다 보니 누가 형제에 대해 물어보는 것이 가장 싫다고 했다. 순간적으로 어떻게 대답해야 할지 난감하기 때문이라는 것이다. 나는 그에게, 사실 알고 보면 그렇게 살아가는 사람들이 참 많다, 그러니 열등감이나 죄책감을 가질 필요는 없다, 그럴수록 단지 간단명료하게 대답하면 된다는 요지의 말을 해주었다. 그제야 그는 표정이 밝아졌다.

곰팡이를 없애려면 햇빛과 바람에 노출시키면 되는 것처럼 마음의 열등감과 죄책감도 드러내고 나면 더는 열등감이나 죄

책감이 아니다. '어두운 곳에 손을 내밀어 밝혀주리라'는 노랫말
은 내 마음에도 필요한 것이다.

자살의 심리—나는 왜 나를 살해하는가?

몇 년 전 기업인들을 대상으로 하는 강연 중에 있었던 일이다. 자살을 한 번이라도 생각해본 사람은 눈을 감은 채 손을 들어보시라고 한 적이 있다. 그랬더니 무려 90퍼센트 이상이 손을 드는 것을 보고 놀라지 않을 수 없었다. 얼마 전 기사에 난 통계를 보면 우리나라에서 하루에 자살하는 사람이 42명이라고 한다.

사회적으로 이름이 알려진 사람들의 자살 기사가 나면 정신과 의사들은 긴장한다. 상담 받으러 오는 환자 중에 많은 분들이 "기사를 보니 그런 사람들도 죽는데, 나 같은 사람은 당연히 죽어야 하지 않겠는가" 하는 말들을 하기 때문이다. 개인적으로는 한 여자 연예인이 자살했을 때 힘들었던 기억이 있다. 많은 여자 환자들이 따라서 죽겠다고 해서 말리느라 애를 먹었다.

사실 정신의학 치료 영역에서 자살은 큰 화두다. 누군가는 정신과 의사를 두 부류로 나눌 수 있다면서, 하나는 자기가 치료하던 환자의 자살을 이미 경험한 의사이고 다른 하나는 앞으로 경험할 의사라고 말한다. 그리고 그런 쓰라린 경험을 하지 않는 유일한 방법은 아예 환자를 진료하지 않는 것이라고도 한다. 내 경우에는 불행히도 전자에 속한다. 그리고 그 경험은 내 인생에 지대한 영향을 미쳤다. 만약 내 인생을 나눈다면 그 일을 경험하기 전과 후로 나눌 수 있을 정도다.

사실 자살은 죽는 사람에게도 큰 문제지만 남은 사람들의 고통도 대단히 크다. 자살한 사람의 가족, 친구 그리고 그를 치료한 의사도 법적인 문제를 떠나 심리적으로 큰 상처를 받게 되기 때문이다. 내 경우에는 다시 환자를 진료할 수 없을 정도로 고통이 컸다. 결국 더 이상 정신과 의사로 살아갈 수 없겠다는 생각을 안고 미국으로 떠났다. 그런데 그곳에서 내 인생의 멘토인 닥터 밀러를 만났다. 그분 덕분에 나는 상처를 치유받았을 뿐만 아니라 인생의 목표도 새롭게 정비할 수 있었다. 희망은 가장 절망했을 때 찾아온다는 말은 정말 맞는 말이었다. 지금 잘나간다고 해서 그게 전부는 아니며, 지금 불행하다고 해서 내 인생 전체가 잘못되는 건 아니라는 것을 그때 나는 새삼 깨달았다. 죽기 전까지는 내 인생에 무슨 일이 생길지 모르니 끝까지 살아봐야 한다는 것도.

그럼에도 불구하고 온갖 모순이 공존하는 것이 바로 인생인지라 우린 그토록 살고 싶어 하면서도 한편으로는 죽고 싶어 한다. 게다가 사람의 정신을 치료하는 정신과 의사들도 도저히 넘기 힘든 벽이 자살이라면, 다시 말해 인간의 정신을 치료하는 데 가장 큰 장애물이 바로 자살이라면 어쩌면 우리 뇌 속에는 자살에 대한 생각이 이미 선천적으로 내재되어 있는 것인지도 모른다.

물론 사람만 자살하는 건 아니다. 얼마 전 중국에서는 어미 곰이 새끼 곰을 죽이고 자기도 자살한 사건이 있었다. 사람들이 새끼에게서 산 채로 쓸개즙을 빼내려고 한 모양이었다. 그러자 새끼는 고통 어린 비명을 질렀고 그 소리를 듣다 못한 어미 곰이 자기 우리를 탈출해서 새끼가 갇힌 우리를 공격하려고 했다. 하지만 그 우리를 부술 수 없다는 걸 알고는 새끼를 목 졸라 죽이고 자기는 돌에 머리를 부딪쳐 죽고 말았다는 것이다. 뿐인가. 고래들도 자기네들이 살기 어려운 환경에서는 자살을 한다고 한다.

낮에서 밤이 생기고 밤에서 다시 낮이 생기는 것처럼, 프로이트는 우리 정신 안에 살려고 하는 의지와 더불어 죽으려고 하는 의지가 공존한다고 생각했다. 그것이 바로 흔히 말하는 에로스와 타나토스의 심리다. 에로스가 살려는 의지라면 타나토스는 자기를 파괴시키는 심리를 말한다. 《주역》에서, 태극에 양과 음이 있지만 결국 음과 양은 다른 것이 아니라 하나의 다른 모습이라고 한 것과도 같은 이론이다. 실제로 우리 안에 살려는 의지와 더불어 죽으려는 의지가 같이 있지 않다면, 정신의 균형과 조화가 깨졌을 때 사람들이 가장 먼저 느끼는 것이 자살에 대한 유혹이고, 그 불균형이 심해지면 결국 자살을 감행하는 것을 해명할 수 없다. 그리고 그것은 극단적인 정신적 자가면역질환이라고 할 수 있다. 내가 나를 파괴해서 이 세상에서 없어지게 하는 심리. 장자가 '하늘과 땅이 나와 함께 생겨났다'고 했는데, 내 하늘과 땅을 파괴함으로써 세상의 하늘과 땅을 파괴하고 싶어하는 심리인 것이다.

그렇다면 우린 언제 에로스와 타나토스 사이에서 균형과 조화를 잃고 또 왜 어떤 사람들은 더 쉽게 그렇게 되는 것일까?

우리나라가 자살률이 세계 제1위인 것은 잘 알려져 있다. 가장 낮은 나라는 칠레, 뉴질랜드, 아일랜드다. 칠레는 낙천적인 면이 있어서, 뉴질랜드는 평화롭게 살아서 그리고 아일랜드는 종교적 배경 때문에 자살률이 낮다는 것이 내 생각이다. 그렇다면 우리나라가 자살률이 높은 이유는 사는 것이 즐겁지 않고 평화롭지 않고 자기 삶에 대한 가치관이 확고하지 않아서라고 할 수 있다. 그건 요즘 우리나라 사회 현실을 보면 잘 이해할 수 있다. 우린 지금 대단히 경쟁적이고 물질우선주의적이며 그 경쟁에서 탈락하면 갈 곳이 없는 사회에서 살고 있다고 해도 과언이 아니다.

정말 요즘 젊은이들을 상담할 때마다 겁이 덜컥 나곤 한다. 모두들 인생의 꿈이 돈을 많이 버는 것이라고 한다. 그런데 그 정도가 비현실적이다. 어떤 젊은 친구는 시시하게 버는 건 싫다고 하기에 그럼 얼마를 벌면 시시한 게 아니냐고 했더니, 자기의 기준으로는 50억 이하는 서민이라고 주장했다. 또 어떤 친구는 자긴 한 달에 1억은 벌어야겠단다. 강남에 몇십억 하는 빌라에 살며 외제차는 기본이고 아이들은 한 달에 몇백만 원 하는 영어유치원 보내고 아내는 명품 백화점에서 원 없이 카드를 쓰게 하려면 그 정도는 벌어야 한다는 것이다.

그들이 그러는 데는 매스컴의 영향도 크다. 요즘 언론을 장식하는 기사에는 돈 이야기가 많다. 물론 자본주의 사회에서 돈에 관한 이야기가 자주 등장하는 건 당연하다. 그러나 사람이 죽어도 당장 얼마를 보상받을 수 있는가 하는 기사가 먼저 뜨고, 누가 자리를 잃게 되어도 그동안 얼마를 횡령했으니 얼마를 토해내야 하는가 등등의 논조가 우선 다뤄진다. 사회에서 논의되는 가치가 이러하다 보니 '그만큼 돈을 못 버는 나는 차라리 죽겠다'고 쉽게 생각하게 되는 것이다.

게다가 우리나라의 문화도 한몫한다. 우린 원래 죽음에 대해 관대한 문화를 갖고 있다. 서양에서는 죽음을 죄와 연결하지만 한국은 죽음을 '한 많은 삶과 억울한 죽음'으로 받아들이는 경향이 컸다. 또한 죽음은 '돌아가는 것'이라고 생각했다. 즉, 우리 몸을 이루는 여러 기가 흩어져 원래 모습으로 돌아가는 것으로 생각해 친숙하게 여긴 것이다. 그러다 보니 한국인들은 자살을 자기의 말 못할 사정을 표현하는 마지막 소통의 한 방법으로 여기게 된 것인지도 모른다.

사실 자살은 회피의 극단적인 형태다. 즉, 세상과 사람들은 너무나 무섭고 큰데 자기는 그 무서운 적들과 싸우기에는 너무 나약하고 힘없는 존재라는 생각 때문에 정면으로 맞서는 것을 회피함으로써 자살을 하기에 이르는 것이다.

그런데, 그것만으로는 자살하지 않는다. 그런 심리가 기름이라면 거기에 '분노'라는 성냥불이 그어질 때 사람들은 자살을 선택한다. '고립무원의 나를 도와주는 것이 아니라 세상과 사람들이 오히려 나를 뭐라고 해?' 이러한 생각으로, 그들에 대한 분노를 내게로 돌려 나를 죽임으로써 세상에 복수하는 것이 바로 자살이다. 즉, 나를 무시한 상대방과 세상을 죽이고 싶은데 그럴 자신은 없으니 내게는 나의 세상인 나를 파괴함으로써 세상을 없애려고 하는 심리가 바로 자살인 것이다.

물론 자살은 한두 가지 원인에 의해 일어나는 것이 아니다. 인간의 심리가 복잡하듯이 자살의 심리도 복잡하다. 또한 남이 보기에는 충동적인 것 같지만 당사자의 속에서는 이미 여러 가지 문제가 진행되고 있는 경우가 대부분이다. 오래된 건물도 천천히 균열이 진행되다가 무너지는 것처럼, 인간도 자신에 대한 모욕, 무시, 멸시 등을 견디며 서서히 나르시시즘에 상처를 받다가 어느 순간 자살을 감행하기에 이르는 것이다.

그러나 자살은 고통의 끝이나 문제의 끝이 아니라 또 다른 고통의 시작이라는 것을 알 필요가 있다. 가족 중에 그런 사람이 생기면 남은 가족들은 하루하루 지옥 속에서 살아간다. 자살한 사람에 대한 죄책감, 분노, 두려움, 불안 등등의 감정으로 인해 살아도 산 것 같지 않은 날이 계속되는 것이다. 가장 심각한 것은 자녀들의 문제다. 부모가 자살한 경우 아이들은 '만약 내가 부모에게 소중한 존재였다면 설마 나를 두고 죽었겠어?'라고 생각해서 자기 자신에 대한 열등감에 사로잡히게 된다. 한편으로는 자기를 버리고 떠난 부모에 대한 원망과 피해의식으로 인간에 대한 불신과 분노에 사로잡히게 된다. 자기가 자살함으로써 자신이 가장 사랑하는 아이들이 평생 부모가 자기를 버렸다는 분노, 열등감, 피해의식, 불신에 사로잡혀 산다는 것을 생각하면, 어떤 부모도 자식을 두고 그런 일을 감행해서는 안 된다.

또 하나 중요한 것은 이 세상 모든 것은 다 지나간다는 사실이다. 세상에 영원한 것은 없다. 모든 것은 다 변화한다. 그러므로 지금 힘들더라도 절대 포기하지 말아야 한다. 남들이 뭐라고 하건 단지 바람으로 듣고 다음의 한마디만 기억하면 된다. 작은 불은 바람에 꺼지지만 큰 불은 바람에 의해 더욱 불타오른다는 것을. 작은 불은 나에 대한 세상의 웅성거림이지만 큰 불은 살고자 하는 나의 의지다.

그리고 정말 위기의 순간에 나를 도와줄 수 있는 사람들을 만들 필요가 있다. 나의 멘토인 밀러 박사는 자기를 진정으로 이해해주고 사랑해주는 사람이 단 한 명이라도 있는 사람은 절대 삶을 포기하지 않는다고 했다. 그러므로 그런 사람을 만들고, 또 내가 누군가에게 그런 사람이 되려고 노력해야 하는 것이다.

닉 혼비의 소설 《딱 90일만 더 살아볼까?》는 일종의 자살 모임을 만든 사람들이 딱 90일만 더 살아보기로 하고 겪는 이야기를 소재로 하고 있다. 책에서 작가가 주인공의 입을 빌려 내리는 결론은 이렇다.

"지난 몇 달 만에 처음으로 난 뭔가를 제대로, 내장 깊숙이 혹은 머리 뒤쪽 어딘가 무시할 수 없는 곳에 감추어두었다는 걸 인정하게 되었다. 내가 감추어둔 건 바로 이것이다. 자살하고 싶었던 건 살기 싫어서가 아니라 삶을 사랑했기 때문이란 사실. 아마도 자살을 생각하는 사람들 대부분이 그럴 거다."

그래서 물론 책 속의 인물들은 자살하지 않는다. 좌충우돌하면서 이런저런 일들을 겪지만 이윽고 서로의 상황을 이해하면서 삶은 살아볼 만한 가치가 있다는 것을 깨닫기 때문이다. 중요한 건 결국 희망을 잃지 않는 것임을 그들은 보여주고 있다.

앞서도 언급했지만 내 인생에 무엇이 준비되어 있는지는 다 살기 전까지는 아무도 모른다. 그러므로 끝까지 호기심과 열정을 가지고 지켜봐야 하는 것이다. 그리고 이 세상에서 유일하게 존재하는 나를 나의 가장 사랑하는 친구, 가장 사랑하는 사람으로 대접할 수 있어야 한다. 자기 자신과 가장 좋은 친구로 지내는 사람은 절대 자살하지 않는다.

죽을 것 같은 공포, 공황장애 극복하기

몇 년 전 방영되던 TV 프로그램 〈남자의 자격〉에서, 방송인 이경규 씨가 공황장애를 앓고 있다는 고백을 해서 화제가 된 적이 있다. 먼저 그의 용기에 박수를 보낸다. 우리나라는 아직도 정신과 치료에 대해 편견이 많다. 따라서 보통 사람들도 주변에조차 치료 사실을 알리지 않는 경우가 적지 않다. 그런데 그토록 유명한 사람이, 그것도 자신의 프로그램에서 그런 고백을 할 용기를 내기는 쉽지 않았을 것이다.

어쩌다 그가 출연하는 프로그램을 보고 있노라면 '정말 대단한 사람'이란 소리가 저절로 나올 만큼 그는 매번 집중하는 모습을 보였다. 수상 보드를 타거나 마라톤을 하거나 눈 속에서 산을 종주하거나 할 때마다 그가 보이는 집념은 거의 필사적이란 느낌이 들 정도였다. 아마도 리더인 자신이 포기하면 팀 전체에 영향을 미칠 것이 염려되어서였을 것이다. 개인적으로는 한동안 깊은 슬럼프를 겪은 만큼 더 이상 물러설 곳이 없다고 여겼을지도 모른다. 그런 노력 덕분에 그는 마침내 재기에 완벽하게 성공했다. 적어도 겉으로 보기에 당시 그는 부러울 것이 없어 보였다.

그런데도 그는 언제부터인가 죽을 것 같은 불안과 공포에 시달리기 시작했다고 털어놓았다. 인기의 부침浮沈이 심한 직업의 속성상 어느 정도의 불안은 늘 감수할 수밖에 없었을 터였다. 슬럼프에 빠졌을 때는 그런 상태가 극대화되었을 것이다. 그런데 왜 어느 때보다도 잘나가고 있는 그때, 그는 공황장애를 겪게 된 것일까? 역시 미래에 대한 불안감이 원인의 하나였을 것이다. 지금 잘나간다고 그것이 영원히 계속되지는 않는다는 것을 그는 누구보다 몸소 체험한 사람이다. 그러다 보니 자신도 모르게 앞날에 대한 불안이 자꾸만 커졌을 터였다. 게다가 그는 당시 중년의 고비를 넘기고 있다.

이 시기에는 특유의 적응문제가 있는데, 바로 정신적 가치에 대한 혼란이 그것이다. 이것은 어느 순간 매우 느닷없이 찾아오는 것처럼 느껴져서 혼란을 더욱 부추긴다. 정신의학자 융도 이 끔찍한 중년의 위기를 직접 경험한 사람이다. 당시에 그는 정신과 의사로서 대학교수로서 많은 사람들의 존경을 받고 있었다. 가정적으로나 경제적으로도 충분한 안정을 누리고 있었다. 하지만 그는 자신의 삶에서 의미와 열정이 빠져나간 것 같은 공허한 느낌에 사로잡혔다. 그 무렵 그는 자신과 같은 고통을 겪는 사람들이 많다는 사실을 알았다.

당시 그의 환자들은 대부분 자기 분야에서 최고의 업적을 달성한, 고도로 창조적이고 지적인 사람들이었다(예를 들어, 헤르만 헤세도 그에게 상담을 받았다). 융과 마찬가지로 중년기의 고비를 넘기고 있던 그들은 한결같이 인생의 무의미함을 호소했다. 외형적으로는 커다란 성공을 거두었음에도 삶의 가치는 무너졌으며 미래는 불안하고 우울하고 두려울 뿐이었다. 융의 표현을 빌리자면 "영혼의 바람 속에서 소용돌이치는 텅 빈 페이지"와 같았다. 그래서 융은 자신은 그런 사람이 아니라는 인식을 스스로에게 계속해서 심어주지 않을 수 없었다고 고백하고 있다.

누구라도 그와 같은 상태가 격심해지면 공황장애와 같은 불안과 공포에 시달리지 않을 수 없다. 실제로 그런 사례는 적지 않다. 기업의 고위 임원이던 한 남성은 운전 중에 느닷없이 죽을 것 같은 공포를 느껴 간신히 길가에 차를 세워두고 병원에 온 적도 있다. 물론 그가 처음 찾아간 곳은 정신과가 아니었다. 건강에 이상이 생긴 줄 알고 여러 가지 검사를 한 끝에 정신적인 문제라는 소견에 따라 상담을 받게 된 것이다.

40대 후반의 주부 김영선 씨 역시 모임에 참석하고 돌아오는 길에 터널 안에서 갑자기 심장이 터질 듯하게 뛰면서 숨이 막히고 정신을 잃을 것 같은 공포감을 느끼게 되었다. 목이 조여들고 온몸에 힘은 쫙 빠지고 손발이 차가워지고 오그라들며 마비되는 것을 보며 심장 질환이나 뇌졸중이 아닌가 하는 두려움을 느꼈다. 정신을 차려야지 할수록 더욱 가물거리고, 터널 안에 머무른 잠깐이 몇 시간이나 되는 듯 길게만 느껴졌다.

겨우 집에 도착한 다음 가족들과 같이 병원에 가서 정밀검사를 해보았으나 아무 이상이 없다고 했다. 하지만 그다음부터 그녀는 터널 근처에 가면 또 그런 증상이 나타날까 두려워 아예 터널을 피해 다녀야 했고, 결국 견디지 못하고 병원을 찾았다가 공황장애라는 진단을 받게 되었다.

서영은 씨는 우울감과 불안감 때문에 언제부터인가 정상적인 생활을 해나가기 어려워지기 시작했다. 다른 사람들과 같이 있으면 마음이 편하다가도 혼자 있으면 불안감에 견딜 수가 없었다. 그녀 주위에는 일찍 세상을 떠난 사람들이 많았다. 결혼하고 얼마 안 되어 시아버지가 갑작스럽게 암 진단을 받더니 곧 돌아가셨다고 했다. 그 뒤를 이어 시어머니 역시 병을 얻어 세상을 떠났다. 얼마 후에는 친정어머니가, 그다음에는 동생이 교통사고로 세상을 떠났다. 불과 몇 년 사이에 그런 일들을 한꺼번에 겪은 그녀의 고통과 상실감은 클 수밖에 없었다.

따라서 처음에는 괴로운 상실감 때문에 그러려니 했다. 그런데 날이 갈수록 그 정도가 심해졌다. 가슴이 계속해서 울렁거리고 제대로 먹을 수도 없고 잠을 잘 수도 없었다. 가족들 성화에 몇 번 병원에 가보았지만 뾰족한 병명조차 나오지 않았다. 하루하루 지옥 같은 생활이 너무 힘들어 그녀는 병원을 찾았다가 공황장애란 진단을 받았다.

우리 몸에 병균이 들어오면 열이 나고 온몸이 아프게 마련이다. 그것은 몸에 이상이 생겼다는 것을 알려주는 신호 역할을 한다. 마찬가지로 자기 주위에 위험한 일이 생겼다는 것을 알려주는 것이 신체의 공포반응이다. 컴컴한 밤중에 갑자기 험상궂은 사람을 만나면 머리카락이 쭈뼛 서면서 몸이 굳어지고 심장이 빨리 뛰고 식은땀이 난다. 그것은 지금 위험한 일이 일어나고 있으니 긴장하라는 정신적 신호다. 그런데 아무런 외부 자극이나 위험이 없는데도 마치 죽을 것 같은 공포 반응이 나타나면서 심한 불안감을 동반하는 것을 공황장애라고 한다. 일종의 가짜 경고 반응이라고 할 수 있다.

증상을 처음 경험하는 환자들은 그 긴박성과 기이한 경험을 마치 잠자다가 악몽에 빠진 것같이 느껴진다고 표현한다. 정신을 차리려고 필사적으로 노력하나 자신이 죽어가고 있거나 의식을 잃어가고 있다는 생각들로 공포감이 더한층 심화되며 오로지 이 상황에서 빨리 빠져나가 구원을 받아야 한다는 생각만이 지배한다. 그런 증상을 경험한 사람들은 앞서 든 사례들에서 보듯이 몸에 급격한 이상이 생겼다고 생각해서 병원을 찾아간다. 의사가 몸의 이상이 아니라고 하면 반신반의하면서 또 다른 병원을 전전하기도 한다.

게다가 한 번 발작을 경험하면 이런 증상이 다시 나타날까 봐 미리 불안해하는 '예기불안'이 생긴다. 그러면서 그 발작이 일어났던 장소를 두려워해서 다시는 그 근처에 안 가려고 한다. 외출하는 것을 무서워하고 누구든 동행해주기를 원한다. 공공장소나 급히 빠져나갈 수 없는 상황에 혼자 도움 없이 있게 되는 것에 대한 공포 때문에 그런 상황을 회피하는 것을 '광장공포증'이라고 한다.

광장공포증은 집 밖에 혼자 있는 것, 군중 속에 있거나 줄을 서는 것, 다리 위에 있는 것, 버스 · 기차 · 자동차를 타고 여행하는 것 등을 회피하거나 이런 여행에서 동반자를 필요로 하는 상태를 말한다. 이런 공포증이 있는 사람의 3분의 2 정도가 공황장애를 가지고 있다. 따라서 공황장애는 광장공포증이 동반되는 경우와 동반되지 않는 경우로 나눠서 진단한다.

공황장애 환자들은 또한 자신이 느끼는 신체감각이나 증상을 지나치게 과장해서 해석하기 때문에 불안이 갑자기 공포로 발전하는 예가 많다. 예를 들어, 누구나 운동을 하다가 심장의 박동이 빨라지면서 통증을 느끼면 자신이 심장마비를 일으키고 있는 것은 아닌지 우려할 수 있다. 그런데 공황장애를 경험했던 환자는 이처럼 잘못 해석하는 경향이 정상인에 비해 현저하게 크다.

이러한 공황장애를 더욱 잘 유발하는 요인들이 분명히 있다. 첫째, 스트레스로 인해 만성적으로 긴장되거나 예민한 상태에 있을 때 환자는 외부 환경이 조금만 변해도 쉽게 지나친 반응을 보일 수 있다. 공황장애 환자의 약 80퍼센트가 스트레스를 보이는 것으로 나타난다.

둘째, 환경적으로 공황장애를 잘 일으키는 경우가 있다. 공기 순환이 잘 안 되는 장소, 자동차나 승강기를 탔을 때처럼 어지럼이 잘 일어날 수 있는 환경, 백화점처럼 밝고 넓은 공간, 방향성이 있는 강한 냄새가 풍기는 곳, 집에서 멀리 떨어진 곳, 장례식이나 중환자실처럼 죽음에 대한 공포를 자극할 수 있는 환경 등이다.

세 번째는 완전한 휴식 상태에 있을 때, 분노의 감정을 경험했을 때, 신체적으로 피로할 때, 배우자나 자식처럼 의지할 수 있는 대상과 이별한 경우, 약물이나 알코올 섭취 후, 커피를 많이 마셨을 때, 계단 뛰어오르기나 지나친 운동을 한 후, 몹시 더운 날이나 추운 날 돌아다닐 때, 아슬아슬한 운동이나 공포영화 관람 후, 과식하거나 열띤 논쟁을 벌인 후 등의 상황에서 더욱 잘 일어난다.

공황장애에서 벗어나려면 그것이 가짜 공포 반응이라는 것을 이해하고 자신이 상황을 과대평가하는 것임을 인지할 수 있어야 한다. 특히 사소한 신체 변화를 공황장애와 연관시키지 않도록 하는 것이 필요하다. 아무튼 증상은 일정 기간 안에 끝난다는 것과 생명에 아무런 위협이 되지 않는다는 점을 인식하도록 하는 것이다.

앞서 예를 든 서영은 씨의 경우를 보면, 더 안타까운 것은 자책감에 시달린다는 점이었다. 그녀는 자신이 정신적으로 나약해서 그런 고통에 사로잡히는 것이라고 여겼다. 만약 자신이 좀 더 강한 사람이었다면 당연히 거기서 벗어나지 않았겠느냐고 그녀는 호소했다.

물론 그렇지 않았다. 나는 그녀에게 지진을 예로 들어서 설명을 해주었다. 지진이 일어나고 나면 반드시 몇 차례의 여진이 뒤따른다. 그것은 어쩔 수 없는 자연의 섭리이므로 우리는 거기에 대해 어떤 항의도 할 수 없다. 그저 고스란히 당하는 수밖에 없는 것이다. 그녀가 겪는 문제도 여진과 비슷한 것이라고 할 수 있었다. 가까운 사람들을 연이어 잃는 일은 그 어떤 것보다 큰 타격이다. 당연히 오랜 시간 괴로워할 수밖에 없다. 일종의 여진과 같아서 불가항력적인 면이 있는 것이다. 그런데 이에 대해 내가 나약해서 그렇다고 죄책감을 가지면 시간이 흐를수록 더욱 힘들어지는 것이 당연하다.

그 점을 집중해서 충분히 설명해주고 나자 그녀는 비로소 자신의 상태를 제대로 이해하게 되었다. 자신이 왜 그토록 불안하고 우울한지, 그런 상태가 어째서 그렇게 오래 지속되는지, 어떻게 하면 거기서 벗어날 수 있는지 하는 것들을 조금씩 알게 된 것이다.

우리는 흔히 '무슨 일이나 겪을 만큼 겪으면 저절로 나아진다'고 말한다. 물론 완전히 틀린 말은 아니다. 힘든 일에 대해 힘들다고 느끼는 것은 날씨가 나쁠 때 나쁘다고 느끼는 것만큼이나 자연스러운 일이다. 그런데 우리는 조금이라도 힘든 감정이 생기면 그것이 문제라고 생각하는 경향이 있다. 그래서 억지로라도 빨리 마음속에서 몰아내야 하는 것으로 여긴다.

자연을 이기는 법은 일단 자연에 순응하는 것이듯, 마음의 고통도 마찬가지다. 서두르고 지름길만 바라면 안 되는 것이 바로 마음의 치유다. 공황장애 역시 예외가 아니다. 요즘은 약물치료로 증상이 많이 개선될 수 있으므로 빨리 병원을 찾아 전문가의 도움을 받는 것이 가장 바람직하다.

우로보로스 뱀을 닮은 불안과 권력욕

이동원 씨(가명, 40세)는 계속해서 피곤하고 잠도 제대로 못 자고 의기소침하고 우울하다는 문제로 매우 괴로워하고 있었다. 주변에서는 병원에 가보라고 권했다. 그러나 그는 딱히 몸에 이상 증세도 없는데 병원행은 과하다고 생각해 참고 있었다. 그러던 중에 중요한 협상 건으로 출장을 가게 되었다.

문제는 협상 테이블에서 일어났다. 어느 순간부터 갑자기 피로감이 확 몰려오면서 귀가 안 들리는 느낌이 들었던 것이다. 그는 안간힘을 다해 간신히 일을 마무리하기는 했다. 그러나 그날 그가 겪은 낭패감은 이루 말할 수 없었다.

결국 병원을 찾은 그는 처음에는 내과적 진찰을 받아보았으나 몸에 아무런 이상이 없었다. 정신적인 문제라는 소견이 제기되자 그는 나와 마주 앉게 되었다. 심리검사 결과 그는 불안감과 분노감이 매우 큰 것으로 나타났다. 특히 그는 사람들이 자기에게 반대하는 것을 잘 견디지 못하고 쉽게 분노했다. 물론 그런 감정을 일일이 나타낼 수는 없었으므로 일단 억압했다. 그런 억압은 불안감을 야기했고 결국 그는 매사에 쉽게 지치고 의욕이 없는 사람으로 변해갔다. 하지만 정작 본인은 자신의 진짜 심리를 알 리가 없었으므로 그저 피곤하고 우울할 뿐이었다.

그는 다른 사람을 지배하고자 하는 욕구 또한 매우 큰 것으로 나타났다. 그런 타입은 인간관계에도 5 대 5라는 균형이 필요하다는 사실을 잘 받아들이지 못한다. 자기가 전적으로 주도권을 잡고 있어야 한다고 여겼다. 그렇지 못한 경우에는 자신이 승부에서 지고 있다고 느끼며 의존적이고 무력하다고 여긴다.

그런 감정은 당연히 분노를 일으킨다. 하지만 그것을 억압하다 보니 우울, 의기소침, 피곤함으로 나타난다. 실제로 그런 타입은 자기가 상황을 주도하지 못하는 상황에 놓이면 갑자기 피로감을 느낄 확률이 아주 높다.

이동원 씨도 협상 테이블에서 자신에게 주도권이 없다고 느끼자 갑자기 피로해지면서 귀가 안 들리는 현상을 경험했다. 원인은 역시 주도권 상실에 따른 분노와 불안이었다. 그것을 억압하자니 실제로 귀가 안 들린다고 느껴졌다. 정신적 문제가 몸의 이상으로 나타나는 일종의 신체화 현상을 경험한 것이다.

알랭 드 보통은 불안을 가리켜 '욕망의 하녀'라고 주장했다. '좀 더 유명해지고 중요해지고 부유해지고자 하는 욕망'이 불안을 일으킨다는 것이다. 역설적이게도 그와 같은 불안은 힘에 대한 욕구를 부채질한다. 결국 불안과 힘에 대한 욕구는 자기 꼬리를 물고 있는 우로보로스 뱀처럼 서로가 하나로 연결되어 있는 셈이다.

어떤 의미에서 그와 같은 불안을 느끼지 않는 현대인은 거의 없다고 봐야 한다. 그것이 좀 더 노이로제 형태로 나타나느냐 아니냐의 차이가 있을 뿐.

불안을 극복하는 방법은 크게 두 가지로 나뉜다. 첫 번째는 사랑에 대한 갈구를 통해서다. 두 번째가 권력이나 물질 같은 힘을 소유하는 것이다. 사랑을 통해 불안을 극복하려는 사람들은 다른 사람들과 강렬하고 밀착된 관계를 통해 격려와 지지를 받기를 원한다. 반면에 권력과 물질을 추구하는 이들은 오히려 보통의 인간관계에서 벗어나고자 하는 사람들이다. 즉, 그들은 자신의 위치를 좀 더 강화하는 데 골몰할 뿐, 남들과의 친밀한 관계는 원치 않는다.

그들은 자기가 남들에게 강한 인상을 주고 존경받아야 한다고 생각한다. 따라서 권력자들 중에 자신에게 존경을 표하고 상찬(사실은 아부에 훨씬 더 가까운)하는 사람들만 가까이하는 이들이 있는 것은 당연하다. 그들은 이미 권력이 주는 맛을 톡톡히 본 사람들이다. 덕분에 그것을 잃어버리지나 않을까 하는 불안감에 더 시달릴 수밖에 없다. 특히 권력을 자기 자신과 동일시하는 사람일수록 불안감이 크고 지배 욕구도 더 강하기 마련이다.

우리가 권력을 추구하는 일차적인 심리는 자신의 무력감을 방어하기 위해서다. 무력감이란 불안을 일으키는 가장 근본적

인 요소다. 불안할수록 연약함을 연상시키는 모든 것을 피하고
자 하는 것이 사람 마음이다. 노이로제가 있는 사람일수록 연약
한 모든 것에 심한 모멸감을 나타내는 이유도 그것이다. 그들은
자기 내면에 불안이나 억압의 감정이 있다는 것조차 받아들이
지 못한다.

그들의 또 다른 특징은 다른 사람도 조종해야 한다고 느낀다
는 점이다. 그들은 다른 사람이 자기 조종권을 벗어나면 분노를
참지 못하고 신체화 증상을 나타내기도 한다. 그들은 또 자신이
다른 사람들보다 뭐든 더 알아야 한다고 생각한다. 따라서 대화
도중에 자기가 모르는 이야기가 나오면 참지 못하고 얼른 화제
를 돌리곤 한다.

그들은 부하 직원이 자신이 시키는 대로 일을 못하거나 자기
가 원하는 시간에 일을 끝맺지 못해도 심하게 분노한다. 그런 참
을성 없음은 힘의 추구와 밀접한 관계가 있다. 심지어 교통 정
체로 길이 막히는 것조차도 그들은 참지 못하고 마구 화를 낸다.
그들에겐 '양보'나 '포기'라는 단어만큼 낯선 것도 없다. 그들은
내심 다른 사람의 의견이 옳다는 생각이 들 때도 선뜻 동조하지
못한다. 동조하는 것 자체를 연약함으로 여기기 때문이다.

상황이 그렇다 보니 그들은 자신이 다른 사람보다 나은 정도
가 아니라 아주 예외적이고 특별해야 한다고 생각하는 경우가
많다. 자신이 관여하는 모든 분야에서 최고가 되어야 한다고

여기는 것이다. 따라서 그런 상황에서 멀어지는 것을 견디지 못한다.

또한 지나친 성공을 기대하므로 약간의 성공은 오히려 실패로 간주하는 경향이 크다. 덕분에 자기의 성공을 제대로 즐기지 못한다. 반면에 비난에는 극단적으로 민감하다. 이런 이유로 예술가들 중에는 비난을 참지 못해서 첫 작품만 만들어내고 마는 경우도 있다.

그와 같은 민감성 속에는 적개심이 숨어 있는 경우도 적지 않다. 그들은 무의식적으로 '나만이 아름답고 능력 있고 성공해야 한다'고 생각한다. 그런 만큼 자기보다 나은 사람에 대해서 강렬한 적개심을 품을 수밖에 없다. 그들에게 다른 사람의 승리는 곧 나의 실패를 의미한다. 그러므로 자기가 성공하는 것보다 다른 사람을 파괴시키는 것이 더 중요한 경우도 생겨난다.

힘을 추구하는 사람들은 소유욕도 남다르다. 때로는 그런 욕구가 다른 사람의 것을 빼앗으려는 행위로 나타나기도 한다. 그런 타입은 실제로 조금이라도 남의 것을 빼앗는 데 성공하면 의기양양해한다. 다른 사람에게 상처를 주었다는 승리감 때문이다.

그런 착취의 욕구는 의도적으로 상대방이 원하는 것을 무시하는 행위로도 나타난다. 상대방이 생일 선물을 바라는 것을 알면서도 잊어버리거나 하는 식이다. 반면에 오히려 의식적으로는 자기 것을 빼앗기지나 않을까 하는 두려움으로 나타나기도 한다. 그런 사람들은 상대방이 나를 속이지나 않을까 전전긍긍하며, 혹시 그런 일이 일어나면 지나치게 분노한다.

힘을 추구하는 사람들의 지배욕구가 사회적으로 가치 있고 인간적인 형태로 나타나는 경우도 적지 않다. 예를 들어, 다른 사람의 일에 지나치게 나서서 조언하거나 문제를 해결해주려고 하면서 자기는 훌륭한 영혼의 소유자라고 생각하는 것이다. 그들 역시 자기에게 반대하는 것을 견디지 못하고 분노하지만 그것은 억압되면서 새로운 불안을 만들어낸다. 그런 불안은 때로 멸시에 대한 예민함으로 나타나기도 한다.

그들은 자신의 훌륭한 태도를 받아들이지 못하는 상대방을 멸시하고 싶은 욕구를 무의식중에 강하게 느낀다. 하지만 그런 욕구를 표출할 수는 없으므로 반대로 지나치게 존경하는 태도를 보이기도 한다. 멸시하는 것과 존경하는 것은 180도 다른 행동이다. 하지만 사실 도를 넘는 존경은 멸시하고자 하는 마음을 숨기거나 지우려는 심리에서 나오는 것일 수도 있다. 그리고 그것은 한 사람에게 극단적인 두 가지 태도가 어떻게 공존하는지를 설명해주는 좋은 예이기도 하다.

힘을 추구하는 심리는 사랑의 관계에서도 여러 가지로 영향을 미친다. 예를 들어, 여자들 중에는 남자를 잘 만나다가도 진짜 사랑에 빠지면 그 남자를 차버리는 사람들이 있다. 그런 심리역시 자신을 조절하지 못해 힘을 잃을까 두렵기 때문인 경우가 많다.

그런 타입 중에는 조금이라도 연약함을 보이는 남자를 사랑하지 못하는 여자들도 있다. 연약함을 멸시하는 감정이 크기 때문이다. 그들은 강한 남자도 사랑하지 못한다. 그러기에는 지배욕구가 너무 커서 상대방이 항상 나에게 져주지 못하는 상황을 참을 수 없어 한다.

그들은 강력한 힘을 가졌으면서도 약간의 망설임도 없이 모든 것을 상대방에게 내어주는 남자를 원한다. 물론 그런 남자가 존재할 확률은 거의 없다. 결국 그들은 '왜 난 제대로 된 사랑을 하지 못하는지 모르겠다'고 한탄하는 처지에 놓인다.

지배하고 소유하고 권력을 얻고자 하는 욕구가 다 노이로제적인 것은 아니다. 사랑에 대한 욕구가 일반적인 것처럼. 따라서 그 정도와 원인에 따라 건강한 욕구인지 병적 욕구인지를 가릴 필요가 있다.

예를 들어, 누구나 식욕을 느낀다. 그리고 우리 몸은 자연스럽게 우리가 얼마만큼 먹어야 하는지를 알려준다. 그런데 그런 자연스런 욕구를 무시하고 지나치게 먹거나 안 먹거나 하면 문제가 생긴다. "먹는 것이 당신을 말해준다"는 말이 있는 것도 그 때문이다. 호사스런 상을 차려놓고 먹거나 마시라는 뜻은 물론 아니다. 그보다는 먹는 것에 대해 소박하게 절제하고 있는지를 묻는 의미가 더 강하게 배어 있는 말이다.

그리고 마음에 귀를 기울이다 보면 언제 우리의 욕구를 멈추어야 하는지 알 수 있다. 단지 그것을 알려고 하지 않기 때문에 모를 뿐이다. 예를 들어 열정은 좋은 것이지만 지나치면 욕심이 된다. 의욕도 지나치면 닦달이 되고, 조언도 지나치면 잔소리가 되며 배려도 지나치면 간섭이 된다. 사랑도 지나치면 집착이 되고 신념도 지나치면 고집이 되는 법.

그 차이를 가장 먼저 느끼는 것은 일단 내 몸과 마음이다. 무슨 일을 해도 즐겁지가 않고 매사가 힘들고 아프다. 그럴 때는 나를 돌아볼 필요가 있다. 내 마음의 그릇에 너무 많은 것을 채우려고 하는 것은 아닌지. 더불어 자신의 욕구가 건강한 것인지 병적인 것인지 분별하고자 하는 노력이 절실히 필요하다. 그것이 우로보로스 뱀을 닮아가지 않는 최선의 길이다.

정상인의 가면을 쓴 사이코패스들

김민희 씨(가명, 33세)는 최근 남자와 헤어지는 문제로 크게 고통을 겪었다. 그 남자와는 어느 작은 모임에서 만났다. 처음부터 그에게 이성적인 감정을 느끼게 된 것은 아니었다. 한 달에 한 번씩 모임에서 만나다 보니 친해지긴 했다. 하지만 남자는 민희 씨보다 두 살이나 어렸고 그녀가 평소 호감을 느끼는 타입도 아니었다. 그러던 어느 날이었다. 민희 씨는 어느 호텔 로비에서 그 남자와 우연히 마주치게 되었다. 알고 보니 두 사람 다 일 때문에 사람을 만나고 돌아가려는 길이었다.

남자 입에서 이렇게 우연히 만나니 굉장히 반갑다, 이대로 헤어지면 섭섭할 것 같으니 차나 한잔하자는 말이 나왔다. 두 사람은 그날 각자 다음 스케줄도 미룬 채 꽤 긴 시간 이야기를 나누었다. 민희 씨는 남자의 신상에 대해서도 많은 것을 알게 되었다. 어린 나이에 결혼했다가 이혼한 경험이 있고 부모와도 사이가 나빠 어려움을 겪고 있었다.

아버지가 재력가였으나 지나치게 독선적인 모양이었다. 아들의 장래를 좌지우지하려고 들어 결혼도 거의 강제로 시켰다가 결국 파국을 맞게 한 듯했다.

결국 남자는 아버지와 거의 의절한 채로 혼자 작은 회사를 꾸려가고 있다고 했다. 그래서 어려움이 많은 모양이었다. 이상하게 그날 민희 씨는 남자에게 마음이 흔들렸다. 남자의 불행한 처지도 너무 가엾게 여겨졌다. 그 후로 몇 번의 개인적인 만남이 더 있은 후 두 사람은 사귀는 사이가 되었다. 민희 씨는 여러모로 남자를 돕기 위해 최선을 다했다. 나중에는 경제적인 도움까지도 몇 차례 주었다.

그러던 중에 모임의 한 친구가 두 사람 사이를 알게 되었다. 그리고 민희 씨는 그 친구에게서 충격적인 이야기를 들었다. 그동안 남자가 민희 씨에게 털어놓은 본인의 이야기 중 90퍼센트는 거짓말이었던 것이다. 사는 곳과 전화번호만 거짓이 아니었다. 나머지 이야기, 그러니까 부모와의 불화나 결혼과 이혼 스토리도 다 꾸며낸 이야기라고 했다. 왜 그가 그런 거짓을 말하고 다니는지는 알 수 없었다.

민희 씨는 남자와 헤어지려고 했다. 그런데 그 과정이 쉽지 않았다. 민희 씨가 헤어지자고 하자 남자는 모임에 나오는 사람들에게 민희 씨와의 관계를 소문내고 악담을 뿌리고 다녔다. 오히려 민희 씨를 거짓말쟁이에 형편없는 여자로 오해하게끔 만들었다.

어떻게 그럴 수 있느냐고 민희 씨가 따지자, 남자는 표정 하나

바꾸지 않고 "네가 먼저 날 망신 줬잖아. 그럼 당연히 너도 당해야 되는 거 아냐?" 하고 말했다.

민희 씨가 친구의 성화에 못 이겨 두 사람 사이에 어떤 일이 있었는지, 특히 그에게 돈을 얼마나 주었는지 털어놓은 건 사실이었다. 그런데 그 친구가 이 이야기를 모임에 나오는 여자들 몇 명에게 전한 것이 빌미가 되었다. 그걸 두고 남자는 자기에게 망신을 주었다며 펄펄 뛰었다. 그가 민희 씨에게 한 일에 대해서는 전혀, 일말의 미안함도 비치지 않으면서. 오히려 아예 그런 일 같은 건 일어나지도 않았다는 얼굴이었다.

결국 민희 씨는 말할 수 없는 상처로 고통을 받아야 했고 상담실까지 찾아오기에 이르렀다. 그녀는 자신이 어떻게 그의 사람됨을 알아차리지 못했는지 모르겠다며 눈물을 보였다. 하지만 그녀는 그런 일로 자책할 필요는 없다. 그녀는, 전형적인 사이코패스의 희생자였다. 그리고 보통 사람이 사이코패스의 행동을 알아차리기란 좀처럼 쉽지 않다.

사람들은 '사이코패스' 하면 연쇄살인범이나 연쇄성폭행범을 떠올리는 경우가 대부분이다. 물론 그들은 잔혹하고 파렴치한 범죄자이자 사이코패스들이다. 하지만 일반적으로 사이코패스는 그런 유형에만 국한되지 않는다.

사이코패스의 범주는 생각보다 넓다. 극단적으로 자기중심적이고 냉담하며 무책임하고 파괴적인 방법으로 타인을 괴롭히는 사람들은 다 사이코패스에 해당한다는 것이 전문가들의 견해일 정도다. 사이코패스 전문가인 심리학자 로버트 D. 헤어는 자신이 자주 경험하는 에피소드를 들려준다.

그는 저녁식사에 초대받은 자리에서, 무슨 일을 하는지 묻는 상대방에게 자기 직업을 밝히고 사이코패스를 구분하는 특징 몇 가지를 말하곤 한다고. 그때마다 반드시 나오는 반응이 한 가지 있다고 한다. 곁에 있는 누군가가 자신이 아는 사람(예를 들어 직장 상사, 남편, 자식, 그 밖의 친척이나 주변 사람들 등)이 그 특징에 꼭 들어맞는다면서 놀라워한다는 것이다.

실제로 사이코패스들 중에는 화려한 배경과 멋진 외모, 교묘하고도 설득력 있는 언변, 압도적인 카리스마로 무장하고서 매력을 뿜어내는 사람들이 많다. 그들은 영화나 소설 속 주인공으로도 자주 등장한다.

예를 들어, 영화 〈적과의 동침〉 속 로라(줄리아 로버츠 분)의 남편도 사이코패스다. 훌륭한 배경과 돈과 핸섬한 외모를 가진 그는 누가 봐도 매력이 넘치는 인물이다. 하지만 집에서는 매우 교묘한 방법으로 아내를 구타하고 학대를 일삼는다. 견디지 못한 여자는 죽음으로 위장하고 남자에게서 탈출해 새 삶을 시작한다. 하지만 아내가 살아 있음을 우연히 알게 된 남편은 사이코패스답게 모든 방법을 동원해 아내를 찾아낼 뿐 아니라 죽이려고 든다.

조지프 핀더의 소설 《파라노이아》는 사회의 1퍼센트쯤에 해당하는 부와 명성을 가진 사이코패스를 다루고 있다. 책 속에 등장하는 고더드 회장은 IT 사업으로 막대한 부를 일군 인물이다. 그는 정직함과 인간적 매력을 무기로 지금의 부와 명성, 사회적 지위를 누리게 된 걸로 유명하다. 그를 알고 있는 거의 모든 사람들이 그렇게 생각한다. 하지만 알고 보면 그는 온갖 거짓과 위선, 극단적인 냉담함과 집요한 악의로 가득 찬 인물이다.

이 두 남자가 보여주고 있듯이, 사이코패스들은 먹잇감을 발견하면 그 어떤 모습으로도 위장할 수 있다. 그들은 자신들이 원하는 것을 얻기 위해서는 언제 어디서든 정직하고 따뜻하며 사려 깊고 인간적인 데다 매력과 카리스마까지 두루 갖춘 인물로 변신할 수 있다. 단, 원하는 것을 얻은 후에 가차 없이 냉혹하고 잔인한 인물로 변하는 데도 시간이 걸리지 않는다.

정신과 의사가 임상에서 사이코패스를 만날 확률은 그다지 높지 않다. 그들이 자신에게 정신적 문제가 있다고 여기는 경우는 거의 없기 때문이다. 따라서 법정이나 교도소에서나 만날 수 있을 뿐이다.

사이코패스의 가장 큰 특징은 공감능력이 없다는 것이다. 그들은 겉으로 보이는 모습이 어떠하든 실제로는 따뜻하고 인간적인 정서적 교류를 타인과 나누지 못한다. 그들에게는 단지 내가 원하는 것을 즉각적으로 얻느냐 못 얻느냐의 문제만 있을 뿐이다. 얻지 못할 경우, 그들은 양심의 가책 없이 계속해서 다른 희생양을 찾는다. 그리고 상처 입고 병원을 찾는 사람들은 그 희생자들이다. 예를 들어, 양심의 가책 없이 외도를 일삼는 것도 모자라 폭력을 휘두르는 파렴치한 남편, 남편이 모를 거라고 믿고 교묘한 방법으로 다른 남자들과 불륜을 저지르는 아내, 온갖 감언이설로 현혹해놓고 돈을 갈취한 다음 자취를 감추는 남자친구 혹은 여자친구에게 당하는 사람들이 여기에 해당한다.

그런 사람들에게는 공통점이 있다. 자기에게서 문제의 원인을 찾으려고 한다는 것이다. 그들은 자기가 뭔가 잘못해서 혹은 사람 보는 눈이 없어서 그런 함정에 빠졌다고 생각한다. 하지만 그들은 단지 운 나쁜 희생자일 뿐이다. 따라서 그런 생각은 절대 하지 말아야 한다. 그리고 사이코패스는 자신이 오히려 피해자인 양 상황을 꾸미곤 하므로 그 수에도 넘어가지 말아야 한다. 앞에서 김민희 씨가 만난 남자가 바로 그러한 부류에 해당한다.

여기서 한 가지 짚고 넘어갈 것은, 사이코패스와 일반적인 정신병 환자의 차이점이다. 위에서 열거한 인물들을 다 하나로 묶어서 우린 흔히 정신병 환자라고 지칭한다. 하지만 그 둘은 엄연히 다르다. 정신병 환자는 말 그대로 정신적으로 문제가 생겨서 병을 앓는 사람들을 말한다. 하지만 사이코패스는 '정상인의 가면'을 쓰고 있다는 것이 전문가들의 견해다. 앞서 언급한 민희 씨의 남자친구나 영화 〈적과의 동침〉에 나오는 남편 마틴, 소설

《파라노이아》의 인물인 고더드 회장 같은 경우가 여기에 해당한다.

요즘 우리 뇌에서 상대의 감정에 공감하는 기능을 하는 거울신경세포, 일명 공감능력세포라는 것이 있다는 것이 밝혀졌는데, 사이코패스들의 뇌는 그 세포가 없거나 일반인들보다 적다고 한다. 그러나 일상에서는 그 뇌를 볼 수 없으니 누가 사이코패스인지는 정말 알기 어렵다.

더 큰 문제는 그들을 쉽게 구분할 수도 없을뿐더러 치료 역시 매우 힘들다는 데 있다. 앞서 언급했듯이 그들은 자신에게 정신적인 문제가 있다고는 조금도 생각하지 않는 데다 일반적인 치료로는 그다지 효과를 기대할 수 없기 때문이다.

가장 좋은 것은 그들의 마수에 걸려들지 않는 것이다. 내 마음에 지나친 불안, 두려움, 욕망 등이 자리 잡을 때 사이코패스들은 그것을 노린다. 그러므로 성경 말씀대로 '항상 깨어 있도록' 노력할 필요가 있다. 그리고 조금이라도 상대가 사이코패스 같다는 느낌이 들면 바로 믿을 만한 사람과 상의해서 그들로부터 벗어나는 방법을 찾아야 한다. 두려움 때문에, 또는 설마하면서 미루다가는 언제 어떤 일이 생길지 모르기 때문이다.

6장

늘 배워야
할 것이 있기에
인생은
흥미롭다

자기 자신과 화해하고 잘 지내려면

우리는 많은 부분에서 스스로를 용납해야 한다.

그리고 자유로워져야 한다.

자신에 대한 죄책감, 숨기는 부분들, 남들의 평가, 비교의 함정으로부터.

그러면 문득, 내 속에 '현명한 피'가 녹아들어 흐르는 걸 느낄 것이다.

은퇴할 나이에 비행기 조종을 배우는 남자

작가이자 영화감독인 줄리아 카메론은 35세에 영화학교에 가고 싶었다. 하지만 당시 그녀는 나이가 너무 많다는 생각을 지울 수 없었다. 실제로 학교에 입학하고 보니 그녀는 다른 학생들보다 열다섯 살이나 많았다. 다행히 그녀는 자신이 그들보다 창조적 열망과 인생 경험이 많고 배움에 대한 욕구도 훨씬 강하다는 걸 확인할 수 있었다. 그 후 그녀는 물론 큰 성공을 거두었다. 그리고 자신의 책에 다음과 같이 쓰고 있다.

어떤 사람이 그녀에게 물었다. "내가 지금부터 피아노를 배워서 잘 칠 때쯤이면 몇 살이나 되는지 아세요?"

그러자 그녀는 이렇게 대답했다. "물론 알아요. 하지만 그것을 배우지 않아도 그 나이를 먹는 것은 마찬가지예요."

미국 보잉사의 회장인 필립 콘디트는 18세 때 이미 비행기 조종 면허를 얻었다고 한다. 어릴 때부터 세계적인 항공기 제작회사의 최고 리더가 될 싹이 보였다고나 할까. 그가 비행기 조종을 배우게 된 계기가 흥미롭다. 당시 60세이던 할아버지가 비행기 조종을 배우는 모습을 보고 그도 따라서 하게 됐다는 것이다. 은

퇴할 나이에 비행기 조종을 배우는 남자라니, 상상만 해도 그림이 멋지지 않은가?

그런 할아버지로부터 배움과 도전에 대한 욕구를 고스란히 물려받은 덕분에 필립 콘디트 역시 지금처럼 성공할 수 있었다고 한다. 그래선지 경영대학원의 젊은 학생들이 성공 비결을 묻자 그는 단호하게 "결코 배움을 멈추지 말라"고 대답했다.

"배우는 걸 멈추면 그때부터 길은 사라진다. 젊은 시절 내겐 모든 게 매혹적이었다. 난 뭐든 새로운 걸 경험하길 원했다. 지금도 마찬가지다. 난 작년에 재작년보다 새로운 걸 배웠고 재작년엔 그 전해보다 더 새로운 걸 배웠다. 세계와 시장과 기술은 끝없이 변화한다. 배움을 멈추면 끝나는 것이다."

실제로 그는 배움을 멈춘 적이 없는 사람이다. 보잉사에 입사해 엔지니어가 된 후에도 새롭게 MBA 과정을 공부했고 MIT 공대를 다시 다니기도 했으니까. 그리고 그 이면엔 60의 나이에 비행기 조종을 배우던 할아버지의 정신이 깃들어 있었던 것이다.

물론 누군가의 말처럼 지금 와서 새삼 장대높이뛰기를 배우기는 너무 늦었을지 모른다. 하지만 내 삶이 창조적이고 생생하기를 원하는데, 그 비결의 하나가 "결코 배움을 멈추지 않는 것"이라면 실천해볼 만하지 않을까? 그리고 사실, 뭘 배워도 더 배워야 할 부분은 늘 있게 마련 아니던가. 그래서 인생은 흥미로운 것이고.

내 속에 '현명한 피'가 돌게 하려면

많은 사람들로 하여금 자기 수용을 방해하고 쉽게 열등감에 사로잡히게 만드는 것이 있다. 바로 비교의 함정이다. 예를 들어, 30대는 20대의 젊음과 자기를 비교하고 40대는 또 30대와 자기를 비교한다. 나이 듦은 자연의 순리다. 누구도 거스를 방도는 없다. 그런데도 우린 자주 서슴지 않고 그런 비교의 함정에 빠진다.

누구도 자기보다 적게 가진 사람과 비교하지는 않는다. 늘 나보다 잘나 보이는 사람과 비교하고 경쟁관계에 있는 사람과 비교한다. 또 과거의 나와 현재의 나를 비교하고 이루지 못한 꿈과 현재의 처지를 비교한다.

그런 함정에서 벗어나려면 먼저 자신이 무엇을 비교하고 있는지, 그것이 얼마나 정확한지, 혹시 내 기준으로 다른 사람의 인생에 대해 결론을 끄집어내고 있지는 않은지, 이미 목표를 달성한 사람과 나를 비교해서 목표를 포기하고 있지는 않은지 등등을 자세히 살펴보아야 한다.

나이 들어갈수록 그 연륜만큼의 현명함과 성숙함이 우리에게 찾아온다는 사실도 기억해야 한다. 여성의 정신적 성숙을 가리키는 말에 '현명한 피wise blood'라는 것이 있다. 그 말을 처음 들었을 때 나는 전율을 느꼈다. 삶이 우리에게 부여하는 온갖 어려움과 고통, 희생과 슬픔, 그 와중에도 흐린 날 잠깐씩 비추는 햇살처럼 찾아오던 행복과 기쁨 같은 모든 것들이 한 사람의 핏속에 녹아들어 현명함을 이룬다는 것은 얼마나 멋진 일인가.

자신의 핏속에 그런 현명함을 간직하고 싶다면 먼저 해야 할 일이 있다. 나는 이렇게 혹은 저렇게 되어야 한다는 강박증에서 벗어나 자유로운 시각으로 자신을 바라보는 것이다.

정신적으로 건강한 사람은 매사에 자연스러움을 추구한다. 덕분에 자기 장점과 약점까지도 있는 그대로 드러내놓고 인정할 줄 안다. 그런 다음 장점은 발전시키고 약점은 보완하려고 노력할 뿐이다. 자신의 어떤 점이 싫은지, 외모는 어떤 부분이 마음에 들지 않는지, 언제 감정 조절에 어려움을 겪는지, 어떤 상황에서 대인관계에 어려움을 겪는지, 비상식적인 행동을 할 때는 언제인지 등에 관심을 기울이고 개선하고자 애쓴다. 그리고 그 약점까지 포함해 있는 그대로의 자기 모습을 받아들이려고 한다.

자기 자신과 화해하고 잘 지내려면 우리는 많은 부분에서 스스로를 용납해야 한다. 그리고 자유로워져야 한다. 자신에 대한 죄책감, 받아들이기 두려워 숨기는 부분들, 남들의 평가, 비교의 함정, 완벽함에 대한 욕구 등등.

개인적으로 "이 세상에 완벽한 사람은 없다. 단지 성숙한 사람이 있을 뿐"이라는 말을 좋아한다. 인격적인 성숙은 자아 개념이 분명하고 있는 그대로의 자기 모습을 수용하고 그것을 발전시키는 사람에게 주어지는 선물이다. 핏속의 현명함도 그런 선물의 하나가 아닐까 싶다.

그러므로 자기 인생을 남과 비교하며 재미없어 할 필요는 없다. 언젠가 한 젊은 여성이 "나는 내 얼굴을 좋아한다. 예뻐서가 아니다. 이 세상에 나와 같은 얼굴을 한 사람은 나 하나밖에 없기 때문이다. 그 생각을 하면 왠지 나 자신이 존엄해지는 느낌이다"라고 한 말에 크게 공감한 적이 있다.

그녀는 또 "이 세상에는 나보다 돈 많은 사람도 많고 나보다 똑똑한 사람들도 많다. 하지만 나라는 사람은 나 하나뿐이다. 그런 생각을 하면 나 자신을 존중하고 소중하게 여겨야 한다는 생각이 저절로 든다. 그리고 중요한 것은 그런 생각이 마음으로 와닿을 때 그 순간의 느낌을 잘 기억하는 것이 아닌가 싶다. 그것을 잊지 말아야 내 인생에 더 충실할 수 있을 것 같기 때문이다"라는 요지의 말을 했다.

그녀의 말대로 내 앞에는 이 세상에 하나뿐인 나만의 사랑과 인생이 펼쳐져 있다. 그리고 나는 그런 사실을 잊지 말고 하루하루를 충실하게 살아내면 되는 것이다. 그러면 문득 '현명한 피'가 내 속에 녹아들어 있는 것을 깨닫고 커다란 기쁨을 느끼게 될 날도 오지 않겠는가.

내일의 천자보다 오늘의 재상

미국의 여행 작가 빌 브라이슨의 《나를 부르는 숲》을 읽으면서 몹시도 부러웠던 점이 있다. 읽어본 분들은 알겠지만, 이 책에는 미국의 조지아주에서 시작해 메인주에 이르기까지 무려 14개 주를 관통하는, 길이만 3,360킬로미터인 애팔래치아산맥을 두 친구가 종주하는 이야기가 담겨 있다.

굽이굽이 유장하고 험난하고 그래서 더 무시무시하고 매혹적인 그 이야기를 읽으며, 미국이 대단하긴 대단하구나 싶었다. 다른 건 몰라도 그토록 거대한 산맥을 품고 있는 대자연이 있다는 건 정말 기적 같은 일이란 생각마저 들었다. 하지만 모르긴 해도 정작 미국인들 중에는 그런 대자연이 기적이라고 여기는 사람들은 많지 않을 것이다. 아마도 그저 그 자리에 있으니까 당연한 걸로 받아들이지 않을까.

그런 점에선 이 지구상의 모든 사람들이 다 마찬가지일지도 모른다. 우선 나만 해도 남의 나라 산맥은 부러워하면서도 정작 우리 땅에 있는 산맥에 대해서는 깊이 생각해본 적이 없는 것을 어쩌랴.

그런 생각을 하다가 문득 우리 중에 지금 자신이 두 발을 딛고 서 있는 곳을 좋아하는 사람이 과연 얼마나 될까 하는 데 생각이 미쳤다. 이상하게도 사람은 누구나 지금 나한테 있는 것, 혹은 손만 뻗으면 내 것으로 할 수 있는 것에는 흥미를 느끼지 못한다.

그 대신 지금 내 손에 없는 다른 뭔가를 소망한다. 그러면서 서서히 불평꾼이 되어간다. 시무룩하고 낙담한 표정을 하고 투덜거리면서 지금 내게 없는 것에 대해서만 초점을 맞추고 불평을 늘어놓는 것이다. 덕분에 그곳이 어디가 됐든 내가 두 발을 딛고 있는 곳이 마음에 들 리가 없다.

아이러니한 것은, 우리 중 누구도 바로 자신이 그런 불평꾼이 되어가고 있다는 건 잘 느끼지 못한다는 사실이다. 그 대신 남들이 그런 모습을 보이는 건 족집게처럼 집어낸다. 혹시 주변에 그런 불평꾼이 보이는가? 그럴 땐 상대방도 내게서 그런 모습을 보고 있다고 여기고 한 번쯤 자신에 대해 깊은 성찰을 거쳐보는 것이 어떨까. 그러면 지금 내가 있는 곳을 선택한 것은 누구도 아닌 나 자신이란 사실을 깨닫게 될 것이다.

그다음에 할 일은 물론 지금 내가 있는 곳을 좋아하는 것이다. 그리고 거기서부터 창조의 샘을 파내려가 보면 어떨까. 분명히 그 어느 곳보다 맑고 신선한 샘을 품고 있을 것이다.

우리가 지금 내가 있는 곳을 좋아하지 않는 것만큼이나 실수를 저지르는 것이 또 하나 있다. 바로 지금 이 순간에 살지 못하는 것이다.

김명기 씨(가명, 43세)는 심각한 불면증으로 인해 업무에 집중할 수 없는 문제로 병원에 오게 되었다. 중소기업의 임원인 그는 늘 잔걱정이 많은 사람이었다. 회사에 사소한 문제만 불거져도 거의 잠을 이루지 못했다. 시시각각 수위가 올라가는 불안감 때문이었다. 그러는 사이 아무리 작은 문제도 그의 머릿속에서는 거의 침소봉대 수준으로 커져 있게 마련이었다. 그러면 이번에는 자신이 그 문제를 수습하지 못할지도 모른다는 생각에 더욱 전전긍긍하곤 했다.

그는 자기도 모르게 아직 일어나지도 않은 일을 두고 부정적으로 가정하는 습관이 있었다. 그러다 보니 어떤 일을 시작하기에 앞서 그 일이 잘못될지도 모르는 이유를 한 번에 수십 가지는 생각해낼 수 있었다. 물론 그런 내색을 하지는 않았다. 프로젝트를 책임져야 하는 임원이 직원들 앞에서 지나치게 불안감을 드러내서는 안 된다는 것쯤은 그도 잘 알고 있었다. 스스로도 자신이 신경증적인 데가 있음을 느끼고 있기도 했다. 그렇다고 자신의 버릇을 고칠 수 있는 것도 아니었다. 다만 아무도 모르게 자신의 내면과 외로운 전투를 치르고 있을 뿐이었다. 밤이면 잠을 이룰 수 없는 게 당연했다.

그에게는 또 한 가지 나쁜 버릇이 있었다. 과거 역시 가정하는 버릇이었다. 그것은 미래를 부정적으로 가정하는 것보다 훨씬 더 나빴다. 미래는 아직 오지 않았으니 내가 부정적으로 가정을 하든 안 하든 어떤 일이 일어날지 아직 알 수 없다. 내가 어떤 선택을 하느냐에 따라 결과가 달라질 수도 있으므로 아직 희망이 있다. 하지만 과거란 완벽하게 봉인되어 하느님조차 그것을 바꿀 수 없다. 어느 작가의 말처럼 "과거는 신께서 보관하는 것"이기 때문이다.

김명기 씨 역시 그것을 모르지 않았다. 그럼에도 불구하고 밤에 홀로 깨어 있는 시간이면 자신도 모르게 과거를 가정해보는 습관을 버리지 못했다. 그때 내가 이런 선택을 하는 대신 저런 선택을 했더라면, 이 길로 오지 않고 저 길로 갔더라면 많은 것이 달라졌을 텐데 하는 생각들이 꼬리를 물고 이어질 때마다 괴로움은 커지기만 했다. 불면의 밤들이 계속되자 견딜 수 없게 된 그는 마침내 병원을 찾기에 이르렀다.

심리 검사 결과, 그는 기질적으로 불안 강도가 높으면서 지나치게 완벽주의를 추구하는 타입이었다. 그 두 가지가 합쳐지는 경우 자칫 매우 나쁜 조합이 될 수 있다. 불안감이 클수록 자신이 그 일을 완벽하게 해내지 못할지도 모른다고 생각해 아예 일 자체를 회피할 수 있기 때문이다.

그와 같은 회피 심리는 우리로 하여금 지금 이 순간에 집중하는 것을 방해한다. 그 대신 과거를 가정하거나 미래에 대한 예기

불안에 사로잡히게 만든다. 거기에 몇 번의 실패와 좌절이 겹쳐졌다고 하자. 자신도 모르게 우울하고 불안한 상태가 깊어져 병적인 단계에 이르게 되는 것을 피하기 어렵다. 김명기 씨가 바로 그 전형적인 사례를 보여주고 있었다.

우리 속담에 "내일의 천자보다 오늘의 재상"이란 것이 있다. 어떻게 될지 모르는 장래의 막연한 일보다 당장 지금 내가 실제로 취할 수 있는 것이(설령 그것이 변변치 않더라도) 더 낫다는 의미를 담고 있다.

사실 인간은 누구나 현재 이 시점밖에는 살지 못하는 존재다. 1초 후에 우리가 어떻게 될지 단언할 수 없는 것이 인생이다. 물론 누구나 머리로는 잘 안다. 지금 이 순간, 내가 있는 자리에서 충실한 것만이 인생을 특별하고 풍요롭게 한다는 사실을. 그런데도 우린 마치 전혀 그런 사실을 모르는 사람처럼 행동할 때가 더 많다. 몸은 '지금 여기에' 있으면서 마음은 과거에 가 있어서 '내가 왜 그때 그런 행동을 했을까', '왜 나에게 그런 일이 일어난 거야, 난 그때 나에게 그렇게 한 사람을 절대로 용서할 수 없어' 같은, 과거에 대한 후회와 원망으로 현재를 망치고 있을 때가 더 많다. 아니면 미래에 대한 불안과 두려움 때문에 역시 지금 여기에 있는 나에게 집중하지 못할 때가 더 많다.

그렇다면 '지금 여기에' 충실하기 위해서는 어떻게 해야 할까? 무엇보다 자기 내면의 균형을 지키는 것이 가장 중요하지 않을까 싶다. 격변하는 외적인 환경은 하루에도 몇 번씩 우리의 마음을 격랑 속으로 몰아넣는다. 또한 두려움과 불안, 갈등과 좌절, 삶의 무의미성 같은 내적인 싸움도 우리의 마음을 자주 혼란에 빠뜨린다. 그런 격랑과 혼란 속에서 마음을 지키기 위해서는 끝까지 중심을 잃지 않는 것이 중요하다.

실제로 창의적이고 현명한 사람들은 기도나 명상, 취미활동이나 봉사활동 같은 자기만의 고유한 방법을 통해 내면의 균형을 취하는 훈련을 하는 것을 볼 수 있다. 내면의 균형이 중요한 이유는 그래야 더 이상 과거나 미래에 얽매이지 않고 지금 여기에 충실할 수 있기 때문이다.

그 역할을 할 수 있는 사람은 오직 나뿐이다

우연히 해양 다큐멘터리를 보다가 가슴이 뜨거워진 적이 있다. 화면 속에서는 알에서 막 깨어난 새끼 거북이들이 미친 듯이 바다를 향해 달려가고 있었다. 작디작은 생명들의 생존을 향한 질주. 그 필사적인 안간힘, 그 가여운 몸부림이라니. 눈물겹고도 경이로운 장면이 아닐 수 없었다.

거북이들은 유난히 알을 많이 낳는다고 한다. 그 알을 먹잇감으로 노리는 다른 동물들이 워낙 많기 때문이라고 한다. 생존 확률이 낮다 보니 어떻게든 개체를 보존시키려는 본능에서 수없이 많은 알들을 낳는 것이라고.

상황은 그것으로 끝나지 않는다. 알에서 깨어난 새끼 거북이가 해변에서 바다까지 가는 동안 또다시 다른 동물들의 표적이 되기 때문이다. 처음부터 새끼 거북이들을 노리고 진을 치고 기다리고 있는 녀석들도 많다고 한다. 그러니 말 그대로 죽을힘을 다해 바다로 달려가지 않을 수 없는 것이다.

백수의 왕이라 불리는 사자는 어떨까? 흔히 사자쯤 되면 쉽게 사냥을 할 거라고 생각한다. 하지만 그들도 사냥을 할 땐 필사적이 된다. 아무리 작은 짐승이라도 되는대로 아무렇게나 사냥하는 법이 없다. 정확하게 먹잇감을 낚아챌 수 있을 때까지 최선의 타이밍을 위해 기다리고 또 기다린다. 그러는 동안 사자들이 팽팽하게 긴장해 있는 모습을 보면 역시 새끼 거북이의 질주를 보는 것만큼이나 가슴 찡한 데가 있다. 그런 모습들을 볼 때마다 어쩔 수 없이 나 자신을 돌아보게 된다.

'새끼 거북이조차 살기 위해 저렇게 필사적인데 넌 과연 최선을 다하고 있니?'

'생긴 모습만으로도 위풍당당, 다른 짐승들을 압도하고도 남는 사자가 아니더냐. 그 사자도 사냥할 땐 저렇듯 치열하구나. 너한텐 과연 치열하다고 할 만한 순간이 있기나 한 거니?'

저절로 그런 물음들이 떠오르는 것이다. 그때마다 뼈아픈 심정이 되는 건 쉽게 "그렇다"고 대답할 수 없기 때문이다.

하느님은 부자와 가난한 사람 중에 누구 편을 들까? 얼핏 가난한 사람 편일 것 같지만 하느님은 다만 옳은 사람 편을 들 뿐이라는 이야기가 있다. 그 이야기를 들으며 옳다는 게 뭘까 생각해봤다. 그건 결국 '어떤 어려움 앞에서도 좌절하지 않고 최선을 다해 앞으로 나가는 것'이란 결론이 내려졌다. 그건 어쩌면 해변의 새끼 거북이나 밀림의 사자도 다 알고 있는 진실인지도 모른다. 그런데도 우리 인간은 쉽게 그 진실을 잊곤 한다.

지미 카터가 해군에 복무할 때 일이다. 그는 한 뛰어난 제독 밑에서 일하고 싶어 했다. 하지만 인터뷰를 진행하면서 그는 점점 자신이 없어졌다. 이윽고 제독이 그에게 마지막 질문을 던졌다.

"그래, 자네, 해군사관학교에서는 몇 등이나 했나?"

카터는 그것만은 자신 있게 대답할 수 있었다.

"820명 중에서 59등을 했습니다."

카터는 당연히 제독이 자신을 칭찬할 줄 알았다. 하지만 제독은 다시 이렇게 물었다.

"자넨 최선을 다했나?"

카터는 그렇다고 대답했다. 하지만 뒤미처 자신도 모르게 아니라는 대답이 튀어나왔다. 제독은 한참 동안 그를 바라보더니 결코 카터가 잊을 수 없는 마지막 질문을 던졌다.

"왜 최선을 다하지 못했나?"

그 질문 앞에서 카터는 온몸이 마구 떨려왔다고 고백하고 있다. 다행히 그 일이 있은 후 카터는 좀 더 자기 삶에 충실했던 모양이다. 한 나라의 대통령이 되었으니 말이다.

어느 책에선가 이 이야기를 읽었을 때 나 역시 새끼 거북이의 질주를 보았을 때보다 더 충격을 받았다. 살면서 정말 최선을 다한 순간이 있었던가 하는 의문, 그런 자신에 대한 열패감, 손바닥 사이로 모래가 빠져나가듯이 맥없이 흘려보낸 시간들에 대한 회오의 감정들이 한꺼번에 몰려왔기 때문이다. 그 후로 삶에 충실했는가 묻는다면, 역시 떳떳하게 '그렇다'고 대답할 수 없으니 더 무슨 말을 하랴. 그저 자책 모드를 가동하는 수밖에.

얼마 전에는 할리우드 배우 윌럼 더포의 인터뷰 기사를 보면서 다시 한 번 그런 심정이 되고 말았다. 그를 처음 본 것은 영화 〈플래툰〉에서였다. 그 후로 세월이 흘렀건만 잡지 표지를 장식한 그는 여전히 멋졌다. 인터뷰를 보니 그가 저절로 그렇게 된 것이 아님을 알 수 있었다. 영화에 임하는 그의 자세가 거의 한 경지를 이루고 있었기 때문이다.

그는 배역을 맡은 다음에는 '이 세상에서 그 역할을 할 수 있는 사람은 오직 나뿐이다'라는 느낌이 올 때까지 몰입한다고 한다. 자신이 아닌 어느 누구도 그 역할을 해서는 안 된다는 명확한 신념이 들어야 비로소 카메라 앞에 선다는 것이다.

어떤 일을 하면서 한 번 '이 세상에서 이 일을 할 수 있는 사람은 오직 나뿐이다. 내가 아닌 어느 누구도 그것을 대신할 수 없다'는 신념을 가져본 적 있던가? 역시 내 대답은 '아니오'다.

우리 속담에 '채비 사흘에 용천관 다 지나간다'라는 말이 있다. 용천관은 평안북도 용천군에 있는 고개 이름이라고 한다. 어딜 한번 가려면 꼼지락대며 준비하는 데 세월을 다 보낸다는 뜻이다. 준비만 하다가 정작 해야 할 일은 못하는 경우를 두고 쓰이는 속담이다.

우리가 그렇게 준비만 하다가 정작 제대로 일을 해내지 못하는 가장 큰 이유는 완벽함에 대한 욕구 때문이다. 그리고 그 뒤에 숨은 감정은 불안이다. 자신의 능력에 대한 불안, 결과에 대한 불안, 주위 사람들의 평가에 대한 불안 등등. 불안감이 심할 때 그러한 증상들은 대개 완벽을 추구하는 형태로 나타난다.

그런 경우, 어찌어찌해서 일을 시작해도 결국 용두사미로 끝나는 경우가 많다. 주위에서 괜찮다고 하는데도 자기 마음에 안 든다고 몇 번이고 똑같은 일을 시작만 하다가 말거나, 중간에 지쳐서 대충 벼락치기로 끝내고 마는 것이다.

불안감이 심해지면 기억력, 집중력, 판단력 등이 저하되어 일의 효율이 줄고, 그러면 그것이 다시 자신에 대한 자책감과 불안감을 불러일으키는 악순환이 반복된다. 그런 행동이 습관으로 굳어지면 곤란하다. 더 큰 문제는, 그렇게 해서 빈사 상태에 이르면 자기 잘못은 생각 못하고 꼭 남을 원망하게 된다는 것이다.

누구나 시작할 때는 열정으로 시작하지만 그 과정에서 꼭 만나는 방해물이 바로 불안감이라고 할 수 있다. 그리고 어느 감정보다 불안감은 한번 생기면 스스로 팽창한다. 그러니 제대로 내가 원하는 것을 성취하기 위해서는 시도 때도 없이 나타나는 불안감—어느 면에서는 자기 불신이라고 할 수 있겠다—을 잘 다스리려는 노력이 필요하다.

그러기 위해서는 윌럼 더포의 말을 밑거름 삼아 불필요한 불안감을 떨쳐버리고 다시 한 번 최선을 다해볼 필요가 있겠다. 그러다 보면 그 10분의 1이라도 비슷한 열정을 갖게 되지 않을까.

쉬는 것은 남이 대신 해줄 수 없다

미국의 대통령들은 휴가 하나만은 확실하게 챙기는 사람들인 듯하다. 나라에 큰일이 생겨도, 휴가지에 있는 한 그곳을 떠나는 일이 좀체 없는 것 같으니 말이다. 이따금 그런 보도를 접할 때마다 저들의 여유가 놀랍기만 하다. 그런데 생각해보면 휴식과 재충전이 필요한 사람들이 꼭 그들만은 아닌 것 같다.

우리 같은 보통 사람들도 일을 하다 보면 자주 꽉 짜인 스케줄에 힘들 때가 적지 않다. 더구나 일중독인 타입이라면 업무의 양은 배가된다. 그런 타입일수록 자신에게 약간의 쉴 틈도 허락하지 않으려는 경우가 많다. 그들에게 취미활동이나 휴식은 사치일 뿐이다. 오로지 일을 중심으로 모든 것이 돌아가지 않으면 불안을 느끼는 사람들도 많다.

하지만 누구도 영원히 그렇게 살 수는 없다. 마침내 자신이 가진 배터리가 다 소진되는 날이 오기 때문이다. 그러면 싫어도 재충전을 해주어야 한다. 문제는 그때 가서 어떻게 하는 것이 재충전인지 모르게 될 수도 있다는 점이다.

무슨 일이나 해보지 않으면 모르는 법인데, 더구나 휴식이나 재충전이라는 건 누가 나 대신 해줄 수 있는 게 아니다. 다른 사람이 나 대신 출장도 갈 수 있고 회의도 주재할 수 있고 결재도 할 수 있지만 재충전을 위한 휴식만큼은 오로지 자신이 주체가 되지 않으면 안 된다. 마치 밥을 먹어서 몸의 에너지를 채우는 건 나밖에 할 수 없는 것이나 마찬가지다. 그런데 그것을 어떻게 하는지 모르게 되어서는 곤란하지 않겠는가. 그래서 필요한 것이 평소의 취미생활이 아닌가 한다.

취미생활은 유연성과 창조성을 기르는 데도 크게 도움이 된다. 그림을 그린다든가 영화를 본다든가 사진을 찍는다든가 음악을 연주하는 등의 취미활동을 하기 위해서는 비즈니스를 할 때와는 다른 뇌 세포가 필요하다. 그건 마치 쓰지 않는 쪽의 근육도 강화시켜 몸의 균형과 건강을 바로잡는 것이나 비슷하다. 평소 잘 사용하지 않는 뇌세포를 활동하게 함으로써 정신의 균형과 건강을 도모하는 것이다.

실제로 우리가 새로운 것을 배울 때는 우리 뇌에서 대뇌피질이 활성화된다. 그러다가 어느 순간 익숙해지면 뇌의 자동 활동을 담당하는 아래 부위가 활성화하고 대뇌피질은 또다시 새로운 것을 배우기 위해 자유로운 상태가 된다. 우리가 익숙해지면 매사에 지루해하는 이유도 그 때문이다. 따라서 대뇌피질이 활성화하려면 새로운 것을 계속해서 배우거나 훈련하는 과정이 필요하다. 그런데 어떤 취미활동이든 계속해서 새로운 창의성을 요구하게 마련이므로 우리의 대뇌피질 역시 계속해서 활성화의 길을 걷게 되는 것이다.

그러고 보면 아인슈타인이 바이올린을 연주하고 처칠이 풍경화를 그렸다는 것은 매우 흥미롭고도 의미심장한 데가 있다. 그들은 취미활동을 통해 회복과 재충전 시간을 확실하게 가졌던 사람들이 아닌가 싶다. 특히 아인슈타인의 바이올린 연주는 그의 연구에까지 영향을 미쳤던 것으로 보인다.

어느 작가에 의하면 아인슈타인이 바이올린을 연주하면 방의 벽들이 뒤로 물러나는 것 같았다고 한다. 아인슈타인은 고도로 구조화되고 결정론적인 바흐와 모차르트를 좋아했다고. 그러면서 그는 "모차르트가 마치 우주에 늘 존재하는 것을 집어오듯이 공기 속에서 선율을 뽑아온다고 상상했으며 자신이 모차르트처럼 일한다고 생각했다"고 한다.

다시 말해 자신이 "단지 이론들을 찾는 것이 아니라 우주와 조화를 이루어 자연에 반응한다"고 생각했다는 것이다. 그쯤 되면 아인슈타인의 바이올린은 단순한 취미를 넘어 그의 생에서 매우 큰 부분을 차지했던 셈이다.

처칠의 풍경화 역시 유명하다. 그는 만년에 마치 놀이처럼 그림 그리기에 열중했다고 한다. 한번은 그의 그림을 본 피카소가 "그림만 그렸어도 꽤 많은 돈을 벌었을 것"이라고 했을 정도로 처칠의 솜씨는 뛰어났다. 실제로 그가 그린 그림들이 경매에 나오면 삼사십만 달러씩에 팔리기도 한다. 그는 자신이 그리는 풍경화를 통해 노년을 풍요로움으로 채우는 데 성공했다.

만약 아인슈타인에게 바이올린이, 처칠에게 풍경화가 없었다고 생각해보자. 그들의 인생은 지금보다 훨씬 무미건조했을 것이다.

흔히 인생을 여행에 비유한다. 그런데 일중독인 사람들은 스타인벡의 말을 빌리자면 "여행할 때 너무 지도에 골몰한 나머지 경치는 숫제 보지도 못하는 사람들"처럼 되기 쉽다.

이런 얘기도 있다. 어느 배의 선장이 물건을 가득 싣고 열심히 항해를 했다. 선장은 매 순간 자기 위치를 수학적으로 정확하게 따지며 완벽할 정도로 엄격하게 목적지를 향해 항로를 유지하고 있었다. 하지만 정작 그는 자신이 왜 그곳을 향해 가는지 그 이유를 모르고 있었다.

지나치게 일에만 몰두하고 자신에게 재충전의 시간을 주지 않을 경우 어쩌면 우리도 때때로 스타인벡의 여행객이나 이 선장처럼 살아가는 순간들이 생기지 않는다고 장담할 수 없다. 그러니 부디, 가끔씩이라도 스스로에게 휴식과 재충전의 시간을 허락하시기를!

자기 성찰이 부족한 경우 겪는 문제들

한 기업의 임원이 상담을 청해왔다. 직원들이 자기와 일하는 것에 대해 너무 힘들고 부담스럽다는 평가를 내렸다고 했다. 그는 몹시 충격을 받은 모양이었다. 자기는 그동안 일도 매우 열심히 하고 인간관계에서도 처신을 잘해왔다고 믿었는데, 그런 결과가 나오니 너무 허탈하다는 것이었다.

자기가 얼마나 잘해줬는데 어떻게 그들이 자기한테 그럴 수 있는지 이해가 가지 않는다고도 했다. 하지만 직원들의 평가가 그렇게 나온 이상 자기한테도 문제가 있는 듯한데 정말 자신은 그게 뭔지 잘 모르겠다는 것이 그가 말하는 이야기의 요지였다.

심리 검사 결과 그는 매사를 지나치게 세밀하고 꼼꼼하게 살피는 타입이었다. 따라서 그냥 넘어가도 될 작은 일에도 직원들을 몹시 나무라곤 했다. 심한 경우에는 너 같은 게 내 밑에서 일한다니 한심하고 창피하다는 식의 인신공격도 마다하지 않았다. 그러면서도 그는 자신이 점잖고 매너 있는 사람이라고 믿고 있었다. 그런 모습이 직원들의 눈에 안 보일 리 없었다. 부담스럽고 힘든 상사라는 평을 받는 것이 당연했다.

상담 과정에서 그가 가진 문제의 원인이 조금씩 나타났다. 어린 시절 그는 부모가 일찍 돌아가시는 바람에 큰아버지 밑에서 성장했다. 그런데 큰아버지가 바로 지금의 그처럼 아주 사소한 일도 그냥 넘어가지 못하는 사람이었다. 덕분에 그는 늘 필요 이상으로 야단을 맞으며 성장해야 했고 결국 자기도 모르게 큰아버지 같은 사람이 되고 만 것이었다.

자신이 점잖고 매너 있는 사람이라고 여기는 것도 큰아버지와 똑같았다. 그러다 보니 내가 생각하는 나와 남이 보는 나 사이에 그처럼 커다란 괴리가 생겨나게 된 것이다.

어떤 사람은 계속 사기를 당하는 문제로 상담을 원했다. 알고 보니 그도 성장 과정에 원인이 있었다. 무능한 남편에 대한 실망감으로 아들에게 강한 남성상을 바란 어머니를 만족시켜주기 위해 그는 강한 남자 콤플렉스를 가지고 성장했다.

어른이 된 후에도 그는 카리스마로 무장하고 사람들에게 군림하기를 좋아했다. 그러다 보니 앞에서 자기를 떠받들어주면서 한편으로 도움을 청하는 사람들에게 약했다. 그런 식으로 거절하지 못해서 투자를 하거나 도움을 주다 보면 번번이 사기를 당하곤 했던 것이다.

프로이트는, 원인 없는 결과는 없으며 대부분의 경우 그 원인은 무의식적인 것이라고 주장했다. 그는 그것을 '정신적 결정론 psychic determinism'이라고 했다. 즉, 정신적 현상은 언제나 그 전에 일어난 것과 연관되며 불연속성은 존재하지 않는다는 것이다. 앞서 예를 든 두 사람의 모습이 그것을 잘 보여준다. 그들이 현재 겪고 있는 문제의 원인이 다 어린 시절의 경험과 연결되어 있었던 것이다.

프로이트의 이론에 따르자면 인간의 모든 행동에는 의미가 있으며 대개 그 의미는 무의식적인 것이라 자기 자신조차 잘 알 수가 없다. 따라서 가능한 한 우리는 매 순간 자기 마음을 주목하고 살펴볼 필요가 있다. 그래야 하는 또 다른 이유는, 자기를 살필 수 있는 사람이 남도 살필 수 있기 때문이다. 자기를 억압하고 회피하고 들여다보지 않는 사람은 상대방의 마음도 모를 수밖에 없는 것이다.

특히 우리가 세상과 삶에 대한 이해의 폭을 넓히기 위해서는 먼저 자기 자신에 대한 이해의 폭을 넓혀야 한다. 나 자신을 아는 것이야말로 인생을 제대로 살아가기 위한 첫걸음이다.

누구나 사회적 지위가 올라가면 자신에게 올바른 소리를 해줄 사람이 줄어들 것을 각오해야 한다. 따라서 그때부터는 스스로를 성찰하는 것이 무엇보다도 중요하다. 만약 그런 자기 성찰이 따라주지 않거나 처음부터 자신의 진짜 모습을 모르는 사람이 성공하면 여러 가지 문제가 생길 수밖에 없다.

어떤 의미에서 자기를 다스린다는 것은 자동차의 핸들을 조종하는 것과 같다. 만약 핸들을 놓친다면 어떤 결과가 오겠는가?

가장 큰 문제는 자만심에 사로잡혀 현재의 사회적 위치가 바로 자기 자신이라는 착각에 빠지는 것이다. 그런 경우, 자만심으로만 세상을 살아가기 때문에 인간관계나 일에서 실수가 일어나기 마련이다. 또한 현재의 위치를 잃어버리면 세상을 모두 잃은 것처럼 좌절감에 사로잡히기도 한다.

엘리트들 중에는 뛰어난 학교 성적으로만 자기를 평가하다가 막상 사회에 나와서 인간관계가 좋은 사람이 인기를 얻는 것을 보고 당황하는 경우도 있다. 하지만 그들은 자기가 먼저 다가갈 생각은 하지 못한다. 지금까지 모든 사람들이 일등 하는 자기와 친해지기 위해 다가왔기 때문에 스스로 남에게 먼저 다가간다는 것이 쉽지 않다.

그러다 보면 결국 그들은 사회생활에서 소외당하는 경험을 할 수밖에 없다. 그때 그들이 경험하는 분노는 상상을 초월한다. 내가 누군데 감히 이런 대접을 하는가 싶기 때문이다. 그러다가 성공해서(어쨌든 능력은 뛰어나므로) 임원이 되면 가차 없이 그 분노를 터뜨리게 된다. 상대방을 무시하고 멸시하는 것은 기본이고, 크고 작은 일에 공격적이 되어서 화를 폭발시키면서도 나는 그래도 되는 사람이라고 여기는 것이다. 그러다가 그 자리에서 물러나게 되면 역시 좌절감과 분노를 이기지 못해 우울증에 빠진다.

그처럼 자기 자신의 한 면을 억압하거나 자기 성찰이 부족한 사람들은 그 밖에도 다음과 같은 문제를 겪는다.

첫 번째, 자기 자신에 대해 억압하는 것처럼 다른 사람에 대해서도 억압하고 문제를 보려고 하지 않기 때문에 무조건 실적을 강요하는 폭군적인 리더가 될 수 있다. 그리고 자만심에 가득 찬 모습으로만 세상을 분석하고 받아들이므로 삶과 세상에 대해 잘못된 판단을 내릴 수 있다. 그런 경우 인간관계나 일에서 문제가 생기는 것은 너무나 당연하다.

자기가 속한 기업과 자기를 동일시하는 어느 임원이 있었다. 그가 안하무인인 것은 어찌 보면 당연한 노릇이었다. 그는 자기를 빼놓고는 다 무식한 사람들이고 자기처럼 뛰어난 머리를 가진 사람은 없다고 자부했다. 물론 그가 스티브 잡스처럼 진짜 뛰어난 인물이라면 그 정도의 잘난 척은 용인될 수도 있었다. 하지만 그는 단지 스스로만 그렇게 생각할 뿐 주변의 인정을 받지는 못했다.

게다가 그의 업적은 대부분 직원들의 공로로 이루어진 것이었다. 하지만 그는 그것을 다 자기가 이룬 것으로 생각해 오만하게 굴었다. 결국 그는 부하 직원의 투서에 의해 그 자리를 떠나고 말았다. 그리고 나서야 그는 사람들이 자기를 대접했던 것은 단지 자기가 그 자리에 있었기 때문이라는 사실을 뼈저리게 깨닫게 되었다. 그 역시 자신에 대해 전혀 몰랐던 것에 대한 대가를 가혹하게 치른 셈이었다.

그는 적어도 팩트가 진실이 아니라는 것이 스스로에게도 해당된다는 사실 정도는 이해하고 있었어야 했다. 더구나 요즘은 소셜 네트워크의 시대다. 보통 사람의 삶조차 모든 것이 드러날 수 있는 사회, 즉 더 이상 숨기거나 숨을 곳이 없는 세상이 된 것이다.

과거에는 야망만 있으면 처신을 못해도 리더가 될 수 있었으나 이제는 아니다. 야망과 더불어 처신이 필요한 세상이 온 것이다. 모든 것이 노출되는 세상에서 살아남을 수 있는 방법은 솔직하게 자기의 진면모를 드러내는 것이며 그러기 위해서는 먼저 자신에 대해 알아야 한다. 달리 방법이 없다.

임상에서는 상담으로 자신을 아는 시간을 줄이기 위해 종종 심리검사를 시행한다. 그런데 심리검사 결과를 받아들이는 모습이 각각이다. 어떤 사람은 마치 치과에서 스케일링을 한 것 같은 기분이라고 하면서 자신의 결과를 시원하게 받아들인다. 그런가 하면 그래서 어쩌라고 하는 식으로 심드렁하게 받아들이거나 아예 부정하려고 드는 사람도 있다.

결과가 좋게 나오면 자기를 위로해주기 위해서 일부러 이렇게 조작한 것이 아니냐는 사람도 있고, 결과가 안 좋으면 왜 내가 이런 사람이냐고 따지는 사람도 있다. 그만큼 자기를 객관적으로 받아들이는 것은 쉬운 일이 아니다.

하지만 어떤 방식을 통해서든 입체적으로 자기를 조명하는 것은 매우 중요하다. 따라서 자신에게 어떤 식으로든 문제가 있다고 여겨질 경우에는 전문가의 도움을 받아서라도 자신이 어떤 사람인지, 어떤 모습으로 세상을 대하고 인간관계를 해나가고 있는지 살펴볼 필요가 있다.

특히 한 조직의 리더라면 그런 자기 이해는 더욱 필수적이다. 리더가 될수록 자기에게 솔직하게 말해줄 사람은 그만큼 줄어들기 때문에 전문가의 객관적인 평가를 받아야 하는 것이다.

내가 책읽기에 집착하는 이유

독서의 달이니 독서주간이니 해서 가을이면 '책을 읽자'는 것이 범국민적인 캠페인이던 시절이 있었다. 그런데 언제부터인가 그런 캠페인이 보이지 않게 되었다. 하긴, 요즘은 블로그와 트위터의 세상이다. 가만히 있어도 소통과 정보가 넘쳐나는데, 굳이 별도로 그런 캠페인을 벌일 일은 없을 것이다.

사실, 지난 시절의 독서 캠페인은 그 자체가 하나의 아이러니였다. 전 국민에게 책을 읽으라고 하면서 실제로는 어디고 변변한 도서관 하나가 없었던 것이다. 하지만 지금은 웬만한 동네마다 번듯한 도서관이 자리하고 있다. 누구나 마음만 먹으면 얼마든지 보고 싶은 책을 실컷 볼 수 있는 세상이 된 것이다.

그런 도서관들의 존재야말로 작금의 시대적 변화 중 가장 내 마음에 드는 것 중 하나다. 그래도 독서 캠페인이 사라진 것에 대해서 섭섭한 마음이 들기도 한다. 그건 아마도 지나치게 책에 집착(?)하는 나의 버릇 때문인지 모른다.

집이고 병원이고 책들이 그득하게 쌓여 있건만 난 언제나 책에 목마르다. 나도 안다. 그 책들 중에는 내가 아직 읽지 못한 것도 많고 필요한 부분만 읽고 만 것도 적지 않다는 사실을. 물론 마음만은 언젠가는 그 모든 책들을 다 읽고 말리라 작정하고 있다. 그리고 나는 여전히 새로운 책에 욕심을 낸다.

때로는 그런 자신에게 죄책감이 들기도 한다. 스스로도 지나치다는 것을 알기 때문이다. 그러다가 며칠 전에 그런 죄책감을 한 방에 날려버릴 만큼 위로가 되는 문장 하나를 발견했다. 아르헨티나 출신의 작가 보르헤스의 책에서였다. 문학 강연을 모아놓은 그 책에서 보르헤스는 다음과 같이 말하고 있었던 것이다.

"가끔 저는 집에 쌓인 많은 책들을 바라보면서 그 책들을 다 읽기 전에 죽을 것이라고 느낍니다. 하지만 한편으로는 새 책을 사고 싶은 유혹을 누를 길이 없습니다. 서점에 들어가서 제 취미―예를 들어 고대 영시, 또는 고대 노르웨이 시―에 딱 맞는 책을 발견할 때마다 저는 이렇게 되뇝니다. 저 책을 살 수 없어서 얼마나 애석한가. 이미 집에 한 권 있으니……."

그 문장을 읽는 순간 난 얼마나 기쁨에 겨웠던지, 아마 비슷한 경험을 한 분들은 아실 것이다. 그동안 스스로에게 품고 있던 죄책감과 의구심이 눈 녹듯이 씻겨나간 것은 물론이다. 나에게 보르헤스의 책은 비블리오 테라피의 효과를 완벽하게 발휘했던 것이다.

그런 경험이 처음도 아니다. 나는 자주 많은 책에서 공감과 위안을 얻으며 나 자신이 치유되는 경험을 하곤 한다. 그런 치유의 힘이야말로 책읽기가 가진 가장 큰 미덕이라고 나는 믿고 있다.

나는 임상에서도 가끔 비블리오 테라피를 적용한다. 내담자들에게 그들의 상황에 알맞은 책을 읽으라고 권유하고 그 경험을 함께 나누는 것이다. 거의 대부분의 사람들이 원하는 만큼 치료효과를 거두는 것을 볼 때마다 나는 새삼 책읽기가 주는 놀라운 치유의 힘을 느끼곤 한다.

얼마 전에는 더 흥미로운 경험을 했다. 꽤 오래 기간 상담을 받고 있는 사람이 있었다. 그런데 그가 우리 병원 약봉지에 쓰여 있는 문장을 보고 크게 깨달음을 얻었다고 하는 것이 아닌가. 물론 그 약봉지에는 늘 똑같은 문장이 쓰여 있었다. 그런데 최근에야 비로소 그의 눈에 띄었던 것이다.

특별히 감동적인 문장도 아니었다. 대략 '하느님이 보시기에 이 세상에서 행복해질 권리가 없을 만큼 보잘것없는 사람은 한 사람도 없다. 그러니 늘 긍정적인 마음으로 희망을 잃지 말자'는 내용이었다. 처음 약봉지를 만들 때 좀 심심한 것 같아 예전에 내가 펴낸 책에서 한 구절을 뽑아서 작은 글씨로 인쇄해놓은 것이었다.

"그 문장을 보는데 갑자기 눈물이 왈칵 솟더군요. 하느님 보시기에 나 역시 행복해질 권리가 있는 사람이겠구나, 그러니 내가 나를 소중하게 여겨야겠구나 하는 깨달음이 번개처럼 머리를 스쳐가는 거예요. 얼마나 위안이 되던지 아마 선생님은 모르실걸요."

그가 말했다. 물론 나는 모르지 않았다. 사실은 누구보다도 잘 알고 있었다. 나는 그에게 나 자신의 경험을 들려주었다.

그는 처음에는 믿기지 않는다는 표정이었다. 아마도 그런 신기한(?) 체험을 자신이 처음 했다고 여긴 모양이었다. 그러나 곧 나 역시 자신과 같은 경험을 했으며 덕분에 함께 공감을 나눌 수 있다는 사실을 알고 기뻐했다.

독서를 한가한 취미로 여기는 사람들을 만날 때가 더러 있다. 그런 사람들일수록 책을 읽는 사람들을 폄하하는 발언을 서슴지 않기도 한다. 그때마다 나는 안타까운 마음을 어쩌지 못한다. 그들이야말로 독서가 주는 치유의 힘을 영원히 경험하지 못하리란 생각 때문이다.

《비블리오 테라피》라는 책을 쓴 조셉 골드는 책읽기도 일임을 기억해야 한다고 주문한다. 독서를 제대로 하려면 생각과 에너지와 집중이 필요하다는 것이다. 그는 이런 말도 했다.

"슬픔 속에 있는 사람이 자신의 표현되지 못한 느낌을 문학의 힘을 빌려 표현하는 것은 소중한 일이다. 자신의 느낌을 그처럼 멋지게 표현하는 재주를 지닌 사람은 인류의 귀중한 자산이다. 그들은 우리가 이뤄내야 하는 적응과 생존을 돕는다. 대부분의 사람들은 자신을 적절하게 표현하는 것을 대단히 어려워한다. 그래서 우리는 소설가나 시인 같은 전문가가 우리를 도와주기를 바란다."

그는 진정한 비블리오 테라피는 스토리가 있는 픽션을 통해 이루어진다고 주장한다. 그의 이야기는 인문학 못지않게 소설책을 좋아하는 내 독서 취미에도 면죄부가 되어준다. 그러니 나는 또다시 책에 집착할 수밖에.

경영학에 관해 여러 권의 베스트셀러를 써낸 톰 피터스는 진짜 인생을 살고 싶다면 '당신 자신을 모든 종류의 책들로 둘러싸라'고 조언하고 있다.

책읽기의 즐거움을 한껏 누려보심이 어떠신지.

딜레마와 슬럼프에서 벗어나는 법

살면서 이따금 지독한 딜레마나 슬럼프에 빠지지 않을 만큼 운 좋은 사람이 얼마나 될까? 아마 거의 없을 것이다. 아무리 승승 장구하는 사람도 한두 번쯤은 인생에서 복병을 만나기 때문이다. 적어도 삶이 지속되는 한, 누구도 그것을 피해 가기란 쉬운 일이 아니다.

대단한 행운의 별을 타고난 사람이라면 또 다를지도 모르겠다(그런 사람이 있을 것 같지 않지만). 아무튼 약간의 비도 내리지 않는 인생이란 없는 법이다. "난 그 약간의 비도 싫다니까!" 하고 투정을 부려봤자 소용없는 노릇이다. 피해갈 수 없다면 받아들이는 수밖에 없다. 그런 다음 거기서 벗어나는 방법을 찾아야 한다.

누군가의 말처럼, 자신의 딜레마를 삶이라는 큰 그림 속에 집어넣고 보는 것도 한 방법이다. 그럴 경우 지금의 위기가 얼마만한 크기인지, 어떤 영향을 줄 것인지 알 수 있기 때문이다. 그러면 자연히 거기서 벗어나는 방법도 찾아낼 수 있지 않을까?

개인적으로는 오그 만디노의 방법을 추천하고 싶다. 그가 쓴

《위대한 상인의 비밀》 중 일곱 번째 두루마리에 적혀 있는 비밀을 사용해보는 것이다. 거기에는 이렇게 적혀 있다.

"나는 웃으면서 세상을 살리라."

딜레마에 빠지면 나 혼자만 그런 일을 겪는 것 같아 좌절할 때가 분명 있다. 그래서 "될 대로 되라지. 알게 뭐야. 이젠 더 이상 상관 안 할 거라구!" 하며 마치 남의 일처럼 자신을 파국으로 몰고 가는 일도 생겨난다.

그러기 싫다면 위기의 순간에 웃을 수 있는 힘을 길러두어야 한다. "웃을 수 있는 힘을 기른다고?" 하며 의아해하는 분들도 있을 것이다. 오그 만디노에 따르면, 우린 원한다면 의도적으로 웃음을 사용할 수 있는데, 그러기 위해선 웃는 습관을 길러야 한다고. 무엇보다도 일이 심각하게 느껴질 때 웃어야 하는데, 그때처럼 인간이 우습게 보일 때도 드물기 때문이라는 것이다.

"오늘의 걱정거리를 10년 후에 되돌아본다면 우습지 않겠는가? 그러니 나는 웃으면서 세상을 살리라. 세상일이란 다 지나가게 마련이다. 골치 아픈 일일수록 다 지나가려니 하며 나 자신을 위로하리라. 그렇게 모든 것이 다 지나가고 말진대, 어찌하여 오늘 근심에 싸여 있겠는가? 나는 웃으면서 세상을 살리라."

딜레마를 벗어나는 데 이만한 방법도 없을 듯하다.

슬럼프도 마찬가지다.

"애매함이 없으면 에너지는 완전히 연소된다"는 말이 있다.

애매함이란 뭔가 명쾌하지 못한 상태를 나타낸다. 뿌옇고 흐리멍텅한 안개가 끼어 있는 것 같은 상태에서 에너지의 완전연소를 바랄 수는 없다. 그런데 어느 순간부터 바로 내 감정과 일상생활에 뿌연 안개가 끼어들기 시작한다. 흔히 말하는 슬럼프 상태가 찾아온 것이다.

슬럼프의 원인은 여러 가지다. 가장 흔한 것으로는 일상에서 겪는 크고 작은 갈등을 들 수 있다. 갈등에 빠지면 누구나 감정적인 혼란과 스트레스를 경험하게 된다. 예를 들어, 부부싸움이 길어져 결혼생활 자체가 지리멸렬하게 여겨진다거나, 직장에서 아무리 애써도 일의 성과가 눈에 보이지 않는다거나, 상사나 동료들과의 의사소통에 문제가 생긴다거나 할 때 겪는 스트레스는 때로 끔찍한 압력으로 작용한다.

과도한 욕망도 슬럼프의 원인이 된다. 욕망이 크고 강한 사람일수록 목표한 것이 이루어지지 않으면 더욱 급격한 의욕상실에 빠지는 경우가 많다. 더구나 한 번 좌절감을 겪고 나면 최악의 상황만을 가정하게 되므로 슬럼프 상태에서 벗어나기가 힘들어질 수밖에 없다.

슬럼프 상태가 되면 누구나 잠자고 먹고 마시고 말하고 사람들을 만나고 대화를 나누고 하는 모든 것이 갑자기 애매모호해지고 의미를 찾을 수 없다. 의미를 찾을 수 없으니 당연히 의욕을 낼 수도 없다.

모든 것이 시들하고 의기소침하고 우울하기만 하다. 그쯤이면 그래도 낫다. 여기에 "나는 왜 이렇게 모든 것이 보잘것없을까. 재능도 없고 외모도 안 받쳐주고 쓸데없이 나이만 들어가고 그렇다고 번듯한 배경이 있는 것도 아니고" 등등 쓸데없는 자기 비하의 감정이 끼어들면 그때는 걷잡을 수 없는 슬럼프 상태를 각오해야 한다.

슬럼프 상태에서 벗어나려면 가장 좋은 방법은 한 발짝 물러서서 현실을 바라보는 것이다. 그런데 대개의 경우 우리는 그 반대의 방법을 쓴다. 제대로 일이 풀리지 않는 것을 한탄하면서 더욱 비참한 상태로 현실을 왜곡한다.

슬럼프에 빠졌을 때 가장 경계해야 할 것이 바로 자기 파괴 본능이다. 파괴 본능이 더 강할 때 우리는 자기에게 이롭거나 긍정적인 결론은 애써 무시하려는 경향을 보이기 때문이다. 그러면 슬럼프 상태는 장기화되고 결국 재앙에 가까운 만성 우울 상태가 되고 만다.

그러므로 만약 슬럼프라고 여겨지면 무조건 현실에서 한걸음 떨어지라고 권유하고 싶다. 넘어진 김에 쉬어간다고, 아예 이참에 휴식을 갖는다고 생각해보자.

그리고 마치 겨울이 지나서 봄이 오듯이, 슬럼프를 잠시 겨울로 생각한다면 어떨까 싶다. 요즘 정신의학에서는 그것을 '다운타임down time'으로 생각해야 한다고 주장한다. 마치 음식을 만들 때 뜸을 잘 들여야 맛있는 음식이 되듯이, 인간도 힘든 일이 있을 때 거기서 회복되는 데 필요한 시간을 자신에게 주어야 한다는 것이다.

그런데 우린 자기 자신이나 남에게 그런 시간을 주지 않는다. "뭘 그만한 일을 가지고 그렇게 힘들어하는가" 하면서 빨리 일어나라고 보챈다. 그럴수록 오히려 슬럼프는 더 길어지게 마련이다. 따라서 잠시 내 인생의 시간을 천천히 가게 하면서, 그렇게 힘든 자기 자신을 인정하고 수용하면서 마음의 환기를 시키는 것이 슬럼프를 벗어나는 지름길이다.

그렇게 몸과 마음의 명쾌함을 회복하고 나면, 에너지는 애매함 없이 다시 활활 타오르게 될 것이다.

우리의 삶을 경영하는 자세에 대하여

영화 〈비포 선셋〉에 다음과 같은 이야기가 나온다. 어마어마한 금액의 복권에 당첨된 사람과 갑작스러운 사고로 커다란 장애를 입은 사람이 있었다. 그 후로 두 사람의 인생은 과연 얼마나 달라졌을 것 같은가?

우리가 평소 생각하는 대로라면 두 사람의 인생은 극적으로 달라지는 것이 마땅하다. 그러나 놀랍게도 그들의 인생은 별로 달라진 것이 없었다고 한다. 복권에 당첨된 비비 꼬이고 우울한 사람은 여전히 우울하고 꼬인 채로 인생을 살아가고, 장애를 입은 명랑한 사람은 여전히 유쾌하고 명랑하게 살아가고 있었기 때문이다.

누구에게나 변화는 어려운 숙제다. 하루에 열두 번씩 "이대론 안 돼. 난 변화해야 해! 그래야 살아남을 수 있어!" 하면서 비명을 질러대지만 그때뿐, 실제로 변화하는 사람은 드물다고 봐야 한다. 그래서 파울로 코엘료는 말했다. "사람들은 모든 것을 바꾸길 원한다. 하지만 동시에 모든 것이 지속되길 바란다"고.

어쩌면 우린 스스로 "난 죄나 악에 한 발을 걸치고 사는 사람

328

이 아니야. 그런 점에선 변하고 말고 할 것도 없어" 하고 자신 있게 말할 수 있을지도 모른다. 하지만 별것 아닌 어리석은 말들, 눈에도 띄지 않는 작은 충돌들, 그다지 해가 될 것도 없는 사소한 습관들이 모여 결국 우리를 때로 낭패의 길로 이끈다는 사실마저 부정할 수는 없을 것이다. 그와 같은 일을 당하지 않는 길은 하나밖에 없다. 스스로 변화하고자 진정으로 노력하는 것이다.

물론 말처럼 쉬운 일은 아니다. 그렇다면 한 사람쯤 롤 모델을 정해놓는 것은 어떨까? 그런 다음 인생이 지리멸렬하게 느껴지고 재미없고 더 이상 의미도 찾기 어려운 순간이 오면 '그 사람이라면 이럴 때 어떻게 했을까' 하고 생각해보는 것이다.

자주 부정적인 생각과 우울증에 휩싸였던 20대 여성이 있었다. 그 정도가 심할 때는 온몸이 아픈 형태로 나타나는 지경에까지 이르렀다. 그러던 어느 날 더 이상 그런 상태로 지낼 수 없다는 자각이 들면서 그녀는 스스로를 변화시키고자 결심했다. 그러면서 한 가지 방법을 생각해냈다. 자신이 평소 좋아하는 연예인을 롤 모델로 삼기로 한 것이다.

그 역시 꽤 긴 시간 무명으로 지내면서 그녀와 비슷한 문제를 다 겪은 사람이었다. 그러나 변화하고자 필사적으로 노력한 끝에 지금은 누구보다도 밝고 긍정적인 사람이 되어 수많은 사람들에게 해피 바이러스를 전파하고 있었다.

그녀는 그의 사진을 스마트폰에 저장하고 자신에게 힘을 실어주는 말들로 사진을 장식했다. 그리고 부정적인 생각이 찾아오거나 기분이 우울해질 때면 사진을 보면서 말 그대로 '긍정의 힘'을 되찾고자 노력했다. 그런데 놀랍게도 그렇게 하는 것이 효과가 있었다. 처음에는 반신반의했는데 언제부턴가 자신이 조금씩 밝고 긍정적으로 세상을 보기 시작하더라는 것이다.

"예전의 나는 지금의 내가 아니다. 그리고 지금의 나는 아직 내가 될 수 있는 모습의 전부가 아니다"라는 말이 있다. 그 말을 들려주자 그녀는 예전 같으면 그 말이 마음에 와닿지 않았을 거라고 솔직하게 말했다. 그러나 지금은 가슴으로 그 말의 의미를 이해하게 되었다고 했다.

우리가 롤 모델로 삼을 만한 인물은 많다. 그러니 한 번쯤 그녀의 방법을 시도해보는 것도 나쁘지 않을 듯하다. 뭐, 기왕이면 세계적으로 유명한 인물들을 염두에 두어보는 것도 괜찮지 않을까 싶다. 세상에는 누구보다 앞장서서 세상의 변화를 주도하고, 때로는 변화 자체를 창조하는 사람들이 더러 있기 때문이다.

예를 들자면 스티브 잡스 같은 인물도 그중 한 사람이다. 심지어 그는 세상을 떠난 뒤에도 여전히 변화를 이끌어가는, 매우 보기 드문 예를 우리에게 보여주었다. 그리고 세상은 잡스와 같은 사람들 덕분에 진화한다고 해도 과언이 아니다. 그들은 디자이너 톰 포드의 표현을 빌리자면 "사람들이 원하기도 전에 사람들이 원하게 될 것을 미리 예견하는 사람들"이라고 할 수 있다.

　그 말은 사실 톰 포드가 '패션'에 대해서 내린 정의다. 유행을 창조하는 사람으로서 그의 대답은 당연한 것인지도 모른다. 유행이야말로 변화의 최첨단에서 사람들을 이끌어가는 것이어야 하기 때문이다. 더구나 톰 포드 정도로 세상에 이름이 알려진 디자이너라면 사람들이 원하기 전에 그들이 뭘 원할지 정도는 당연히 알아야 할 것이다.

　그는 "훌륭한 디자인이란?" 하는 질문에는 이렇게 대답했다.

　"잘 팔려야 하고, 만족감을 줘야 하며, 삶을 승화시키는 어떤 것이어야 한다."

　그의 이야기를 들으며 문득 그와 같은 대답 앞에 "훌륭한 인생 경영이란?" 하는 질문을 놓아보면 어떨까 하는 생각이 들었다. "잘 팔려야 하고, 만족감을 줘야 하며, 삶을 승화시키는 어떤 것"—우리가 삶을 경영하는 자세에 대해서 이보다 적절한 대답도 없을 것 같기 때문이다.

　그렇지 않은가? 적어도 내 인생이 성공을 거두려면 나 자신이 좋은 값에 잘 팔려야 하는 것이다. 그리고 그 값은 내가 어떻게 인생에서 변화를 주도하느냐에 따라 매겨지는 것이 아니던가.

　만족감을 주어야 하는 것 역시 대단히 중요한 문제다. 우리가 삶에서 평안과 위로를 얻고자 한다면 먼저 내가 자신에게 만족감을 줄 수 있어야 한다. 그리고 그것을 넓혀서 남들에게도 만족감을 주는 사람이 되어야 한다. 그러면 이미 인생에서의 성공은 거의 이룬 것이나 마찬가지다. 거기에 삶을 승화시키는 무언가를 내 것으로 할 수 있다면 더 이상 무엇을 바라겠는가? 우리라고 해서 변화를 창조해내지 말란 법도 없는 것이다.

물론 스티브 잡스나 톰 포드처럼 세계적인 성공을 거둘 수는 없을지도 모른다. 하지만 적어도 지금 이 순간, 변화가 절실하게 필요한 나 자신 정도는 이끌어갈 수 있지 않을까. 다시 말해, 자신이 나가야 할 삶의 방향을 정하고 전략을 수립하고 그것을 현실에서 이루어나가기 위해 노력할 수는 있는 것이다.

리더십의 대가 워런 베니스는 이제는 CEO의 시대가 아니라 CTO Chief Transformation Officer, 즉, '최고 변화자'의 시대가 되어야 한다고 주장했다. 쉬운 주문은 아니지만(앞서 예를 든 영화 속 이야기처럼 누구에게나 변화에 저항하려는 강한 특성이 있으므로) 성공적인 인생을 살고 싶다면 누구보다 앞장서서 그런 변화의 시대에 부응해야 하지 않을까 싶다.

좋은 삶, 편안한 관계를 위하여

언젠가 "내가 쓰는 것은 모두 명품인데 거기에 어울리는 명품의 사람이 없다"고 불평하는 사람을 본 적이 있다. 그의 이야기를 들으며 쓰게 웃지 않을 수 없었다. 우선 내가 쓰는 명품이라도 세계적인 부자들이 보기에는 이류로밖에 안 보일 가능성이 매우 많다는 것 그리고 중요한 것은 명품이라고 단정할 만한 인생을 살아가기가 쉬운 일은 아니라는 사실 때문이었다. 그런데도 욕심을 버리지 않는다면 그의 인간관계는 좀처럼 스마트해지기 어렵다.

사람 사이에서 명품의 관계를 기대할 수는 있다. 그건 서로가 명품의 사람이어서가 아니다. 그보다는 서로에 대한 기대치를 낮추면 된다. 인간관계에서는 누구도 100점을 기대할 수 없다. 만약 50점 정도라고 느낀다면 그것으로 충분하다. 다시 말해, 인간관계에서의 만점은 50점인 것이다.

내 주위 사람들 중에서 50퍼센트만 나를 괜찮다고 해도 나는 정말 썩, 매우 괜찮은 사람이라고 할 수 있다. 마찬가지로 내가 주위에서 50퍼센트의 사람들에게 "당신 참 괜찮은 사람이야"

하고 말할 수 있으면 나는 인간관계에서 만점을 기록하고 있다고 봐야 한다.

그러기 위해서는 몇 가지 전제되어야 할 것들이 있다. 첫째로, 삶의 다양성 앞에서 열린 마음을 가져야 한다. 이 세상에는 60억 명이 넘는 인구가 있다. 그리고 그들 각자 자기만의 고유한 삶이 있다. 그건 곧 이 세상에는 그만큼의 다양성이 존재한다는 것을 의미한다. 그런데 단지 상대방이 내 관점에 들어맞지 않는다는 이유로 편견이나 선입견을 가져서는 곤란하지 않겠는가. 때때로 (늘 그러기는 어려우니까) 내 관점이 아닌 상대방의 관점으로 바라보는 것은 매우 중요한 일이다.

둘째, 진심을 담아 상대방을 칭찬하고 격려할 수 있어야 한다. 인간은 타인의 장점보다는 단점을 더 빨리 알아차리게 되어 있다. 일종의 생존본능 때문이다. 우리가 생존하기 위해서는 상한 음식을 더 빨리 발견하고 벌레를 빨리 퇴치해야 하듯이 인간관계에서도 자칫 내게 피해를 줄 사람을 가려내기 위해 상대방의 단점에 더 민감하게 마련이다. 프로이트는 인간의 무의식에는 공격 본능과 성 본능이 있다고 주장했다. 그가 말하는 성 본능은 자기 삶의 영속성에 대한 욕구를 의미한다. 따라서 그 영속성을 방해하는 것에는 예민한 반응을 보일 수밖에 없다. 상대방의 단점을 재빨리 간파하고 나쁘게 보는 것도 그런 반응의 하나라고 할 수 있다.

그런 의미에서 단점을 보고 욕을 하고 화를 내는 것은 쉽다. 일차적이고 즉각적인 반응이기 때문이다. 반면에 칭찬이나 격려 등은 이차적인 노력이 따르지 않으면 쉽게 이루어지지 않는다. 그러니 내가 원하는 만큼 상대방이 날 인정해주고 공감해주고 칭찬해주고 격려해주기를 바라는 것은 애초에 이루어질 수 없는 바람인 셈이다. 다만 반 정도라도 내 기대치가 채워진다면 그건 상대방이 어마어마하게 노력한 결과라고 보면 된다. 생각해보라. 아무리 내가 최선을 다했어도 상대방은 아니라고 생각할 때가 얼마나 많은지. 그때마다 또 우린 얼마나 상처를 받는지도. 그럴 때는 "내가 최선을 다하지 않았으면 더 하면 되고, 그렇지 않으면 상대방 기대치의 문제로 생각해서 길게 고민하고 상처받을 필요가 없다"고 여기는 것이 가장 좋다.

하지만 꼭 그렇게 정석대로 되지는 않는 법, 때로는 좀 더 쿨한 자세가 필요하다. 나 역시, 상대방은 나한테 최선을 다한다고 생각하는데 나는 그가 50점도 안 된다고 여기고 있을지도 모르는 것이다. 어쩌면 그것이 더 어려운 주문인지도 모르겠다. 결국 이러나저러나 때때로 서로 상처를 주고받으며 살아가는 것이 인생인 셈이다. 그렇다고 인간관계를 언제나 무겁고 진지하게만 바라볼 필요는 없다. 때로는 '가볍고 단순하게'가 목표가 될 필요도 있는 것이다. 그것이 세 번째 요점이다. 상대방이 어떤 이야기를 할 때도 그냥 그림 보듯이 보는 것도 한 방법이다.

우린 설악산을 두고 왜 하필 설악산이냐고 따지지 않는다. 그냥 바라볼 뿐. 그런 것처럼 왜 하필 나이고, 왜 하필 저 인간이냐고 따지지 말고 그냥 내 인생의 그림 중 일부라고 생각하는 것이다. 그러면 쓸데없이 깊게 파고드는 일을 피할 수 있다. 인간관계는 때때로 가볍고 단순할 필요가 있는 것이다.

결론적으로 세상의 다양성 앞에 마음을 열고, 주변 사람들을 칭찬하고 격려하고자 애쓰고, 쿨한 인간관계를 위해 노력하는 것이야말로 우리를 좋은 삶, 편안한 관계로 이끄는 최고의 비결인 셈이다.